돈의 감각

THE SENSE OF MONEY

절호의 투자 타이밍을 귀신같이 눈치채는 비결

돈의감각

이명로
(상승미소)
지음

비즈니스북스

돈의 감각

1판 1쇄 발행 2019년 8월 26일
1판 19쇄 발행 2023년 1월 10일

지은이 | 이명로
발행인 | 홍영태
발행처 | (주)비즈니스북스
등 록 | 제2000-000225호(2000년 2월 28일)
주 소 | 03991 서울시 마포구 월드컵북로6길 3 이노베이스빌딩 7층
전 화 | (02)338-9449
팩 스 | (02)338-6543
대표메일 | bb@businessbooks.co.kr
홈페이지 | http://www.businessbooks.co.kr
블로그 | http://blog.naver.com/biz_books
페이스북 | thebizbooks
ISBN 979-11-6254-098-5 03320

비즈니스북스는 독자 여러분의 소중한 아이디어와 원고 투고를 기다리고 있습니다.
원고가 있으신 분은 ms1@businessbooks.co.kr로 간단한 개요와 취지, 연락처 등을 보내 주세요.

우리는 반복되는 패턴을 완전히 이해함으로써
더 나은 투자를 할 수 있다.
...
하워드 막스

돈 센스는 타고나는 게 아니라
기르는 것이다

"2020년 한국 경제는 어떻게 될까요?"
"내년 부동산 가격은 폭락한다고 하는데, 정말 그럴까요?"

2008년 온라인 토론의 장 다음 아고라에서 경제 현상에 대한 글을 엿보다 시작하게 된 경제 공부. 이번 책까지 포함해 벌써 다섯 권의 경제 관련 책을 내게 되었습니다. 그러다 보니 주변에서 제게 경제에 대한 질문을 많이 합니다. 이런 문의를 받을 때마다 곱하기나 인수분해 공식처럼 딱딱 떨어지는 답을 줄 수 있다면 얼마나 좋을까 생각하곤 합니다.

그러나 경제는 눈에 보이지 않는 흐름을 갖고 있고 정해진 공식이 없습니다. 설령 보인다고 하더라도 돈을 움직이고 경제를 특정 방향으로 흘러가게 하는 것은 '사람'입니다. 사람의 마음은 감정에 따라 급변합니다. 알파고 같은 인공지능이 발전해도 사람의 마음을 예측하는 건 불가능합니다. 그에 따라 흐름이 결정되는 돈과 경제도 당연히 예측하기 어렵습니다.

물질이라면 늘어난 양과 줄어든 양을 측정하면 되고, 공식이 있다면 변수를 파악해 계산하면 됩니다. 그러나 경제는 돈의 흐름이며 사람의 변덕스러운 마음에 좌우되어 도무지 가늠할 수 없습니다.

과거처럼 돈이 금에 연결된 태환兌換(지폐를 정화正貨와 바꿈) 화폐라면 돈의 양을 확실히 파악할 수 있고, 어디서 늘어날지 관찰할 수도 있습니다. 하지만 현대 경제에서 돈은 '신용'credit이라는 그럴듯한 수식어로 포장되어 비밀리에 흘러가기 때문에 실체를 파악하기 어렵습니다. 그렇다면 현대 사회에서 돈은 어떻게 움직이고 있을까요?

사람들은 교과서에서 배운 대로, 돈은 한국은행이나 조폐공사에서 발행한다고 알고 있습니다. 책이나 언론에서는 돈이 움직이는 경제의 비밀을 수요와 공급 메커니즘이라고 이야기합니다. 가격이 오르는 것은 공급이 부족하거나 수요가 많기 때문이고, 반대로 가격이 내려가는 건 공급이 늘어나거나 수요가 적기 때문이라고 설명합니다.

그런데 이상합니다. 뉴스에서는 우유가 남아돌고 빈집도 늘어나고 있다고 하는데, 마트에 가보면 우유 가격이 올랐고 부동산중개소에선 집값이 또 올랐다고 합니다. 우유나 아파트가 골동품이 아닌 건 분명한데 교과서에서 배웠던 수요와 공급으로 인한 가격 결정론이 통하지 않습니다. 그리고 이제는 목장에서 유기농법으로 키운 소의 우유라서 오를 수밖에 없다고 합니다. 또한 주변에 지하철역과 큰 공원이 생길 예정이라서 아파트 가격이 오른다고 합니다.

아무래도 교과서를 개정해야 할 때가 된 것 같습니다. 가격은 수요와 공급이 아닌 재료와 성분, 개발 호재가 있어야 한다고 개정하는 것이 경제를 예측하는 데 더 도움이 될 것 같습니다.

돈은 자본을 증식하려는 인간의 속성을 그대로 반영하여 어제보다는 오늘, 오늘보다는 내일 더 많이 불어나고자 합니다. 그래서 우리는 오늘도 열심히 돈을 벌기 위해 일합니다. 그런데 이상하게도 우리는 노력한 만큼 부자가 되지 않고, 점점 빚만 늘어납니다.

물가가 많이 올라 월급을 올려달라고 말하니 중앙은행과 정부는 물가가 너무 낮아 디플레이션이 우려된다고 합니다. 차라리 현재 경제가 어떤 상황인지 명확하게 말을 해줬으면 좋겠습니다. 객관적 지표인 물가지수와 체감 온도가 맞지 않아 우리는 점점 헷갈리기 시작합니다. 도대체 무엇이 잘못된 것일까요?

* 물가가 낮다는데 왜 식료품은 이렇게 비쌀까?
* 열심히 살았는데 왜 작은 아파트 한 채 사기도 어려울까?
* 경기가 좋아졌다는데 왜 비정규직 일자리만 있는 걸까?

이 질문들에 대답하기 위해 문제의 핵심으로 파고들면 여기에 힌트가 있다는 걸 알게 됩니다.

돈

이 책은 그 힌트에 대해 탐색하려 합니다. '돈'이라는 것이 무엇인지, 그 역사와 속성을 통해 본질에 접근하려 합니다.

① 돈은 어떻게 생겨나는가?
② 돈은 어디로 흘러가는가?

이를 깨우치면 경제를 이해하는 문 앞에 다가서 있음을 알게 됩니다. 그 문으로 나아가는 여행을 여러분과 함께하려고 합니다. 언론과 교과서, 나아가 정치인들과 중앙은행이 감추고 싶어 하는 돈의 비밀을 파헤치는 여정을 통해 과거와 현재 그리고 미래 경제의 흐름을 찾아내고자 합니다.

또한 이 책을 읽고 나면 세계경제의 흐름을 예측할 수 있는 자신만의 통찰력을 가질 수 있을 뿐만 아니라 개인의 삶도 풍요로워질 것입니다.

한 국가에도 '돈'이 중요하지만, 무엇보다 개인의 삶에 돈은 아주 중요합니다. 주식, 부동산 등 경제에 관련한 다양한 의견을 내놓는 전문가들이 많은 현대 사회에서 내 돈을 늘리고, 지킬 수 있는 건 자기자신밖에 없습니다. 이 책은 여러분이 팩트를 근거로 주체적인 의사결정, 혹은 투자를 할 수 있도록 도와줄 것입니다.

사업 혹은 투자에서 탁월한 성과를 얻은 부자들은 대부분 단단한 경제 지식을 갖추고 있었습니다. 그들이 내재한 돈 감각의 원천은 바로 경제 공부였습니다. 이렇듯 돈 센스는 타고나는 것이 아니라 기르는 것입니다.

여러분도 기본적인 돈과 사이클의 이해만으로도 경제의 타이밍을 읽는 날카로운 촉이 생길 것이라 확신합니다.

이 여행을 시작하도록 용기와 지혜를 주신 경제 스승 '나선' 최범락 교수님과 졸리고 힘들 때마다 저를 깨워 앞으로 나아가게 도와준, 지금 이 시간에도 제 옆에서 음악에 취해 있는 딸 한결이에게 고마운 마음을 전합니다.

이명로(상승미소)

프롤로그 돈 센스는 타고나는 게 아니라 기르는 것이다   007

돈의 감각을 기르기 위한 경제 지식
: 돈에 대한 모든 것

세상의 행간을 읽는 최고의 도구   020

01 돈이란 무엇인가   025
인류의 운명을 뒤바꾼 화폐 혁명 028 돈이 된다는 것의 진짜 의미 030

02 돈은 권력이다   032
돈으로 흥하고, 돈으로 망한 제국 035

03 돈은 세금이다   038
돈의 역사는 세금의 역사다 039 세금이 부족한 나라의 생존법 040 화폐가치
가 떨어지면 생기는 일 042

04 돈은 신용이다   045
신용창조와 버블의 시작 047 역사에서 배운 금융 연금술의 허상 049

05 돈은 빚이다   051
신용창조 시스템 쉽게 이해하기 054 통화량이 증가하면 빚도 증가한다 056
빚을 갚을수록 돈이 사라지는 이유 058

MONEY LESSON 01   061

경제 사이클을 알아야 돈이 보인다

제2장

: 신용화폐 시스템과 경제 사이클

교과서의 수요/공급 곡선이 감추고 있는 것   064

01 가격 결정의 두 가지 요인   067
내 월급만 빼고 다 오르는 이유 068

02 한눈에 파악하는 경제 사이클의 기본 원리   072
노동의 대가와 빚의 교환 076   팽창과 수축의 반복 079

03 경제는 어떻게 선순환되는가   082
경제에도 사계절이 있다 087   돈은 중력을 따라 흐른다 092   디플레이션의 시작 094

04 버블이 붕괴되는 몇 가지 신호   100
신용화폐 시스템의 치명적 모순 102

05 경제위기는 어떻게 시작되는가   107
위기가 찾아오는 두 가지 징후 110   미국의 2008년 금융위기 탈출기 111   금융위기 이후 10년, 미국은 다시 위기인가 112

06 한국의 경제위기, 지금 현실이 되고 있는가   114
외환보유고가 넉넉하다면 116   그래도 우려감은 남아 있다 117

MONEY LESSON 02   119

어떻게 돈의 감각을 기르는가
: 인플레이션과 부동산 예측

돈의 흐름으로 부동산 예측하기   122

01 부동산과 인플레이션의 긴밀한 상관관계   125
인플레이션의 최고 수혜자는 누구 127 성실한 당신이 막차를 탈 수밖에 없는
이유 129 낮은 이자율의 두 얼굴 135

02 부동산 사이클을 눈치채는 세 가지 질문   137
step1. 인구가 증가하고 있는가 138 step2. 소득이 증가하고 있는가 140
step3. 지속적으로 성장하고 있는가 141

03 부동산 감각을 날카롭게 기르는 법   143
주택 가격이 오르는 이유는 따로 있다 144 부동산 가격 상승의 동력 146 삼성
전자와 수원, 그리고 동탄 147 결국 일자리다 148 이제 아파트는 끝난 것일까
151

04 대한민국 부동산 버블 팩트 체크   155
한국의 부동산은 일본과 다르다? 159

05 부동산 폭락론, 과연 현실이 되는가   164
신용팽창이 극대화되는 시점 165 두 번의 디플레이션 경험 168 한국형 전세
제도의 특이성 169

06 한국이 양적완화를 실시할 수 없는 이유   171
출구가 없는 한국 경제 177

MONEY LESSON 03   179

환율로 기르는 돈의 감각
: 환율과 금리

환율은 어떻게 돈의 방향을 바꾸는가   182

01 인체에서는 땀, 경제에서는 환율   185
환율은 국력의 바로미터 188

02 환율로 '뜨는 나라' 찾는 기술   192
외환보유고를 찾아보라 194 화폐가치를 점검하라 197 미국과의 관계에 주목
하라 202

03 미국이 금리를 올렸을 때 생기는 일   206
미국 최고의 수출품 '인플레이션' 207 한국이 금리 역전에도 당황하지 않는 이
유 210 경상수지 흑자국, 대한민국의 미래는 212

04 위기가 기회가 되는 금리의 비밀   215

05 유로존 재정위기가 발생한 까닭   219
같은 화폐를 사용한다는 것 220 환율의 진짜 속성 223

06 각 나라의 경제를 파악하는 가장 쉬운 방법   227
환율은 원인이 아니라 결과다 230

MONEY LESSON 04   237

글로벌 경제로 기르는 돈의 감각
: 중국 편

세계적인 경제 대국 중국의 등장   240

01 왜 중국 경제를 알아야 하는가   243
무역 전쟁의 서막이 열리다 244

02 중국은 넥스트 스텝을 꿈꾼다   247
세계의 공장을 넘어 중국이 바라는 것 249   위안화가 기축통화가 된다면 252

03 한국의 외환위기와 중국의 차이점   257
기업 파산을 막기 위한 중국의 노력 259   비관론과 낙관론 사이 262

04 중국제조 2025 전략과 한국 경제의 위협   264
한국 경제 어디로 가야 할까 266

MONEY LESSON 05   269

글로벌 경제로 기르는 돈의 감각
: 미국 편

미국이 금리를 결정하는 세 가지 기준   272

01 미국은 어떻게 경제위기를 극복하는가   275

미국이 기준금리 인상을 서두른 이유 277

02 미국 경제의 현재와 미래   282
장단기 금리 역전이 의미하는 것은 286 미국의 재정적자가 계속된다면 288
한국은 미국의 부채를 먹고산다 290

03 현대 통화이론과 마법의 성   295

MONEY LESSON 06   299

제7장 **돈은 미래를 알고 있다**

01 신용화폐 시스템은 영원할까   303
02 다시 금본위제로 돌아간다면   310
03 돈은 결국 사람으로 향해야 한다   317

에필로그 돈의 감각을 찾아 떠나는 여행   324

THE SENSE OF MONEY

제1장

돈의 감각을
기르기 위한
경제 지식

: 돈에 대한 모든 것

세상의 행간을 읽는
최고의 도구

흔히들 경제 공부가 어렵다고 합니다. 수학이나 과학처럼 공식이나 법칙이 있다면 암기해서 적용하면 됩니다. 하지만 경제는 유기체와 같이 살아 움직이기에 정확한 공식이 있는 게 아닙니다. 열심히 경제 신문을 구독하며 유명한 전문가들이 쓴 기사를 읽어봐도, 자신이 난독증이 있는 게 아닌지 의심될 정도로 이해가 안 되기도 합니다.

요즘 화두로 떠오르는 인문학과 비교해 생각해봅시다. 인문학이 중요하다고 모두가 입을 모아 이야기하는 걸 보면 인문학이 유행이 된 듯한 느낌마저 듭니다. 그런데 인문학이란 도대체 어떤 학문일까요? 그리스 신화나 유명한 고전을 읽는 것인 줄 알고 무턱대고 따라 했다가는 한 페이지를 넘기는데 꼬박 하루가 걸리기 일쑤입니다. 이렇게 어려운 인문학 공부를 시도하다가 결국은 포기하고 마는 상황들이 어쩌면 경제 공부를 하는 과정과 비슷하다는 생각을 해봅니다. 아무리 경제에 관심을 갖고 경제 신문이나 경제 서적을 읽어도 쉽지 않습니다. 열심히 따라가려 해도 잘 안 되고 어려워서 나중에는 자존심이 상하기도 합니다. 이와 같은 경험을 한두 번 하고 나면 점차 경제 공부를 멀리하게 되죠.

인문학이든 경제학이든, 인생에 쓸모 있는 지식을 얻고 싶을 뿐인데 왜 이렇게 어려운 걸까요? 그 고민의 시작에서 이들 학문이 무엇인지 생각해봤습니다. 인문학이란 '인간'에 대한 연구이고 경제는 '경제'에 대한 연구입니다. 사람이 어떤 가치로 어떻게 살아야 하느냐에 대한 고민이 인문학이라면 반드시 어려운 고전이 아니어도 되지 않을까요? 그 책이 만화책이든 잡지든 내 삶의 철학을 만들어갈 수만 있다면 그게 곧 인문학입니다. 나와 주변과 사회와 국가에 내보낼 수 있는 선한 영향력에 대한 고민이 인문학이라고 할 수 있습니다. 이런 맥락에서 경제를 바라본다면 경제 공부도 쉽게 접근할 수 있을 것입니다.

경제의 핵심은 거래 그리고 돈(화폐)입니다. 돈이 많으면 경제가 좋다고 하고 반대면 안 좋다고 합니다. 경제는 간단히 말해 '거래'에 대한 이야기입니다. 그리고 그 거래의 수단은 바로 돈입니다. 내가 사고파는 물건이 잘 교환되어 돈이 잘 돌아가거나 잘 안 돌아가는 것을 경제라고 합니다. 거래를 교과서에서 배운 다른 말로 바꾸면 수요와 공급이죠.

우리는 수요와 공급의 원리로 인한 돈의 흐름이 경제의 흥망성쇠를 이끈다고 배우고 암기했지만 현실은 이론과는 많이 달랐습니다. 대량으로 공장에서 찍어내는 자동차는 매년 가격이 올랐고 전혀 부족하지 않은 초과 공급의 아파트는 수요와 상관없이 지금도 오르고 있습니다. 수요와 공급 말고 미처 우리가 인식하지 못하는 부분이 있는 게 아닐까요? 그 답에 대한 힌트가 바로 돈(화폐)에 숨어 있습니다. 그렇다면 돈의 양, 즉 통화량의 관점으로 경제를 바라보고 분석하면 어떨까요?

돈의 양 = 통화량

돈이 많아지면 가격이 오르고, 많은 사람이 늘어난 돈의 낙수효과를 누리며 경제가 좋아집니다. 반대로 돈의 양이 줄어들면 너도나도 돈을 구하지 못해 아우성치고 자산 가격이 하락하며 일자리마저 사라집니다. 즉, 돈의 양이 경제 흐름을 좌우합니다. 더 이상 경제 현상을 어렵게 여기거나 수학 공식으로 풀어볼 이유도 없습니다.

여러분은 '행간을 읽는다'는 표현을 알고 있을 겁니다. 행간을 읽으려면 눈에 보이는 것의 한계를 넘어서야 합니다. 인간은 보는 것을 믿는 게 아니라 믿는 것을 본다고 합니다. 경제도 숨겨진 행간을 읽기 위해 관점, 즉 프레임을 갖고 있어야 합니다. 그래야 돈의 감각, 경제의 감각이 생겨 현재와 미래를 해석하고 예측할 수 있습니다.

이 책은 경제를 이해하는 프레임을 통해 앞으로 여러분의 건강하고 행복한 경제생활에 도움을 드리고자 합니다. 경제는 거래이고, 거래에는 돈이 필요하며, 그 돈의 양은 신용(대출)에 의해 결정됩니다. 신용과 더불어 인간의 마음, 즉 심리 상태만 파악할 수 있다면 경제는 그리 어렵지 않습니다.

경제는 곧 인간의 역사이자 심리입니다. 인간은 원래 같은 실수를 반복합니다. 수천 년이 흘러도, 생활환경이나 시대가 변해도 인간의 심리는 변하지 않고 그대로입니다. 신용이 팽창하거나 축소될 때 나타나는 인간 행동의 변수를 역사 속에서 파악할 수만 있다면 나머지는 상식으로 이해할 수 있습니다. 그 상식이 바로 돈을 벌게 해주기도 하고, 날리게도 하는 '패턴'입니다. 여러분도 상식적인 인간이니, 이 책을 덮을 때쯤 수많은 경제 현상을 분석할 수 있는 지혜를 얻을 것입니다.

제1장에서는 누구나 쉽게 대답할 수 있는 기본적인 질문부터 파고들려고 합니다.

돈이란 무엇인가

돈은 언제나 우리 주변에 있기에 그에 대해 진지하게 생각해본 적은 거의 없을 겁니다. 그러나 사실 자본주의 경제체제 속에 살면서 돈의 흐름을 명확하게 인지하는 것은 무엇보다 중요합니다. 돈의 흐름을 이해할 때 누구보다 날카로운 돈의 감각이 생길 것입니다. 그러면 그 감각으로 어떤 경제적 풍파가 와도 다음 단계를 모색할 수 있습니다.

사람이나 조직은 교훈을 통해 배우지 못합니다. 몇 차례 시행착오를 해봐야 비로소 배우게 됩니다. 그러나 현명한 사람은 자신이 경험하지 않았더라도 다른 사람의, 다른 조직의, 다른 국가가 먼저 겪었던 사건을 통해 통찰을 얻고 대비합니다. 이 책에서 여러분에게 말하고 싶은 점도 이와 같습니다. 역사에서 배워 보다 나은 미래를 만드는 것. 우리가 돈에 대해 제대로 알고, 깊이 성찰해야 하는 이유입니다.

　그러면 이제부터 경제의 중심이자 핵심인 돈(화폐)을 알아가는 여행을 시작해볼까 합니다.

돈이란
무엇인가

세상에 존재하며 살아가는 모든 것에는 주기가 있습니다. 1년이 봄, 여름, 가을, 겨울의 사계절로 구성되어 있듯이 인간의 삶도 그러합니다. 갓난아이가 어린아이가 되고, 어린아이가 청년, 장년 그리고 노인이 되는 것은 자연의 사계절과 비슷합니다. 생로병사生老病死, 흥망성쇠興亡盛衰란 단어는 태어나 늙어 죽고 번성하다 쇠약해지는 인간의 생애주기를 잘 표현해주고 있습니다. 경제도 이와 비슷합니다. 경제도 인간의 행위에 의한 것이므로 당연히 주기가 있습니다.

경제의 주기, 즉 경제 사이클은 이미 여러 경제학자들이 연구한 바 있습니다. 러시아의 경제학자 니콜라이 콘드라티예프Nikolai Kondratiev 부터 최근 인구통계학으로 경제를 예측한 해리 덴트Harry Dent까지, 많은 학자가 경제 사이클을 자신의 이론에 적용했습니다. 이 책의 주제도 신용의 팽창과 축소에 따른 경제 현상이 마치 자연의 사계절과 유사할 정도로 이미 정해져 있는 궤도를 따라간다는 것입니다. 신용이 무엇을 의미하는지 앞으로 차근차근 이야기해나가겠지만 신용화폐를 사용하는 현대 경제 시스템의 종착지는 이미 정해져 있습니다. 어떤 분은 무슨 운명론적인 이야기냐고 의아해하실수도 있습니다. 그러나 지금부터 이에 대해 지극히 상식적인 이야기로 풀어나가고자 합니다.

가장 먼저 '돈이란 무엇인가'를 살펴보겠습니다. 돈, 알고 보면 쉽지만 알면 알수록 헷갈리기도 합니다. 그러나 상식이라는 관점에서 보면 그리 어려운 게 아닙니다. 경제의 핵심은 돈이며, 돈을 알아야 경제를 분석하고 해석할 수 있습니다. 돈은 여러분의 지갑 속에, 은행 계좌 속에 있기도 하고 증권 계좌에 특정 주식으로 있기도 합니다. 이런 돈의 총량을 '통화량'이라고 부르는데, 통화량의 많고 적음에 따라 '가격'이 오르거나 내려갑니다.

한국의 아파트 가격이 갑자기 올라서 여러분이 고생하는 이유도 바로 이 통화량 때문입니다. 통화량은 우리가 모르는 사이, 비밀리에 늘어납니다. 얼마나 빨리 늘어나고 언제 늘어나는지 알 수만 있다면 미리 사거나 늦게 사는 등 시기 조절을 통해 돈을 벌 수도 있습니다. 그러나 돈을 관리하는 정부와 중앙은행은 이것을 미리 알려주지 않습니다. 모두가 한 방향으로 움직이면 거래가 이뤄질 수 없기 때문입니다. 그래서 어딘가에 돈을 투자하려면 통화량의 증감 추세를 미리 알아차리는 게 중요합니다.

　돈이 부족하면 경제가 잘 돌아가지 않습니다. 언론이나 사람들이 경기가 좋지 않다고 말할 때는 '돈이 잘 회전되지 않고 있구나'라고 생각해야 합니다.

경기가 좋지 않다 = 돈이 잘 회전되지 않는다

　따라서 경제를 잘 돌아가게 하려면 돈을 많이 공급하고 자주 회전시키면 됩니다. 그런데 돈은 '빚'debt, 즉 부채라는 게 문제입니다. 돈이 많아지려면 결국 누군가가 부채를 발생하게 해야 하며, 부채가 많아질 때 경제가 좋아집니다. 벌써 혼란스러워하는 독자분들의 모습이 눈에 선하네요.

돈 = 빚?

　내가 지금 가진 돈(은행의 잔고, 주식 등)은 내가 일해서 번 돈이고 빌린 적이 없는데 돈이 빚이라니 정말 이상합니다. 도대체 이게 무슨 말일까요? 하지만 돈이 빚이라는 말의 의미를 이해하고 누가, 어떻게, 왜, 얼마나 빌리는지 관찰하고 알아내는 것만으로도 경제의 달인이라고 할 수 있습니다. 이제부터 돈의 정체가 무엇인지 알아보는 여행을 떠나봅시다.

인류의 운명을 뒤바꾼 화폐 혁명

아주 오래전 인간은 주로 가축과 곡물을 이용해 물물교환을 했습니다. 물물교환은 인류가 자급자족에서 벗어나 잉여생산을 하게 되면서 시작되었습니다. 먹고도 남을 만큼의 잉여생산이 가능해지자 그 생산물을 다른 것과 교환할 수 있게 되고, 이로써 노동의 분업화가 이뤄졌습니다. 즉 어떤 사람은 가축을, 어떤 사람은 곡식을 주로 생산해서 나중에 교환하는 노동 분업이 생겨난 것입니다.

그런데 직접적 물물교환에는 몇 가지 불편한 점이 있었습니다. 남는 물건들을 교환하기 위해 이동해야 했고 서로의 물건을 얼마만큼 교환해야 하는지 가격을 결정해야 했습니다. 염소 반 마리를 여기서 팔고, 며칠 동안 다른 곳으로 이동해서 나머지 반 마리를 팔기는 불가능했습니다. 그래서 이동성과 내구성, 물건을 쉽게 나눌 수 있는 분리성을 지닌 물물교환의 중간 매개체가 필요했습니다.

직물(한국, 중국, 일본 등), 곡물(중부 아메리카, 필리핀, 한국, 중국, 일본 등), 가축(그리스, 로마, 남아프리카 등), 농기구(중국), 소금(에티오피아), 무기(고대 영국), 모피(시베리아), 금속 등의 '물품화폐'가 바로 그것입니다. 그중에서도 금속은 보관, 휴대, 운반, 분리가 쉬웠기 때문에 교역자들에게 가장 인기 있는 중간 매개체(금속화폐)로 자리 잡았습니다.

한편 이와 비슷한 시기에 희귀품, 장식품 같은 사치품이 돈으로 사용되기도 했습니다. 귀한 새의 깃털이나 조개껍데기, 보석 등이 돈 역할을 하다가 나중에는 금, 은같이 빛나는 금속이 교환 매체로 사용되었습니다. 이 사치품은 인간 사회에서 부를 상징했고 이는 곧 잉여생산의 상징

● 돈의 변천 과정

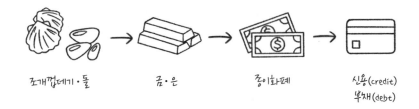

조개껍데기·돌 → 금·은 → 종이화폐 → 신용(credit) 부채(debt)

이기도 했습니다. 그렇기 때문에 별로 쓸모도 없고 그저 오랜 세월 땅속에서 반짝였던 금과 은은 많은 사람의 욕망의 대상으로 자리 잡게 되었습니다. 지금까지도 수많은 사치품들은 계속해서 그 가치를 유지하고 있습니다.

이렇게 자연스럽게 태어난 돈(금속화폐)은 시장에서 합의된 것으로 인류의 경제발전에 많은 역할을 했습니다. 인류는 휴대와 운반이 편리한 돈으로 더 멀리 있는 사람들과 물물교환(거래)을 할 수 있게 되었고, 그렇게 커진 시장에서 사람들은 분업화, 전문화된 일을 통해 생산성을 늘려나갔습니다.

화폐의 등장은 인간 역사에 큰 변화를 가져왔습니다. 화폐는 그 어떤 상품과도 비교할 수 없는 '저장 기능'이 있었고, 오래 저장할수록 가치가 떨어지는 상품에 비해 시간이 지날수록 이자가 붙어 오히려 가치가 늘었습니다. 또한 시간과 노동을 투입해 얻은 결과물을 남에게 무료로 줄 이유도 없어졌습니다. 이렇게 돈은 인간의 심성이나 협력 관계까지 바꿔놓았습니다. 아주 오래전부터 시장의 크기와 돈, 인간관계의 변화 및 경제발전의 연관성은 이미 명백하게 나타나고 있었던 것입니다.

돈이 된다는 것의 진짜 의미

"그거, 돈이 되니?"

가끔 이런 말을 들어본 적이 있을 것입니다. 누군가 예술이나 봉사 활동을 직업으로 삼고자 할 때도, 누군가 전 재산을 털어 해외여행을 한다고 할 때도 사람들은 이런 말을 합니다. 사람들은 일과 행동, 심지어 숭고한 행위까지도 화폐로 전환될 가능성이 없으면 그 가치를 낮게 평가합니다. 그것이 화폐의 위력입니다.

이제 화폐는 인간 행동의 방향까지 정하고 있습니다. 경제성장률을 측정하는 GDP는 화폐의 증가 정도를 평가하는 수단입니다. 여러분이 텃밭에서 배추, 무 농사를 지어 시장에 판매하지 않고 이웃이나 가족과 나누는 것을 현대 경제는 좋아하지 않습니다. 화폐로 측정할 수가 없어 GDP에 포함되지 않기 때문입니다.

최근 사회적 이슈인 유치원과 어린이집 문제도 화폐와 밀접한 관련이 있습니다. 모든 어린이가 어린이집이나 유치원에 다닐 필요는 없습니다. 그런데 정부는 가정의 육아 부담을 덜어주고자 교육비를 지원한다면서 아이가 어린이집이나 유치원에 다니는 가정에만 지급하고 있습니다. 또한 육아 지원금을 해당 가정의 통장에 직접 지급하지 않는데, 그 이유는 이 돈을 사용하지 않고 저축을 위해 통장에 입금해두거나 빚을 갚거나 부모님의 생활비로 보내면 GDP에 포함되지 않기 때문입니다.

정부는 지표에 민감합니다. 쓴 만큼 성장률에 보탬이 되지 않으면 지출을 피하려 합니다. 역설적이지만 차라리 교도소를 짓고 부수기를 반복해서 돈을 낭비하는 것이 GDP 증가에는 훨씬 좋습니다.

성남시와 서울시에서 미취업 청년들에게 지급하는 청년수당을 특정 정파나 기업들이 괜히 반대하는 게 아닙니다. 차라리 그 돈을 건물을 짓거나 땅을 파는 데 지출하고, 사람들을 고용해 월급을 주고 소비하게 하면 GDP는 두 배로 측정될 수 있는데 직접 수당으로 지급하면 사용할 때 한 번만 잡히는 것이죠.

이처럼 돈은 인간 생활의 효율성을 증가시키는 수단이기도 하지만 현대 경제의 질적인 부분을 표현할 방법이 없는 모순이기도 합니다. 이런 돈이 어떻게 지금의 모습이 되었는지 돈의 역사를 차근차근 살펴보도록 합시다.

돈은
권력이다

금속화폐는 그 금속의 순도를 얼마나 신뢰할 수 있느냐에 따라 진화했습니다. 과거 사람들은 금속을 돌로 긁어 나타나는 무늬를 보고 얼마나 순도가 높은지, 얼마나 믿을 만한지 가늠했습니다. 그렇다 보니 금속 중에서도 금, 은, 동 같은 무른 금속이 화폐로서 인기를 끌었습니다. 나중에는 순도와 무게가 일정한, 즉 규격화된 화폐인 동전이 등장했습니다. 이 금속들을 둘러싸고 벌어진 화폐 전쟁은 17세기까지 계속되었고 그 이후에야 금이 금속화폐의 주류로 자리 잡게 되었죠.

금속화폐 초기에는 동전 주조업자들이 시장의 필요에 따라 돈의 생산량을 조절했습니다. 하지만 로마 시대에 이르러 국가 권력이 서서히 개입하기 시작했습니다. 로마 시대에는 은화가 주로 사용되었는데, 아우구스투스 황제(B.C. 63년~A.D. 14년)는 동전 주조업자들에게 은화를 더 많이 만들라고 명령했습니다. 이전의 종신 독재관이었던 카이사르와 함께 제국을 건설하기 위한 비용이 필요했기 때문입니다. 그런데 은화의 생산량을 늘리자 그 가치가 떨어지게 되었고, 현명한 아우구스투스는 이것이 물가를 올리고 실질적으로 제국의 부를 낮추는 역할을 한다는 사실을 알아차렸습니다. 그래서 은화 생산량을 줄이게 됩니다.

이 사건이 인류 역사 최초의 인플레이션이고, 국가의 통화정책을 통해 화폐가치가 조절된 최초의 예라 말할 수 있겠습니다. 불행하게도 아우구스투스의 지혜는 후세의 황제들에게 전해지지 않았습니다. 급기야 폭군 네로 황제(A.D. 37~68년)는 늘어나는 조세 저항 때문에 세금을 인상할 수 없게 되자 은화에 들어가는 은의 양을 줄이는 방법을 사용했습니다. 국가가 위조 은화를 제조하기 시작한 것입니다. 그러자 계속되는 지출로 제국의 재정은 악화되었고 은화 속 은의 양은 계속 줄어들었습니다.

애초에 로마 정부는 위조 은화를 기존 은화와 동일한 가치로 사용했습니다. 하지만 사람들이 다 바보는 아니었습니다. 사람들은 은의 양이 많은 구舊 은화는 고이 간직하거나 녹여서 은을 추출해 팔았고, 지불할 때는 은의 양이 적은 신新 은화를 사용했습니다. 결국 시중에 구 은화는 순식간에 사라지고 값이 나가지 않는 신 은화만 통용되는 현상이 발생했습니다. 이것이 그 유명한 '악화惡貨가 양화良貨를 구축한다'는 그레셤의 법칙Gresham's Law입니다. 쉽게 말해 '나쁜 돈이 좋은 돈을 몰아낸다'는 뜻이지요.

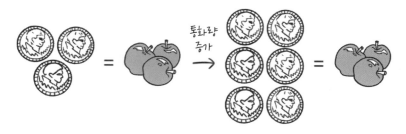

통화량이 늘어나면 화폐의 가치가 떨어지고 물가는 상승한다.

위조 은화의 역사는 그 후 200년 동안 지속되어 급기야는 은의 양이 20분의 1 정도밖에 안 되고 나머지는 동으로 만든 은화 아닌 은화가 등장했습니다. 은화의 가치는 동전에 들어 있는 은의 양에 의해 결정되었는데 은화의 가치가 떨어지자 물가는 오르고 국가 재정은 더욱 악화되었습니다. 이에 황제들은 물건 가격을 고정시키는 지경에 이르렀지만 그런 시도는 시장에서 모든 물건이 사라지는 결과를 초래합니다. 바보가 아닌 다음에야 누가 손해를 보면서 물건을 팔려고 할까요? 가격 관리가 불가능하다는 건 이미 로마제국 때 증명된 셈입니다.

로마제국의 역사는 인류가 여러 번 실험한 화폐가치 하락의 결과를 잘 설명해줍니다. 위조 은화의 발행은 오늘날에도 진행되고 있으며, 세계 각국이 가장 선호하는 세금 징수 방법이기도 합니다. 즉, 국가는 중앙은행의 발권력으로 많은 돈을 발행할 수 있습니다. 화폐 공급량을 늘려 화폐가치가 낮아진 만큼 세금을 더 많이 징수하는 것입니다. 이런 부의 재분배는 로마제국 때처럼 경제 파탄을 야기하고, 한 나라의 운명이 그들이 발행한 은화 가치와 같아진다는 것을 보여줍니다.

돈으로 흥하고, 돈으로 망한 제국

수천 년 전 로마에서 일어난 일을 반면교사로 삼지 못하고, 우리는 비슷한 과오를 여러 번 반복해왔습니다. 1차 세계대전이 끝나고 바이마르공화국(현재의 독일)은 전쟁 배상금을 프랑스에 주기 위해 열심히 인쇄기를 돌렸습니다. 로마제국이 은화에서 은의 함량을 줄인 것처럼, 당시 금의 가치에 고정된 종이화폐를 사용했던 바이마르는 세금을 걷거나 무역을 통해 돈을 벌어들이기가 어렵다는 점을 알고 밤새도록 돈을 찍어낸 것이죠. 결과는 참혹했습니다. 커피 한 잔을 마시는 데 수천만 마르크가 필요했죠. 심지어 물가가 매시간 올라 아무도 물건을 팔려 하지 않았습니다.

최근 독일이 유럽중앙은행European Central Bank, ECB의 머니 프린팅에 극도의 긴장감을 보이는 이유도 이런 악몽 같은 하이퍼인플레이션hyper inflation(1년에 수백 퍼센트 이상으로 물가상승이 일어나는 경우)의 기억이 있기 때문입니다.

그런데 이런 현상이 최근 몇몇 이머징 국가들emerging nations(개발도상국들)에서 나타나고 있습니다. 은행의 신용을 바탕으로 만들어진 신용화폐를 사용하는 나라들도 근거 없이 돈을 마구잡이로 찍어내면 돈의 가치가 급락하며 환율이 폭등합니다. 아르헨티나, 베네수엘라, 짐바브웨 등이 이런 나라입니다.

정부의 지출은 국민에게 받은 세금을 기초로 이뤄져야 합니다. 세금보다 많은 돈을 사용하려면 채권을 발행해야 하는데, 채권 발행이 너무 증가하면 돈에 대한 신뢰가 점점 사라집니다. 그렇게 되면 아무도 그 나라의 돈을 가지려 하지 않습니다. 어떤 재화나 서비스를 거래할 때도 그 나라 돈보다 담배나 다른 물건으로 받으려고 하죠. 물론 다른 나라 지폐, 그중에도 가장 신뢰가 높은 달러로 거래하는 게 가장 좋은 선택일 것입니다.

최근 터키나 아르헨티나 등이 자국 통화가 아닌 달러화로 주택 거래가 이뤄지는 걸 불법으로 정해 막으려고 하는 것도 이 때문입니다. 옛날이나 지금이나 권력을 가진 이들은 돈을 위조하거나 희석하는데, 일반인들은 경제 상황을 잘 몰라서 아무 대처도 할 수 없습니다. 미리 알아차린 사람들은 자국 통화 예금이나 자산을 처분해서 달러로 바꾼 후 예금하지만 나중에 안 사람들이 똑같이 따라 하려고 해도 정부가 불법으로 막아버리죠. 외환위기를 겪는 나라들이 외화 예금 인출을 금지하는 시점이 그런 때입니다.

그런데 이상한 점이 있습니다. 위조지폐를 찍어내는 건 수천 년 전 로마에서, 100여 년 전 독일에서, 현재 짐바브웨와 베네수엘라에서 참혹한 하이퍼인플레이션이라는 실패로 끝났습니다. 그러나 일본과 미국, 유럽에서는 수년간 머니 프린팅이 지속되었음에도 왜 아무도 실패라는 이야기를 하지 않을까요? 비록 선진국이라고 하지만 역사적으로 실패라고 증명된 일들이 지금도 버젓이 벌어진다는 것은 무엇을 의미할까요?

단언컨대 역사는 반복됩니다. 지금 일어나는 일들도 동일한 과정을 겪을 확률이 높습니다. 물론 그렇게 되기까지는 시간이 필요합니다. 어떤 일이든 순간적으로 흥하거나 망하는 건 거의 없습니다. 인간은 오류를 끊임없이 반복하거나 단순히 피하려는 행동을 계속하기에 적정한 때가 되면 돌이킬 수 없는 일이 발생합니다. 이 점에 대해서는 나중에 다시 언급하겠습니다.

역사에서 배운 대로, 화폐의 가치는 결국 그 화폐가 지닌 실물가치(은화의 경우 은의 양)로 환원된다는 것이 시장의 법칙입니다. 우리가 사용하는 10원짜리 동전은 이전에 황동(구리 65퍼센트, 아연 35퍼센트)이었다는 사실을 알고 있었나요? 계속되는 통화 공급과 인플레이션 정책으로 황동 10원짜리 동전은 2006년 12월부터 알루미늄 위에 구리를 씌운 현재의 동전으로 바뀌었습니다. 언론들은 작고 가벼운 동전이라고 극찬을 하지만 결국 10원의 가치는 그 물성처럼 작고 가벼운 알루미늄의 가치로 바뀔 것입니다.

지금은 구제금융이나 돈을 마구잡이로 찍어내 통화량을 무제한 공급하는 것이 가능합니다. 그런 세계경제에 앞으로 어떤 일이 벌어질까요? 이제 그 답을 찾아보기로 합시다.

돈은
세금이다

현대의 화폐제도는 명목화폐(신용화폐), 즉 화폐의 실물가치와는 상관없이 지폐나 동전에 새겨진 화폐 단위에 의해 통용되는 화폐입니다. 실제로 지폐에 들어간 종잇값이나 동전에 들어간 금속 가격과는 상관없이 화폐에 표시된 1만 원, 10달러 등으로 통용되는 거죠. 이런 화폐 시스템을 '신용화폐 시스템'fiat money system이라고 합니다.

신용화폐fiat money는 그 화폐를 사용하는 국가 내의 구성원들이 중앙은행에서 발행한 화폐가치를 제도적으로 신뢰해야만 존재할 수 있습니다. 그리고 이런 신뢰의 기초는 국가가 그 화폐를 세금으로 받겠다는 약속입니다. 만약 백화점 상품권이나 구두 상품권도 국가가 세금으로 받겠다고 약속하면 그 순간 화폐가 될 수 있습니다.

돈의 역사는 세금의 역사다

12세기 이후 영국에서는 세금 지불 증서가 돈으로 사용된 적이 있습니다. 농부들은 곡물 등으로 세금을 지불한 다음 '탤리 스틱'tally stick이라는 나무 막대기를 세금 지불 증서로 받았습니다. 탤리 스틱에 세금을 낸 양을 쓴 다음, 반으로 잘라서 정부와 농부가 각각 소지해 위조를 방지했습니다. 탤리 스틱은 시장에서 다른 물품을 거래할 때 돈처럼 사용됐습니다. 세금을 납부하고 탤리 스틱을 받은 사람은 급히 물건이 필요할 때 시장에서 탤리 스틱과 물건을 교환할 수 있었습니다. 또한 물건을 팔고 탤리 스틱을 받은 사람은 세금을 내지 않아도 됐습니다.

그런데 영국 왕실은 각종 전쟁들을 통해 재정난에 빠지자 다음해의 세금을 걷기도 전에 미리 세금 증서인 탤리 스틱을 발행했습니다. 현대 정부에 비유하면 국채(국가가 발행하는 채권)를 발행한 셈입니다. 영국의 왕들은 의회의 승인을 얻자마자 탤리 스틱을 만들었고, 금화를 제작하는 골드스미스(금 세공사)에게 달려가 탤리 스틱과 금을 교환했습니다.

이는 영국 왕실이 세금을 미리 당겨쓴 것입니다. 현대 국가가 채권을 발행해 돈을 당겨쓰고 나중에 국민들에게 세금을 걷어 갚겠다는 것과 동일합니다. 물론 이렇게 당겨쓸 경우는 제값을 받을 수 없고 어느 정도 할인을 해줘야(이자를 내야) 해서 탤리 스틱에 적혀 있는 세금보다 금을 조금 덜 받았다고 합니다.

영국의 방만한 재정 지출은 여기서 중단되지 않았습니다. 왕실은 계속해서 미리 발행한 탤리 스틱을 금과 바꿨고, 골드스미스들의 금고에 쌓여 있던 금은 점점 사라져갔습니다. 게다가 골드스미스들은 국가의

● 과거의 골드스미스와 탤리 스틱

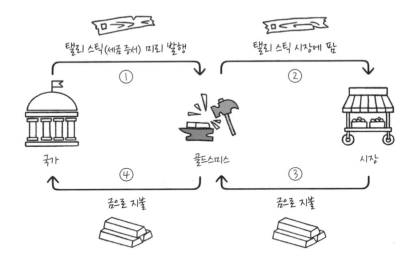

재정을 돕고자 애국적(?) 행동을 하기까지 했는데, 이 세금 증서를 시장
에 내다 팔아 금을 사서 모으고 이를 다시 세금 증서와 교환해 국가 재
정을 도운 것입니다. 이처럼 미래에 거둘 세금을 미리 탤리 스틱으로 발
행해 금을 충당하는 방식은 현대의 신용화폐와 기능이 놀랍도록 유사합
니다.

세금이 부족한 나라의 생존법

영국 왕실이 미래의 세금을 당겨서 사용한 탤리 스틱은 오늘날로 말하자
면 국채이며, 국채는 국가가 나중에 세금을 거두어 갚겠다는 증서입니
다. 영국은 이것을 골드스미스라는 중간상인을 통해 금으로 바꿨습니다.

오늘날에는 국채를 발행해 시장에서 자금을 조달하기도 하지만, 이것을 매입한 시중은행은 다시 중앙은행으로부터 국채를 담보로 돈을 빌립니다. 2008년 금융위기처럼 민간에서 신용이 늘어나지 않는 한계에 도달한 일본이나 유럽 같은 상황에서는 중앙은행이 발권력을 통해 직접 국채를 매입하기도 하죠.

즉, 자신의 신용을 스스로 담보해서 돈을 찍어낸다는 것입니다. 보통 우리는 은행에서 대출받을 때 직업, 소득, 자산 등의 신용등급에 따라 돈을 빌립니다. 그런데 더 이상 은행이 돈을 빌려주지 않는다고 스스로 돈을 만들어 시중에 유통시킬 수 있을까요?

놀랍게도 현대 경제체제에서는 가능합니다. 이를 경제용어로 '양적완화'quantitative easing 라고 합니다. 현대의 투자은행 골드만삭스Goldman Sachs 는 이렇게 미국 국채를 매입해 이자를 받거나 국채를 시장에 되파는 중간상인인 골드스미스라고 할 수 있죠.

이런 식의 자금 조달이 가능해지자 영국은 점점 더 많은 탤리 스틱을 발행하고 골드스미스는 나중엔 이자까지 받고 금을 빌려줍니다. 물론 골드스미스는 이 미래의 세금에 대한 이자로 많은 이득을 취하죠. 정부와 골드스미스의 상호 결탁은 현재의 미국처럼 급격한 부채 증가를 초래했고, 이에 따라 탤리 스틱의 가치가 하락하기 시작해 이자율(할인율)이 10퍼센트를 넘어갔습니다.

결국 영국 왕 찰스 1세는 대부분의 빚에 대해 파산(모라토리엄)을 선언하고, 모든 책임과 잘못을 고리대금업자인 골드스미스에게 돌렸죠. 비록 이 사건이 영국 청교도 혁명(1642~1651년)의 유일한 원인은 아니

● 현재의 골드만삭스와 국채

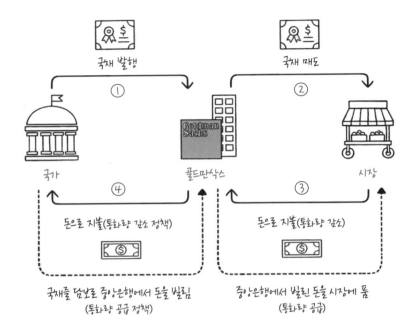

었지만 재정을 방만하게 운영했던 찰스 1세는 크롬웰의 손에 죽는 운명
을 맞이합니다.

화폐가치가 떨어지면 생기는 일

앞으로 계속 설명하겠지만 프랑스 미시시피 버블의 주역인 존 로John Raw
가 설립한 로열뱅크의 은행권bank note(발권은행이 발행하는 지폐)이 프랑스
의 화폐로 인정받고 통용되었던 것도, 민간은행 형태인 미국의 연방준
비은행Federal Reserve Bank, FRB(미국 연방준비제도 산하의 중앙은행. 미국 12개의

지역에 소재함)이 발행하는 달러가 통용된 것도 프랑스와 미국이라는 국가가 자국의 세금을 그 화폐로 받겠다고 약속했기 때문입니다.

세금은 이와 같이 신용화폐의 수요를 유지하는 매우 중요한 역할을 합니다. 이를 뒤집으면 시중에 유통되는 화폐의 양이 세금을 걷는 금액보다 클 경우 신뢰(신용)를 잃을 수 있다는 의미가 되기도 합니다.

신용화폐 시스템에서 화폐가 신뢰를 잃으면 아무리 돈이라고 해도 화장실 휴지보다 가치가 폭락합니다. 짐바브웨와 과거 바이마르공화국 등에서 이미 벌어진 일이기도 하죠. 한 나라가 무작정 화폐를 많이 발행해 돈을 유통시키는 방법으로 경제를 활성화할 수는 있겠지만 그 한계는 정확하게 그 나라의 경제 규모, 즉 세금의 양이라고 말할 수 있습니다. 그러나 이런 양상은 기축통화key currency(국제외환시장에서 금융거래 또는 국제결제의 중심이 되는 통화)를 사용하는 나라들과 그렇지 않은 나라들에게 각기 다른 기준이 적용될 수 있는데, 이 이야기도 뒤에서 자세히 설명하도록 하겠습니다.

현대 자본주의 경제체제는 글로벌 경제 시스템으로 확대 구성되어 있습니다. 한 국가가 발행한 돈이 자국에서 화폐로 인정받더라도 국제적으로 신뢰를 잃으면 그 나라의 화폐가치는 폭락합니다.

IMF에 구제금융을 신청한 아르헨티나, 정치적인 혼란으로 하이퍼인플레이션을 겪고 있는 베네수엘라의 돈은 아무도 사용하려 하지 않는 화폐가 되었습니다. 그 이유는 세금을 통해 확보할 수 있는 것보다 훨씬 많은 돈을 발행했고, 국제 사회가 훼손된 돈의 가치를 인정하지 않기 때문입니다.

글로벌 경제 시스템에서 모든 국가의 화폐가 이런 한계를 갖는 것은 아닙니다. 딱 한 나라, 미국의 달러화가 화폐가치의 리트머스 실험지 역할을 합니다. 미국과 적대적인 나라들인 이란, 터키, 베네수엘라 등의 화폐가 망가지고 있는 게 우연이 아니라는 겁니다. 이 현상은 달러화 기축통화 시스템이 지닌 모순일 수 있습니다.

돈은
신용이다

돈 문제가 생기는 이유는 간단합니다. 바로 지출이 수입보다 많기 때문입니다. 대부분 버블의 역사는 국가가 전쟁을 통해 많은 부채를 떠안게 되거나, 정부 또는 왕실의 잘못된 지도력이나 사치 등으로 발생한 재정의 손실을 갚아나가는 과정에서 일어났습니다. 다른 나라, 다른 시대에 과정은 달랐어도 그 종말은 항상 동일했습니다.

18세기 프랑스 역시 식민지 전쟁과 방만한 경영을 통해 국가부채가 늘어났고 이와 함께 고민도 깊어졌습니다. 이때 어린 루이 15세 대신 섭정하던 오를레앙 공작 앞에 나타난 사람이 앞서 언급한 존 로였습니다. 로는 오를레앙 공작에게 국가도 은행과 같은 방법을 써보자고 제안했습니다. 즉, 은행이 자산 및 예금에 대비해 1 대 10까지 어음을 발행하는 것처럼 국가도 그렇게 하자는 것이었죠. 국가가 걷는 모든 세금을 예금이라고 가정한다면 이것을 관할하는 은행은 국가가 걷는 세금의 10배에 해당하는 은행 어음을 발행할 수 있다는 기발한 방법이었습니다.

프랑스 정부는 이미 동전 발행량을 늘려 돈의 가치가 20퍼센트 이상 떨어져 있었습니다. 그래서 국가부채를 줄이고 재정을 늘리면서 동시에 세금을 무리해서 걷지 않아도 된다는 존 로의 제안이 더욱 유혹적이었을 겁니다.

1716년 오를레앙 공작은 로열뱅크와 서방회사Compagnie d'Occident(훗날 서인도회사로 발전, 미시시피 회사를 존 로가 인수해 명칭을 바꿨지만 원래 명칭인 미시시피 회사로 더 많이 알려짐)의 설립 허가를 내주었습니다. 존 로는 로열뱅크와 서방회사를 통해 당시 프랑스령인 미국 루이지애나와 아시아 무역의 조세 징수 대리권 등을 독점하는 조건으로 프랑스 국채를 매입했습니다. 그리고 지금의 중앙은행과 흡사하게 프랑스 국채를 담보로 10배의 은행권을 발행하면서, 요구 시 이것을 금과 바꿔주겠다는 약속을 했습니다.

물론 사람들이 처음부터 미시시피 회사를 믿은 것은 아니었습니다. 하지만 존 로는 로비를 통해 국가가 로열뱅크의 은행권을 세금으로 받도록 만들어버립니다. 역사적으로 널리 알려진 '미시시피 버블'은 18세기 프랑스의 무역 독점권을 가졌던 서방회사의 주가 급등과 폭락 과정에서 발생한 사건입니다. 이 회사 주식은 2년 동안 500리브르livre(프랑스의 이전 화폐 단위)에서 1만 8,000리브르까지 폭등했다가 투자자들이 자본 이득을 금으로 바꿔줄 것을 요구하면서 순식간에 휴지 조각이 된 전

형적인 버블이었습니다.

　이 미시시피 버블은 인간의 탐욕 때문에 생긴 것도 아니고, 루이지애나의 금 매장량이 예상보다 적었다거나 미국과 아시아에 대한 무역 독점이 무너져서 터진 게 아니었습니다. 그 원인은 케인스 학파의 시초라 불리는 존 로에 의해 고안된, 가히 천재적이라 불릴 만한 '지폐 시스템' paper money system에 있었습니다.

신용창조와 버블의 시작

국가가 세금으로 인정한 은행권, 이것이 바로 중앙은행의 시초이자 신용창조credit creation(은행이 예금된 돈의 일부를 고객에게 대부하고 이를 다시 예금해서 원래 돈의 몇 배를 예금으로 만들어내는 일)와 버블의 시작이었습니다. 이 세금 아이디어로 은행권은 대중에게 널리 퍼지게 되었습니다. 로열뱅크는 계속해서 프랑스 국채를 매입할 수 있었으며, 이 국채를 지렛대 삼아 10배의 은행권을 계속 발행하는 부채 서비스를 할 수 있었죠. 이들은 주식 판매를 통해 얻은 자본으로 계속해서 프랑스 국채를 매입했고 그것을 담보로 다시 은행권을 발행했습니다.

　국가가 보증하는 로열뱅크의 주식은 30배 이상 폭등했고, 버블은 모든 곳에 생겨났습니다. 한 예로 주식 배당 시 한 꼽추는 그의 굽은 등을 책상으로 사용하는 조건으로 현재의 1만 달러(한화 약 1,200만 원)에 해당하는 돈을 받기도 했다고 전해집니다. 결국 투자자들은 이 은행권을 금으로 환전해달라고 요구했고 버블은 터지고 말았습니다.

　어떤 이는 단순히 사기꾼에 불과했던 존 로를 화폐 금융의 본질을 이

● 존 로의 신용창조 메커니즘

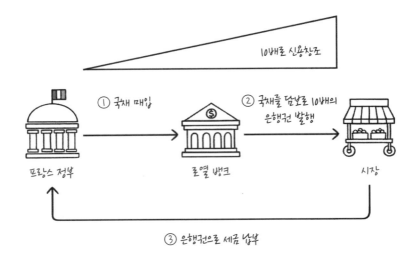

해한 선각자라고 칭하기도 했습니다. 창조적 혁신을 주장했던 경제학자
조지프 슘페터Joseph Schumpeter조차 존 로를 '심오한 지식 체계로 경제학을
이해한 화폐 이론가'로 평가했을 정도입니다. 돈의 공급이 부족해서 경
제가 힘들어질 때 더 많은 돈을 공급하면 된다는 양적완화 이론의 개념
을 최초로 도입했다고 해석될 수도 있으니까요.

존 로는 화폐의 본질이 금이나 은 등 금속의 가치나 무게가 아니라
'공공의 신뢰'에 있다고 믿었고 이를 프랑스 왕실에 인정받으려 했습니
다. 문제는 인정을 얻는 것까지는 성공했지만 이를 유지하려면 진짜 가
치 있는 자산을 보유해야 한다는 점을 간과한 것이죠.

수천 년 동안 실제 돈으로 인정받던 금이 신용화폐로 대체된 오늘날

에는 그 가치를 보증받기 위해 글로벌 중앙은행들이 금을 외환보유고로 간직하고 있습니다. 그러나 이런 사실을 18세기의 존 로는 몰랐던 것입니다. 권리에는 책임이 따르고 신뢰에는 담보가 필요하다는 것은 시대가 아무리 흘러도 변하지 않는 진실입니다.

역사에서 배운 금융 연금술의 허상

역사는 금융 연금술이 결코 부를 가져다주지 않는다는 사실을 알려주며 흘러왔습니다. 또한 화폐의 가치는 신용이 사라지고 나면 결국 원래의 가치인 종잇조각으로 돌아간다는 것을 보여줍니다. 이런 역사 속에서 은행원들은 금으로 환전해주겠다는 약속을 섣불리 해서는 안 된다는 교훈을 배우죠. 그리고 이것이 현대의 화폐제도로 자리 잡습니다. 미국의 대공황 시기에 은행의 도산을 막기 위해 금태환 요구를 정지시키고, 미국 달러를 금에 고정시킨 정책을 일시에 무효화했던 것은 존 로의 실패가 알려준 해결책이었습니다.

2017년 트럼프가 미국 대통령이 된 후 미국의 재정적자 증가 속도가 무척 빨라졌습니다. 미국 정부가 버는 돈(세금)보다 나가는 돈(정부 재정)이 빠른 속도로 늘어났기 때문입니다. 전례가 없었던 감세안으로 수입을 과감히 줄였으니 이미 예정된 결과였지만 시장은 이제야 몰랐다는 듯이 호들갑을 떱니다.

물론 부채는 그것이 문제가 되기 전까지는 문제가 되지 않습니다. 대공황이나 미시시피 버블 때처럼 근거 없이 발행된 돈을 금으로 바꿔달라고 할 수 없기 때문입니다. 부채는 반드시 갚아야 한다는 것이 우리 사이에서는 규칙이지만 최강국 미국에는 해당되지 않습니다. 부채를 갚지 않고 계속해서 늘리기만 하는 실정이죠. 이런 미국의 부채 확대는 언젠가 큰 이슈가 되겠지만, 별일이 생기기 전까지는 문제가 아니라는 점을 기억해둘 필요가 있습니다.

05

돈은 빚이다

지금까지 돈이 무엇인가에 대해 살펴봤습니다. 돈은 '권력'을 가진 국가가 '세금'을 걷어 갚겠다고 미래의 소득을 담보로 당겨쓰는 '빚'이었습니다. 돈, 즉 화폐가 교환과 가치 저장 수단이 되려면 항상 그것을 대변하는 담보가 있어야 했습니다. 여러분이 시계나 가방을 담보로 전당포에서 돈을 빌릴 수 있는 것처럼, 특정 자산을 대리하는 돈 역시 그 속성이 담보였다는 것입니다. 그래서 금이나 은을 담보로 한 화폐의 가치는 그 금속의 무게와 같았습니다.

이런 이유로 주요국의 화폐 단위들도 귀금속의 무게를 재는 단위에서 유래한 것이 많습니다. 영국에서는 무게를 의미하는 파운드와 발음과 철자가 똑같은 화폐 단위 '파운드'pound가 오늘날에도 여전히 사용되고 있습니다. 유로화가 등장하기 전까지 사용된 독일의 화폐 단위 '마르크'mark도 금과 은의 질량을 재는 무게 단위에서 유래한 것입니다. 이처럼 화폐가 금이나 은의 무게에 고정되었던 이유는 모든 사람에게 신뢰를 주기 위해서였습니다.

현재 우리가 사용하는 돈은 더 이상 무게와 관련이 없습니다. 역사적으로 버블은 돈이 부족해서가 아니라 너무나 돈을 쉽게 빌릴 수 있었기 때문에 생깁니다. 프랑스의 미시시피 버블, 영국의 남해회사 버블, 네덜란드의 튤립 버블 그리고 대공황까지, 주식이나 튤립 등에 투자하려고 너무 쉽게 빌릴 수 있었던 돈이 버블의 직접적인 원인이었습니다.

그러나 경제위기를 해소하기 위해 없는 돈을 새로운 돈으로 메우는 것은 단기적인 처방에 불과했습니다. 이를 알게 된 권력가와 은행가들은 돈을 무한대로 늘리는 데 가장 큰 걸림돌인 화폐의 태환 기능을 영원히 없애버렸습니다. 마지막까지 태환의 보루였던 미국의 달러화가 그것을 포기한 이유도 무한정 빚을 늘리기 위함이었죠. 불가능한 성장의 지속을 위해 선택한 100퍼센트 신용화폐는 바로 이런 배경에서 탄생했습니다.

드디어 인류 사회에서 눈으로 볼 수 없고 무게를 달 수 없는 추상적인 '신용'이라는 개념이 생겨났습니다. 금으로 태환될 당시의 화폐는 아무리 많이 발행하려 해도 금의 10배 수준이었고, 이마저도 사람들이 일시에 은행에 달려가 금으로 바꿔달라고 하면 대책이 없었습니다. 그러나 미국 달러화까지, 화폐에서 금으로 바꿀 수 있는 기능을 빼고 나니 너무나 완벽한 신용화폐가 탄생한 것입니다.

그런데 신용화폐 시스템은 우리를 헷갈리게 만들기도 합니다. 우리는 조폐공사가 한국은행의 지시를 받아 돈을 발행한다고 배웠습니다. 세상의 모든 돈은 국가가 발행한다고 알고 있었지만 다시 생각해보면 꼭 그렇지는 않습니다. 우리 지갑 속에 들어 있는 종이돈은 당연히 한국은행과 조폐공사의 작품입니다. 그러나 세상에 존재하는 모든 돈이 종이돈만으로 발행될 수는 없습니다. 종이돈이라는 건 은행계좌, 증권계좌에 있는 돈들이 우리 지갑 속으로 들어오기 위한 수단일 뿐입니다(명목화폐). 그전까지 돈은 은행이 부리는 연금술이라는 사실을 아는 사람은 별로 없습니다.

이 아리송한 신용화폐 시스템의 비밀은 결국 모든 돈은 누군가의 빚이라는 것입니다. 앞으로 은행이 신용이라는 이름 아래 어떻게 빚으로 돈을 만드는지 그 과정을 살펴보고자 합니다. 이를 제대로 이해하면 신용의 팽창과 축소가 무엇인지, 이로 인해 경제의 성장과 부침이 어떤 과정을 통해 주기적으로 발생하는지 알 수 있을 것입니다.

이렇게 순환하는 신용의 수축과 팽창에 우리가 이 책을 통해 배우고 싶어 하는 돈의 감각, 즉 재테크의 기술이 있습니다. 사람은 자연의 일부로 살아가고 있기에 자연의 속성에서 벗어날 수 없는 것처럼, 돈을 가지고 하는 재테크 역시 돈의 속성에 영향을 받습니다. 그래서 돈의 속성이 어떻게 만들어지는지 이해하면 어떤 분야든 투자에 대한 통찰력이 생깁니다.

신용창조 시스템 쉽게 이해하기

돈의 양(통화량)은 우리의 경제생활에 매우 큰 영향을 미칩니다. 이 돈은 한국은행이나 연방준비은행 같은 각국의 중앙은행에서 공급합니다. 이들이 독점하고 있는 통화 공급 방법을 알면 신용창조의 메커니즘을 이해하고, 나아가 경제 상황을 분석하는 데 도움이 됩니다. 그렇다면 통화 공급의 정의는 무엇일까요?

* 통화 공급 : 돈이 발행되고 유통되는 과정

　　오래전 골드스미스의 비즈니스 모델에서 통화 공급의 원리를 쉽게 이해할 수 있습니다. 금화를 만들던 골드스미스들은 도둑들로부터 금을 지킬 튼튼한 금고와 경비를 두고 있었기에 사람들은 골드스미스에게 금을 맡기는 것이 더 안전하다고 생각했습니다. 그래서 그들에게 금을 맡기고 대신 증서를 받았습니다. 이것을 가리켜 골드스미스의 노트goldsmith's note(금 세공사 어음)라고 합니다. 이 증서는 실물인 금과 동일하게 취급되었고 오히려 더 편리한 면이 많았습니다. 그래서 실물 금화 대신 이 예금 증서가 시중에 더 많이 통용되었죠.

　　골드스미스는 사람들의 대부분이 자기에게 맡겨둔 금을 찾아서 거래 대금을 지불하지 않고 예금 증서를 지급하는 것을 보고 자신이 보유한 예금 중 일부를 사람들에게 빌려주기 시작합니다. 진짜 금을 빌려준 게 아니라 예금 증서를 빌려준 것이죠. 그렇게 골드스미스는 예금주들의 돈 중 일정 부분(예를 들면 90퍼센트)을 다른 사람들에게 빌려주게 되었고, 이것이 지급준비율제도(은행이 고객으로부터 받아들인 예금 중에서 중앙은행에 의무적으로 적립해야 하는 비율)의 시초가 되었습니다.

골드스미스의 돈놀이는 본질적으로 불안한 시스템입니다. 예금주가 자신의 금을 언제든지 찾아갈 수 있는 요구불예금(예금주의 요구가 있을 때 언제든지 지급할 수 있는 예금)이기 때문입니다. 예금주들이 골드스미스의 금고에 금이 별로 없다는 사실을 알고 인출하기 시작하면 금고는 순식간에 비워집니다.

이런 지급준비율제도의 근본적인 문제 때문에 부실한 은행들에서 뱅크런bank run(예금주들이 맡겨둔 예금을 찾기 위해 한순간에 은행으로 몰려드는 현상)이 자주 발생했습니다. 대표적으로 미국에서 금본위제가 존재했을 때 이 지급준비율제도의 불안정성 때문에 1907년 이후 대규모 뱅크런이 몇 차례 일어났습니다. 이런 뱅크런의 발생 가능성을 줄이고 금융시장을 안정화하기 위해 연방준비은행이 탄생했고, 모든 통화의 발행과 공급을 책임지게 되었습니다.

1913년 설립된 연방준비은행은 자신이 보유한 금에 해당하는 은행권을 발행해 각 은행들에 뿌렸습니다. 은행은 이 돈을 빌려주기 시작했고, 부분지급준비금 보유은행제도Fractional Reserve Banking System 때문에 통화량은 급격하게 늘어났습니다. 연방준비은행이 생기기 전에도 지급준비율제도를 통해 신용을 창출하고 있었지만 늘 불안했던 은행들은 이제 뒤에 든든한 중앙은행을 갖게 되어 마음 놓고 돈을 창출할 수 있었습니다.

통화량이 증가하면 빚도 증가한다

신용창조의 과정을 쉽게 설명하면 아래와 같습니다. 예를 들어 은행 A에 1,000달러가 있다고 생각해봅시다. 이 은행은 1 대 10의 지급준비율로 900달러까지 빌려줄 수 있습니다. 시민 B가 은행에서 900달러를 빌려 자동차 딜러 C에게 가서 900달러의 자동차를 구매합니다. 자동차 딜러 C는 은행 A에 이 900달러를 예금합니다. 은행 A는 다시 900달러의 90퍼센트인 810달러를 다른 시민 D에게 빌려줍니다. 시민 D는 810달러로 E에게서 오토바이를 구입합니다. E는 오토바이를 팔아 받은 810달러를 다시 은행 A에 예금하고, 은행 A는 이 810달러의 90퍼센트인 729달러를 다시 빌려줍니다….

이렇게 해서 끝까지 가면 기존의 1,000달러로 10배에 해당하는 1만 달러까지 신용팽창credit expansion이 이뤄지고 그만큼 시중에 돈은 늘어납니다. 정확하게 말하자면 시중에 빚이 늘어나는 것입니다. 통화가 팽창되면 물가는 계속 올라갑니다. 물가는 수요와 공급에 의해 올라가는 것인데 왜 통화량이 늘어나면 올라가는지 의문을 갖는 사람도 있을 것입니다. 그 점은 뒤에서 다시 설명하겠습니다.

이 방법은 중앙은행에도 똑같이 적용됩니다. 시중은행은 예금의 10퍼센트만을 중앙은행에 지급준비금으로 예치하면 됩니다. 예를 들어 시중은행이 1,000달러를 가지고 있으면 이 중 100달러를 연방준비은행에 예치합니다. 연방준비은행은 이 100달러 중에서 90달러를 다른 은행에 빌려주고, 빌려준 90달러는 결국 연방준비은행에 다시 돌아옵니다. 연방준비은행은 또다시 81달러를 시중은행에 빌려줍니다.

● 신용창조의 과정

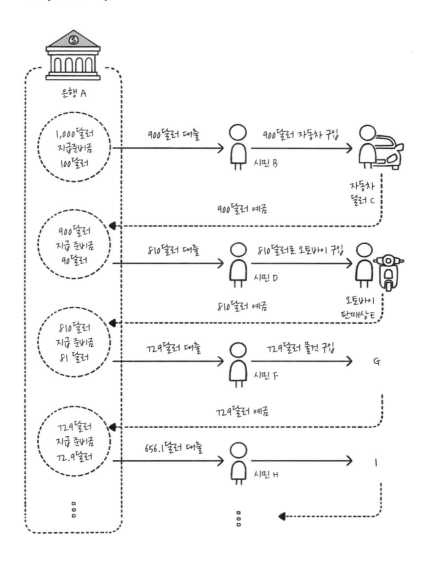

은행 A

1,000달러
지급준비금
100달러

900달러 대출 → 시민 B → 900달러 자동차 구입 → 자동차 딜러 C

900달러 예금

900달러
지급준비금
90달러

810달러 대출 → 시민 D → 810달러로 오토바이 구입 → 오토바이 판매상 E

810달러 예금

810달러
지급준비금
81 달러

729달러 대출 → 시민 F → 729달러 물건 구입 → G

729달러 예금

729달러
지급준비금
72.9달러

656.1달러 대출 → 시민 H → I

결과적으로 중앙은행은 가지고 있던 돈의 10배에 해당하는 돈을 신용 창조로 만들어내는 셈입니다. 10배로 불어난 돈은 다시 시중은행의 부분지급준비금 보유은행제도에 의해 10배 더 불어납니다. 결국 중앙은행에서 발행한 돈은 신용창조로 100배까지 늘어나 유통될 수 있습니다.

신용창조 시스템을 보면 시중 통화량에 신용팽창이 미치는 영향이 매우 크다는 것을 알 수 있습니다. 미국은 1929년 이전까지 신용이 급격하게 팽창되고 있었습니다. 사람들은 돈을 빌려 부동산과 주식에 '묻지 마 투자'를 했죠. 쉽게 빌렸지만 이자를 물어야 했습니다. 신용창조로 늘어난 돈의 양은 실제 돈의 양보다 무척이나 많아졌습니다. 여기에 붙는 이자율이 5퍼센트라고 하더라도 빚의 총액이 크기 때문에 이자는 상대적으로 매우 커집니다. 그러므로 실제 시중에 있는 대부분의 돈은 누군가가 빌려서 생긴 빚이라는 이야기입니다.

여러분이 생산한 물건을 해외에 팔아서 번 돈이라면 빚이 아니라고요? 좁게 보면 벌어온 돈이기는 하지만 여러분의 물건을 수입한 나라에서 받아온 돈도 그 나라에서 누군가가 빌린 돈일 뿐입니다.

빚을 갚을수록 돈이 사라지는 이유

앞서 든 예에서, 신용창조 시스템을 아는 똑똑하고 정직한 시민 B가 열심히 일해서 돈을 벌어 빚진 900달러를 갚았다고 합시다. 물론 누군가가 다시 900달러를 빌리면 시중에 통화량이 늘어나기는 하지만, 아무도 더 이상 돈을 빌리지 않는다면 시중에는 이제 900달러가 사라진 것입니다. 시민 D는 이제 그전보다 900달러가 적어진 시장에서 810달러를 벌

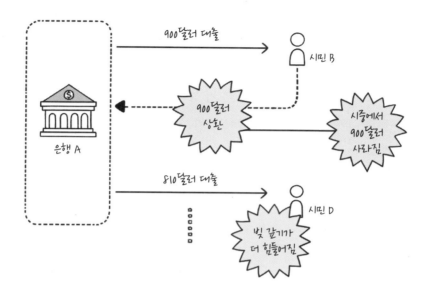

● 신용창조 시스템의 아이러니

900달러 대출

시민 B

은행 A

900달러 상환

시중에서 900달러 사라짐

810달러 대출

시민 D

빚 갚기가 더 힘들어짐

어 갚아야 합니다. 그는 이전보다 더 열심히 일해야 810달러를 벌 수 있습니다. 왜냐하면 시민 B가 빚을 갚아 시중에서 900달러가 사라졌기 때문입니다.

만약 시민 B가 도저히 돈을 벌 수 없어 파산했다고 가정해봅시다. 그러면 시민 B가 빌린 돈은 영원히 사라집니다. 결과적으로 시중에 돈은 더 귀해져서 빚을 갚기가 점점 더 힘들어지기 시작합니다. 사람들은 더이상 돈을 빌리지 않으려 하고, 빚이 있는 사람들은 빨리 빚을 갚으려고 합니다. 그러면 갈수록 시중에 돈은 점점 더 사라집니다. 이것이 뒤에서 다시 언급할 부채 디플레이션의 상황입니다.

열심히 일해서 빚을 갚을수록 시중에 돈이 사라지는 것이 신용창조 시스템에서 벌어지는 아이러니입니다. 경기 사이클은 바로 이렇게 신용이 팽창했다가 수축하는 과정이 반복되면서 야기되는 신용 사이클에 불과합니다.

어느 날 갑자기 신용이 늘어났다가 눈 깜짝할 사이에 축소되는 것은 아닙니다. 다만 신용이라는 건 누군가가 대출을 받는다는 것이고, 그 대출에 이자가 있어 더 이상 이자를 낼 여력이 없는 사람들이 많아질 때 축소됩니다. 그때부터 경제가 어렵다는 말이 등장하고, 일자리가 사라집니다. 아파트 가격이 그제서야 내려가지만 살 여력이 있는 사람들은 거의 없습니다.

이처럼 신용이 어떤 상황에서 팽창되거나 축소되는지 알 수 있다면 경제 사이클의 감각을 가질 수 있을 것입니다.

"돈의 감각을 기르기 위해서는
돈의 역사부터 알아야 한다!"

- 경제는 곧 돈이다.

- 경제를 잘 돌아가게 하는 방법은 두 가지다. ① 돈을 많이 공급할 것 ② 돈을 순환시킬 것

- 인류 역사 최초의 인플레이션은 로마제국에서 일어났다.

- 대책 없는 양적완화, 즉 머니 프린팅은 하이퍼인플레이션을 초래한다.

- 양적완화의 문제점이 여러 번 역사적으로 증명됐지만, 인간은 이를 통해 배운 게 없다. 계속해서 반복한다.

- 현재 우리는 중앙은행에서 발행한 화폐가치를 제도적으로 신뢰하는 신용화폐 시스템을 채택하고 있다.

- 신용화폐 시스템의 비밀은 '모든 돈은 결국 누군가의 빚'이라는 데 있다.

- 신용창조 시스템이란 신용만으로 통화량이 증가해 돈이 창출되는 구조를 말한다.

- 신용창조 시스템을 이해하면 경제 사이클을 이해할 수 있다.

THE SENSE OF MONEY

제2장

경제 사이클을
알아야
돈이 보인다

: 신용화폐 시스템과 경제 사이클

교과서의 수요/공급 곡선이
감추고 있는 것

'경제학' 하면 곧바로 떠오르는 그래프는 수요/공급 곡선입니다. 교과서에 늘 등장하고 경제학 책 표지나 상징으로 자주 사용되는 이 그래프는 가격이 어떻게 정해지는지 수요와 공급의 개념을 들어 설명합니다.

그러면 다시 한번 떠올려볼 겸, 고등학교 교과서에 등장하는 수요/공급 곡선을 간단히 살펴볼까요?

수요 곡선에 나타난 것처럼 가격이 오르면 수요량이 줄고, 가격이 내리면 수요량이 늘어납니다. 또 공급 곡선에서는 가격이 내리면 공급량이 줄고, 가격이 오르면 공급량이 늘어납니다. 가격은 이 두 곡선이 만나는 곳에서 결정됩니다. 수요/공급 곡선은 수요와 공급의 변동에 따라 가격이 어떻게 움직이는지 수학적 공간에 표현하여 해석하는 이론입니다.

● 수요/공급 곡선

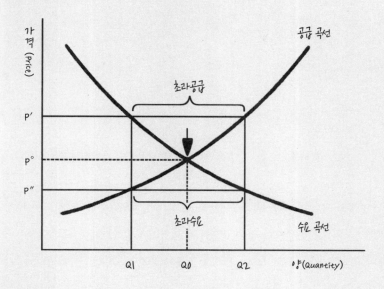

그런데 그 많은 물건의 수요와 공급의 양을 어떻게 알 수 있을까요? 애덤 스미스Adam Smith라면 '보이지 않는 손'을 통해 알 수 있다고 말하겠지만 그건 너무나 막연합니다. 경제학 책에는 이것을 수학적으로 정확하게 예측해놓았겠지만 저와 저의 부모님 그리고 주변을 둘러봐도 경제생활을 해나가는 데 이런 수학적 지식이 필요한지 의문이 듭니다. 어쩌면 전문가라는 사람들, 즉 경제학으로 밥을 먹고사는 사람들이 만들어낸 허울 좋은 장벽일지도 모릅니다. 또한 가격이 오르는 현상을 통화량이나 신용과 관계없는 것으로 위장하려는 사람들의 작품일 수도 있습니다.

수요/공급 곡선이 가격의 결정을 이해하는 데 중요한 방법이기는 합니다. 그러나 우리가 일상생활에서 흔히 접하는 가격 변동을 알기 위해 그 많은 공부를 할 필요는 없다고 생각합니다. 가격이 결정되는 기본적인 아이디어는 이슬람 학자인 이븐 타이미야Ibn Taymiyyah가 13세기에 말했던 명언에 잘 나타나 있습니다.

어떤 상품에 대한 욕구가 커지고 그 상품이 귀해지면 가격이 오른다.
반대로 어떤 상품이 흔해지고 욕구가 줄어들면 가격이 내려간다.

이 정도만 알면 가격 변동을 질적으로 이해할 수 있습니다. 지금은 가격의 결정을 수요/공급보다 물물교환의 개념으로 설명하고자 합니다. 또한 경제활동은 생산을 한 후 물품, 서비스 등을 교환하는 것으로 이뤄집니다. 가격은 물품과 돈을 맞교환하는 과정에서 결정됩니다. 물품이 많으면 가격이 내려가고, 돈이 많으면 가격이 올라갑니다.

많은 사람이 시장에 참여해서 이런 식의 교환을 합니다. 부채도 그렇고 주식, 부동산도 그렇습니다. 여러분의 노동뿐만 아니라 이자율도 마찬가지로 교환의 관점에서 설명할 수 있습니다. 이 책에서는 모든 부분을 교환의 관점에서 접근할 것입니다. 경제를 돈(통화량)과 재화, 서비스의 물물교환으로 생각하면 그전에는 안 보이던 것들이 보이고 새로운 의문점이 생겨나기도 합니다.

언제 어떤 상황일 때 돈의 양이 늘어나고 줄어드는지를 알게 될 때 정확히 경제의 흐름을 파악할 수 있습니다.

가격 결정의
두 가지 요인

물물교환 경제에서 가격이 오를 때는 어떤 경우일까요? 간단합니다. 다음 두 가지 경우입니다.

① 물건이 귀해진다.
② 돈이 늘어난다.

우리는 정부와 미디어로부터 주로 첫 번째 경우, 즉 물건이 귀해져서 가격이 오른다는 이야기만 줄기차게 들어왔습니다. 예를 들면 유가는 석유가 지구상에 얼마 남지 않아서 오른다고 합니다. 쌀값은 동남아시아 어딘가에서 홍수가 나 쌀 생산량이 줄었기에 오른다고 합니다. 그러나 이런 설명은 골동품을 제외하고는 정확한 대답이 아닙니다.

얼마 전 우유가 남아돌아 모 우유 회사에서 직원들 급여 중 일부를 우유제품으로 지급했다는 뉴스를 들었습니다. 만약 언론에서 말했던 것처럼 수요와 공급의 접점에서 가격이 결정된다면 안 팔리는 우유는 가격이 내려가야 정상이지만, 실제로 내려간 것은 물건값이 아니라 직원들 월급뿐이었습니다.

최근 어닝 쇼크earning shock(기업이 시장에서 예상했던 것보다 저조한 실적을 발표해 주가에 영향을 미치는 현상)로 우리를 놀라게 한 현대자동차의 순이익이 급감한 진짜 이유는 자동차를 더 많이 판매하지 못했기 때문입니다. 우리가 경제학 이론에서 배운 대로 도입한다면 가격을 낮춰 쉽게 해결할 수 있는 문제입니다. 그러나 여러분도 저도 현대자동차가 판매가를 내렸다는 이야기는 듣지 못했습니다. 수요와 공급은 가격이 결정되는 진짜 이유가 아니기 때문입니다.

내 월급만 빼고 다 오르는 이유

흔히 유가와 물가를 연동시켜 생각하는 경향이 있습니다. 미디어에서는 대부분의 산업이 석유를 이용해 물건을 생산하기 때문에 유가가 오르면 자연히 물건 가격이 오른다고 합니다.

정말 그럴까요? 물가와 반대로 여러분의 임금 상승은 거의 미미합니다. 아니, 오히려 줄어든 사람들도 많습니다. 예를 들어 월급을 200만 원 받고 4인 가구가 한 달에 쌀 20킬로그램짜리 한 포대를 먹는다고 합시다. 쌀값이 5만 원에서 10만 원으로 올랐다면 쌀을 사고 남은 돈은

190만 원, 지난달보다 5만 원이 더 지출되었으므로 여러분은 다른 물건 사는 걸 줄여야 합니다. 만일 다른 사람들의 임금도 여러분처럼 오르지 않았다면 그들 또한 다른 물건의 구입을 포기해야 하고, 결과적으로 수요가 줄어 다른 물건의 가격이 내려가야 합니다.

앞서 말한 것처럼 가격 결정의 중요한 요인은 파는 물건이 귀해지는 경우, 돈이 많이 늘어나 흔해지는 경우 두 가지입니다. 신문이나 방송은 물건이 귀해지는 경우만 이야기하고, 또 다른 요인인 늘어나는 돈의 양에 대해서는 별로 말이 없습니다.

기술이 발달하고 대량생산이 가능해지면 물건 가격이 내려가는 게 정상입니다. 컴퓨터 가격이 떨어진 것처럼 말입니다. 그런데 집 짓는 기술이 발달하고 재료가 다양해지고 각종 기기가 개발되었음에도 왜 지난 몇 년간 아파트 가격은 계속 올랐을까요? 자연스럽게 '돈이 많아졌기 때문'이라는 결론이 나옵니다. 그렇다면 어떻게 돈이 많아진 걸까요?

미디어나 정부는 보통 경기가 좋아 돈벌이가 잘되고, 사람들의 임금이 올라가 시중에 돈이 늘어났다고 둘러댑니다. 정말 그럴까요? 여러분 자신과 주위를 돌아보면 의문이 생길 것입니다. 통계를 봐도 임금은 그리 많이 인상되지 않았습니다. 적어도 우리의 임금은 별로 오르지 않았습니다.

그렇습니다. 실제로 돈이 많이 늘어난 것은 누군가가 더 많은 돈을 빌려서 썼기 때문입니다. 돈은 곧 빚이라는 평범한 상식을 모르고 있던 사람들은 소득이 증가해서 돈의 양이 늘었다고 착각했을 뿐입니다. 돈을 낮은 이자율로 쉽게 빌릴 수 있으면 더 많이 빌려서 다른 물건과 교환하기에 당연히 가격이 올라가는 것입니다.

지금까지 설명한 것처럼 가격은 물건의 수요보다 시중에 풀린 돈의 양에 따라 좌우됩니다. 예를 들어 몇 년 전 대구, 부산, 광주, 울산 등지의 아파트 가격이 치솟았던 이유는 이들 지역의 인구가 갑자기 늘어 수요가 폭발해서가 아니라, 이자율이 낮아 돈을 쉽게 빌릴 수 있었기 때문입니다. 이 지역에 돈이 많이 늘어난 거죠. 최근 서울 지역의 아파트 가격이 폭등해서 정치권의 골칫거리인데, 이 또한 인구 유입이 아니라 저금리로 인해 늘어난 가계부채가 원인입니다.

늦게나마 정부는 은행들에 부동산 관련 대출을 줄이도록 감독하고 있습니다. 그러나 중앙은행은 모르쇠로 일관합니다. 물가안정이 최대의 목적이라고 말하는 그들의 거짓말이 들통날지도 모르기 때문입니다.

만약 누군가 돈이 많다고 하면, 다음 두 가지 경우입니다.

① 진짜 돈이 많은 사람(임금+저축)
② 돈을 쉽게 빌릴 수 있는 사람(신용)

현대 사회에서 돈의 양은 중앙은행이 결정합니다. 우리나라의 경우 한국은행, 미국의 경우 연방준비은행이 돈을 발행합니다. 물론 중앙은행은 지급준비금만 간직하고 실제 대출은 일반 상업은행의 역할이라 할 수 있습니다. 그러나 은행의 대출 금리를 좌지우지하고 최악의 경우 통화량을 원하는 만큼 공급할 수 있기에 중앙은행이 통화량을 결정한다고 하는 것입니다. 그리고 중앙은행의 의도에 따라 시중의 통화량이 달라지면서 물건들의 가격이 결정됩니다.

* 시중 통화량 증가 ⟶ 가격 상승 = 인플레이션
* 시중 통화량 감소 ⟶ 가격 하락 = 디플레이션

시중 통화량이 증가하면 가격이 오르고(인플레이션), 반대로 통화량이 감소하면 가격이 하락합니다(디플레이션). 하지만 모든 물품의 가격이 균등하게 변하는 건 아닙니다.

먼저 가격이 오르는 물품과 자산이 있고, 시간 차를 두고 나중에 오르는 것이 있습니다. 시간의 흐름에 따라 순차적으로 가격이 오르거나 내려가는 차이만 있을 뿐 결국 가격은 돈의 양, 통화량으로 결정됩니다.

이제 이 통화량이 어떻게 증가하며 어떤 순서와 메커니즘으로 자산 가격을 변화시키는지 자세히 살펴봅시다.

한눈에 파악하는
경제 사이클의 기본 원리

가격 결정에는 돈의 양이 매우 중요한 역할을 합니다. 하지만 돈의 양이 모든 상품 및 서비스의 가격에 똑같이 영향을 미치는 건 아닙니다. 돈의 양, 즉 통화량이 늘면 가격이 먼저 오르는 상품도 있고 그렇지 않은 상품도 있습니다. 이는 바로 돈이 어떻게 생성되고 분배되는가에 따라 시간 차가 나타나기 때문입니다.

　돈은 중앙은행이 공급합니다. 한국조폐공사가 만들어낸 우리나라의 1,000원짜리 지폐를 보면 한국은행 총재의 도장이 찍혀 있습니다. 퇴계 이황 선생의 초상화가 유명한 그림이어서 1,000원의 값이 매겨진 게 아니라 한국은행 총재의 직인이 찍혀 있기에 믿고 사용하는 것입니다. 이 돈은 우리나라에서 다른 누구도 발행할 수 없고 오직 중앙은행인 한국은행만 발행합니다. 즉, 한국은행이 우리나라의 모든 돈을 좌지우지한다고 볼 수 있습니다.

한국은행은 그들이 발행한 돈을 시중은행에 나눠 줍니다. 우리 같은 일반 사람들은 시중은행을 통해서만 이 돈을 접할 수 있습니다. 즉, 우리는 시중은행에 가서 돈을 빌립니다. 더 정확히 말하면 한국은행이 발행한 돈(빚, 신용)과 우리의 빚(신용)을 시중은행을 통해 교환합니다. 여러분이 소득이 높은 대기업 직장인이라면 신용도가 높아 더 많은 돈을 낮은 이자에 빌릴 수 있고, 그 반대라면 은행보다 높은 이자에 돈을 빌려주는 저축은행이나 대부업체를 찾아야 합니다. 그 이유는 바로 신용을 교환해야 하기 때문입니다. 은행에 돈이 많으면 낮은 이자율로 손쉽게 돈을 빚과 교환할(빌릴) 수 있습니다. 이렇게 우리는 교환한 돈을 가지고 물건을 삽니다.

그런데 우리가 은행에서 돈을 빌리는 경우는 점심값이 없어서가 아닙니다. 집을 사거나 사업을 시작하거나 차를 사는 등 큰돈이 필요할 때가 대부분입니다. 그래서 이자율이 낮으면 돈을 빌리기가 쉬워지고 큰돈이 들어가는 부동산, 자동차 등의 가격이 우선 올라갑니다. 빌린 돈으로 부동산, 자동차 등을 구입하고 나면 이 돈은 부동산업자, 건설회사, 자동차회사, 부품회사 등에 지불됩니다.

그다음 이 돈은 다시 투자되거나 그들의 노동자에게 지불됩니다. 이렇게 노동자에게 지불된 돈은 일상생활에 필요한 생필품을 구입하는 데 주로 사용됩니다. 이 사이클을 돌고 나서야 생필품 가격이 오르는 것입

● 돈의 전파 경로

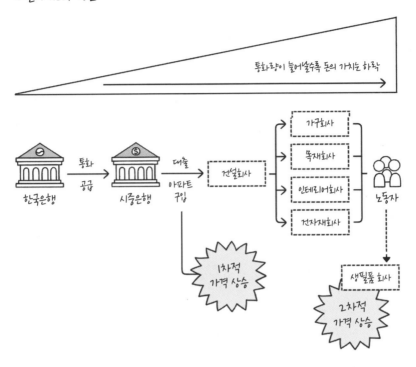

통화량이 늘어날수록 돈의 가치는 하락

한국은행 → 통화 공급 → 시중은행 → 대출 아파트 구입 → 건설회사 → 가구회사 / 목재회사 / 인테리어회사 / 전자재회사 → 노동자

1차적 가격 상승

생필품 회사

2차적 가격 상승

니다. 물론 이 사이클을 잘 아는 투자기관들은 돈이 돌아서 여러분에게 오기 전에 미리 석유와 같은 필수품에 투자해두었다가 나중에 비싸게 되팝니다.

일반적으로 '인플레이션'이라고 하면 소비자물가지수CPI를 떠올립니다. 소비자물가지수는 소비자가 사용하는 재화와 서비스의 가격 변동을 나타내는 것으로, 도시 가계가 소비하는 상품들의 가격 변동을 나타냅니다. 전국 37개 도시 약 480여 개 재화와 서비스 가격을 조사하는데,

품목은 가계소비지출에서 차지하는 비중이 1만 분의 1 이상이어야 한다는 기준에 따라 선별됩니다. 언론이나 정부는 소비자물가지수로 인플레이션을 판단하며 중앙은행은 소비자/생산자 물가지수를 바탕으로 통화량을 조절합니다. 하지만 앞서 설명한 돈의 전파 경로를 보면 통화량은 부동산 등의 가격에 이미 잘 나타나 있습니다.

통화량 증가가 물가지수에 나타나는 경우는 여러분과 같은 개개인에게 돈이 풀렸을 때입니다. 즉, 마지막 단계에서죠. 결국 한국은행을 비롯해 중앙은행과 정부가 관리하고자 하는 것은 여러분의 임금입니다. 물가가 올라 힘들다고 불만을 토로하면 중앙은행과 정부는 낮은 이자율로 돈을 빌려줄 테니 천천히 갚으라고 합니다. 결국 물가는 더 오르고 여러분의 빚은 점점 더 늘어납니다.

이런 상황, 요즘 우리가 처한 현실이라 생각되지 않나요? 2011년까지 크게 올랐던 소비자물가상승률은 최근까지 1퍼센트대를 유지하고 있습니다. 그러나 우리의 체감 물가는 날로 악화되고 있습니다. 서민 식품인 치킨 한 마리는 어느새 2만 원이 되었고, 설렁탕 한 그릇은 1만 원이 훌쩍 넘는 곳도 있습니다. 이제 1만 원짜리 한 장으로는 마트에 가서 물건을 몇 가지도 고를 수 없는데, 언론에서는 소비자물가상승률이 1퍼센트가 안 된다며 디플레이션을 걱정하는 요즘입니다.

이렇게 물가가 오른 가장 큰 요인은 현실적으로 주거비와 임대료입니다. 그러나 우리가 말하는 물가지표에 임대료는 포함되지 않습니다. 전셋값도 최초 계약만 포함됩니다. 중앙은행은 제대로 된 물가 수준을 발표하기보다는 여러분의 임금과 관련이 높은 지표만을 선별하는 재주를 부리곤 합니다.

다시 말하지만, 물가지표는 중요한 게 아닙니다.

경제 전체에 돈(통화량)이 얼마나 늘어나는가?

이것이 가장 중요합니다. 돈이 늘어나는 건 결국 부채가 늘어나는 것입니다. 부채가 늘어나는 속도에 따라 여러분의 소득도, 은행의 잔고도 달라질 수 있습니다. 제가 주목하는 것도 바로 그 패턴을 찾아내는 겁니다.

노동의 대가와 빚의 교환

가격과 경제에서 통화량은 매우 중요한 역할을 합니다. 통화량 공급의 조절에는 중앙은행이 설정하는 기준금리가 가장 핵심적인 나침반이 됩니다. 중앙은행은 시중은행에 이자를 받고 돈을 빌려주는데 이 이자율을 '할인율'discount interest rate이라고 합니다. 기준금리가 높으면 시중은행은 중앙은행으로부터 돈을 적게 빌리고, 반대로 기준금리가 낮으면 은행은 자금 조달 비용이 낮아져 더 많은 돈을 빌릴 수 있고 은행 간 대출 경쟁으로 시중의 대출 금리도 하락 압력을 받습니다.

과거 중앙은행들은 금본위 기준으로 화폐를 발행했습니다. 그래서 중앙은행이 발행할 수 있는 통화와 신용팽창에는 한계가 있었죠. 그러나 1971년 미국의 금태환 중지 선언 이후 상황은 180도로 달라집니다.

과거 1930년대의 미국 달러에는 '금으로 상환될 수 있다'는 문구가 새겨져 있었습니다. 세계의 은행들은 연방준비은행의 지폐인 달러 가치를 기준으로 화폐를 발행했습니다. 연방준비은행은 보유한 금의 10배만큼 달러를 발행할 수 있었는데, 공황과 전쟁으로 재정난이 심해지자 달러를 새로 발행해 미국 국채를 매입함으로써 재정적자를 메우고 신용 팽창을 시행했습니다. 그러자 시민들은 중앙은행이 보유한 금의 양보다 달러의 양이 과도하게 많아지고 있음을 눈치채고 금으로 환불해달라고 요구하기 시작했습니다.

1944년 7월 위기를 벗어나고자 프랭클린 루스벨트 대통령은 브레튼 우즈 협약Bretton Woods system으로 외국 중앙은행들과만 금태환을 할 수 있도록 법을 바꿨습니다. 그런데 1960년대 중반부터 베트남 전쟁으로 미국의 경제가 악화되자 세계의 여러 은행들이 달러를 금으로 태환했고, 연방준비은행이 보유한 금은 급격하게 줄어들었습니다. 이에 닉슨 대통령이 1971년 외국의 중앙은행까지 금태환을 중단한다고 발표하면서 금본위 시대는 종말을 고하게 됩니다. 사실상 금본위제가 폐지된 이후 중앙은행의 통화 공급은 무한정이 되었다고 해도 과언이 아닙니다.

중앙은행은 기준금리뿐만 아니라 국채의 매입 및 매도를 통해서도 통화량을 조절합니다. 중앙은행이 국채를 매도하기 시작하면, 즉 국채를 팔아 시중은행에 있는 돈을 거둬들이면 시중에 통화량이 줄어듭니다. 반대로 중앙은행이 시장에서 국채를 사들이고 국가나 은행, 투자기관에 돈을 지불하면 시중에 통화량이 증가합니다. 금본위제 폐지 이후 중앙은행이 보유한 제일 좋은 자산은 국채, 즉 국가가 세금을 거둬 갚겠다고 한 국가의 빚입니다. 물론 최근에는 모기지, 회사채 등을 자산으로 가지고 있지만 대부분 가장 믿을 만한 것으로 국채를 선호합니다.

이제 화폐의 개념은 과거 '금'이라는 실물에서 벗어나 국가의 '빚'이 된 것입니다. 신용 사회의 극치를 달리게 된 것이죠.

* 달러 = 미국 정부가 세금을 거둬 갚겠다고 약속한 미국의 빚
* 원화 = 한국 정부가 세금을 거둬 갚겠다고 약속한 한국의 빚
* 엔화 = 일본 정부가 세금을 거둬 갚겠다고 약속한 일본의 빚

따라서 여러분이 은행에 가서 돈을 빌리는 행위는 여러분의 빚과 국가의 빚을 서로 교환하는 것이라 할 수 있습니다. 국가의 신용도가 여러분의 신용보다 높기 때문에 여러분은 돈을 빌릴 때(자신의 빚과 국가의 빚을 교환할 때) 어느 정도 할인을 해줘야 합니다. 즉, 신용도가 낮은 대신 이자를 더 많이 지불해야 합니다.

이렇게 여러분의 빚과 국가의 빚을 교환하고, 여러분은 국가의 빚(빌린 돈)을 다른 상품이나 서비스와 교환합니다. 이제 모든 돈은 빚으로 변했습니다. 시중에 돌고 도는 돈은 누군가의 빚인 것입니다. 수출해서 벌어온 돈은 빚이 아니라고요? 미국에서 벌어온 돈이라면 그 돈도 결국 미국 사람이 빌린 돈이라고 할 수 있습니다.

우리가 돈을 번다는 건 노동의 대가와 국가의 빚을 교환하는 것입니다. 여러분이 은행에 저축한 예금은 국가가 여러분에게 갚겠다고 한 빚입니다. 한 나라의 통화가치는 바로 그 빚이 얼마나 건실한가로 판단합니다. 그리고 이것이 환율에도 영향을 미치죠. 그 나라가 세금을 걷어 갚아야 하는 빚의 증서가 돈이므로, 다른 나라 사람이 볼 때 그 돈의 가

치는 결국 빚의 건전성 관점에서 확인해야 합니다. 환율에 대해서는 뒤에서 다시 자세하게 언급하겠습니다.

팽창과 수축의 반복

은행에서 빌린 돈을 원금에 이자까지 더해서 갚으려면 국가나 기업, 개인이 더 많은 빚을 져야만 합니다. 즉, 통화량이 늘어난다는 것은 국가나 기업, 개인의 빚이 증가한다는 이야기입니다. 그래서 다음 두 가지 변수로 통화팽창이 이뤄집니다.

> ① 중앙은행의 통화 공급
> ② 국가, 기업, 개인이 빚을 지려는 의지

위의 두 가지 요인이 변화하면서 통화팽창(인플레이션) 또는 통화수축(디플레이션)이 주기적으로 이뤄지고, 경기 상승/침체 사이클과 공황 사이클이 오는 것입니다.

이렇게 중앙은행은 통화량을 조절하기 위해 금리를 인하하거나 인상합니다. 통화량은 여러분과 제가 돈을 많이 빌려야 늘어납니다. 그러나 너무 감당할 수 없을 정도로 많이 늘어나면 하이퍼인플레이션이 될 수 있으니 속도를 조절해야 합니다.

앞서 말한 것처럼 대부분 부동산이나 주식을 사기 위해서 큰돈을 빌립니다. 사람들이 돈을 많이 빌려 통화량이 지속적으로 증가하면 부동산이나 주식 가격이 올라가는데, 사람들은 자산 가격이 올라갈 때는 앞

으로 더 올라갈 것이라고 생각하고 돈을 더 빌리려고 합니다. 이런 경우에는 중앙은행이 금리를 인상해 속도를 조절합니다.

반대로 가격이 하락할 때는 더 하락할 것이라 생각해서 돈을 빌리려하지 않습니다. 이렇게 되면 이제 모든 관계자들이 겁을 내기 시작합니다. 가격이 오를 때는 성장의 기쁨과 에너지가 넘치지만 반대로 하락하면 모든 환경이 위축되니까요. 그래서 중앙은행은 금리를 내리며 더 많은 돈을 빌리라고 자극하는 것입니다.

이런 자극조차 통하지 않을 때는 더 이상 금리를 내리지 못할 경우입니다. 더 이상 금리를 내리지 못하면 하락하는 가격을 잡을 수도, 더 많은 대출을 일으키도록 유혹할 수도 없습니다. 이런 시기가 오면 중앙은행은 양적완화라는 근사한 말로 포장된 '머니 프린팅'을 시도합니다.

사람들이 돈을 추가로 빌리지 않거나 돈을 빌리는 양이 전월, 전분기, 전년도보다 감소하면 국가는 돈이 부족해집니다. 돈이 부족하면 성장하기 어렵고, 이를 막기 위해 중앙은행은 시중에 유통되는 채권과 주식을 사들여 정부의 채권을 무한정 매수하기 시작합니다.

문제는 이조차 기축통화를 가진 나라들의 사치 행각이라는 것이죠. 안타깝게도 한국과 같은 나라들은 꿈도 꾸지 못할 일입니다. 이렇게 금리를 더 이상 내리지 못하는 시점에 도달하면 모든 것이 달라집니다. 지금까지 우리가 한 번도 경험하지 못한 경제 현상이 눈앞에 펼쳐지는 거죠. 그 시점을 가리켜 경제학자 나심 니콜라스 탈레브Nassim Nicholas Taleb 는 '블랙스완'black swan이라는 근사한 단어로 표현했는데, 이것이 바로 '대공황'great depression 입니다.

경제는 어떻게
선순환되는가

한국은행 홈페이지에 접속하면 한국은행이 시행하는 정책의 목표가 나와 있습니다. 이런 정책을 통화정책이라고 하는데 그 목표는 다음과 같습니다.

> **「한국은행법」 제1조 제1항** 한국은행을 설립하고 효율적인 통화신용 정책의 수립과 집행을 통하여 물가안정을 도모함으로써 국민경제의 건전한 발전에 이바지함.

이는 표면적으로 볼 때 한국은행이 존재하는 이유가 '물가안정'이라는 말입니다. 물가가 안정되어야 우리의 삶도 편안해질 수 있다고 하는

데, 여기서 한 가지 의문이 듭니다.

그들이 말하는 '물가안정'은 무엇을 의미하는가?

지난 2008년 금융위기에서 시작된 경기침체 10년 동안 한국은 물가지수상 저물가 시대를 살아왔습니다. 그야말로 한국은행이 목표로 하는 물가안정이 확실하게 이뤄져 표창장이나 훈장을 받아야 했음에도, 신문이나 정부는 오히려 디플레이션이 우려된다고 하고 한국은행도 이를 극복해야 한다고 말합니다.

한국은행이 펼치는 통화정책의 목표가 물가안정이라는 사실을 기억한다면 그 목표를 제대로 수행하고 있는 그들을 칭찬하고 격려해야 하지만 그 어떤 언론도 잘했다고 하지 않습니다.

도대체 이것은 어떻게 해석해야 할까요?

신용화폐를 사용하는 경제 시스템에서 중앙은행의 핵심 역할은 통화량 조절입니다. 통화량을 알맞게 조절해야 경제가 제대로 돌아간다고 할 수 있습니다. 한국은행에서 인용하는 소비자물가지수는 통화량이 늘어나는 순서대로, 즉 돈의 경제 전체를 한 바퀴 회전하는 사이클이 완성된 이후에야 영향을 받습니다. 그렇기 때문에 소비자물가지수가 0퍼센트대라는 것은 중앙은행을 통해 지속적으로 공급되는 돈이 제대로 돌고 있지 않음을 의미합니다.

그렇다고 은행을 통해 빌려간 돈을 일일이 감시할 수도 없기에 중앙은행은 돈이 더 많이 풀릴 수 있도록 기준금리를 인하합니다. 물론 이와 반대로 많은 사람이 돈을 빌리려고 몰려들 때는 기준금리 인상을 통해 속도를 조절하기도 합니다. 이렇게 중앙은행은 물가안정이 아니라 통화량 조절이 그들의 주목적입니다. 왜 그런지 이제 살펴보도록 합시다.

요즘 우리가 경제에 관해 가장 많이 듣는 말을 꼽으라면 '저금리, 저성장'이라는 단어입니다. 경제가 우리의 삶이 좋아질 만큼 성장하지 않으니 기업도 가계도 힘들어지고 있는 것이죠. 빨리 경기가 좋아져야, 경제가 더 많이 성장해야 삶이 개선될 수 있다고 모두가 생각합니다.

자연이나 사람이 성장하는 것은 눈으로 확인할 수 있습니다. 자연은 싹이 트고 열매가 맺히는 과정이 성장이며, 사람은 키가 크고 몸무게가 늘어나며 지혜와 지식이 쌓이는 과정이 성장입니다. 그렇다면 경제의 성장은 어떻게 확인할 수 있을까요? 성장이 무엇인지 명확해지면 경제를 운용하는 정치인들은 이를 위해 다양한 정책들을 펼칠 수 있을 것입니다.

경제성장을 측정하는 대표적인 수단은 국내총생산Gross Domestic Product, GDP입니다. GDP는 일정 기간 내·외국인을 막론하고 한 나라에서 새롭게 생산한 재화와 용역의 부가가치 또는 최종재의 값을 화폐 단위로 합산한 것을 말합니다. 이 GDP 수치를 전년도와 비교, 증감된 비율을 '경제성장률'이라 부릅니다. 즉, 경제성장률이란 전년도에 비해 국내총생산이 얼마나 증가했는지 측정하는 수치라 할 수 있습니다.

이때 측정하는 재화와 서비스의 가치는 오로지 화폐 거래에만 국한되어 있습니다. 화폐 거래가 수반되지 않는 거래는 GDP로 측정되지 않

아 경제성장에 아무런 영향을 미치지 못합니다. 예를 들어 시골에 계신 부모님이 농사를 짓는데, 올해 벼농사가 대풍년이었습니다. 부모님은 자녀와 친척들에게 수확한 벼를 공짜로 나눠 주었고, 자녀들은 이를 통해 경제적으로 도움을 받았습니다. 그러나 이 경우 화폐가 오고 간 것이 아니기에 GDP에는 아무런 영향을 주지 못합니다.

오로지 화폐 거래가 있는 재화와 서비스만이 객관성을 가지며, 이것이 GDP를 측정하는 기초가 됩니다. 이때 주목해야 하는 것이 화폐입니다. 경제가 성장하기 위해서는 화폐 거래가 많아져야 하는데, 화폐는 결국 돈이고 그 돈은 바로 빚이기 때문입니다.

즉, 누군가가 돈을 많이 빌려야만 경제가 성장할 수 있고 그럴 때 우리의 삶이 나아진다는 말입니다. 그 돈이 어떻게 쓰이고 누가 빌렸는지는 중요하지 않습니다. GDP는 전년도, 전분기, 전월보다 얼마나 늘어났는지를 측정하기에 성장을 유도할 만큼 돈이 늘어나야 합니다.

$$\text{GDP 산출 공식}$$
$$= \boxed{\text{가계지출(C) + 기업투자(I) + 정부지출(G)}} + \boxed{\text{(수출 - 수입)}}$$

GDP를 산출하는 위 공식에서 왼쪽 박스는 국내 부분, 오른쪽 박스는 대외 부분입니다. 이를 더 쉽게 표현하면 국내 부분은 비교 기간 국내에서 늘어난 부채(화폐)의 총합이고, 대외 부분은 수출을 통해 얼마를 더 벌어왔느냐를 보는 것입니다. 국내에서 돈이 많이 늘어난다는 건 가계부채가 늘어나야 한다는 말이고, 해외에서 돈을 많이 벌어오려면 해외의 부채가 늘어나야 한다는 말입니다.

미국의 재정적자가 늘고 통화(금리)정책이 느슨해질 때 한국을 비롯한 주요 이머징 국가들의 경제가 살아나고, 반대일 경우 힘들어지는 것도 이 때문입니다. 가계부채가 사상 최대라고 호들갑을 떠는 신문 기사에서 이런 사실은 숨기고 정부만을 공격하는 데는 정치적 의도가 숨어 있는 것이죠.

경제성장이 지속되는 한 가계부채는 계속 늘어납니다. 핵심은 가계부채에서 부담하는 이자입니다. 이자를 감당할 때까지는 가계부채가 계속 늘어날 수 있는데, 이는 자산 가격이 영원히 오르거나 이자를 부담하는 국민 소득이 지속적으로 증가할 때뿐입니다.

요즘 부동산 버블에 대한 우려가 높아지고 있습니다. 과연 버블이 계속될지 궁금하다면 자산 가격 상승과 소득 증가가 어떻게 되고 있는지만 생각하면 됩니다.

　GDP의 개념과 산출 방법은 대공황으로 고생하던 미국에서 개발되었습니다. 미국 정부는 대공황을 극복하려고 백방으로 노력했지만 어디서 어떻게 무엇을 해야 할지, 돈을 어떻게 얼마나 써야 할지도 모르는 상황이었습니다. 그래서 1932년 미국 정부는 경제학자 사이먼 쿠즈네츠Simon Kuznets에게 의뢰해 이 방법을 개발했고, GDP로 경제 상황을 분석하고 대응책을 펼쳤습니다. 객관적인 지표를 현실 경제에 반영한 만큼 오차는 적었고 가시적인 효과도 곧바로 나타났습니다. 미국 정부는 GDP를 20세기 최고의 발명품이라 추켜세웠고, 곧 글로벌 표준으로 자리 잡았습니다. 그렇지만 글로벌 표준이 된 GDP는 앞에서 언급했던 대로 '양적 표준'입니다.

　성장이 절대 선善이 되었고, 그 선을 측정하는 기준은 통화량이었습니다. 성장이 정체될 때마다 미국과 글로벌 국가 및 중앙은행은 통화량이 늘어날 수 있는 구조를 고심했습니다. 무조건 통화량을 늘려야 다시 경제성장이 시작됐겠지만, 모두에게 대출을 권유할 수가 없었습니다. 증가하는 이자로 언젠간 감당할 수 없는 상황이 오기 때문입니다. 이 시점을 우리는 '경기침체'recession 라고 부릅니다.

경제에도 사계절이 있다

경제성장, 즉 화폐 거래로 측정되는 성장을 위해서는 계속해서 더 많은 돈이 시장에 공급되어야 합니다. 누군가가 더 많은 돈을 빌리거나 돈을 빌리는 절대 인구가 늘어야만 성장이 지속될 수 있습니다. 이런 신용팽

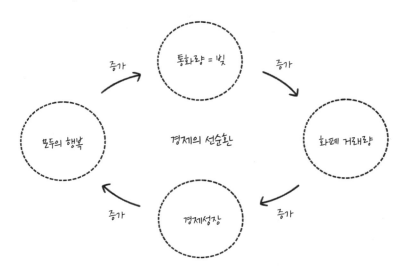

창은 결국 시장 참여자들이 더 이상 빚을 낼 수 없는, 즉 원금은 물론이고 이자조차 빌릴 수 없는 순간에 도달한 후 신용수축으로 나타납니다.

경제가 성장해야 모두가 행복해지고, 성장하기 위해서는 화폐 거래량이 늘어나야 하고, 화폐 거래량이 늘어나기 위해서는 통화량이 늘어나야 합니다. 통화량은 빚이므로 이 고리가 끊어져 반대로 돈을 갚게 되면 경제는 심각한 위험에 처합니다.

이것을 '경제 사이클'이라고 합니다. 러시아의 학자 니콜라이 콘드라티예프가 이를 처음 밝혀냈습니다. 그는 인류 역사를 통계적으로 연구한 결과 경제의 변화에 매우 긴 주기가 있다는 사실을 1935년《경제통계학 리뷰》Review of Economic Statistics에 실은 논문에서 자세히 밝혔습니다. 이

주기는 50년이라는 긴 기간 인플레이션과 디플레이션이 차례로 나타났다가 사라지고, 사계절에 비유하면 봄, 여름, 가을, 겨울로 나뉘어 경제가 성장하고 하락하는 과정을 보여줍니다.

인플레이션의 시기는 봄과 여름으로 볼 수 있습니다. 봄은 매우 온화하고 유익한 인플레이션의 시기이고, 이를 뒤따르는 여름에는 걷잡을 수 없는 인플레이션을 보입니다. 그다음은 가격의 완만한 하락을 동반한 매우 안정적인 가을의 시기가 오고, 그 뒤에는 강력한 디플레이션이 따릅니다. 콘드라티예프는 경제 사계절과 이자율 및 원자재 가격의 정점과 저점이 형성되는 것 사이의 연관성을 발견했습니다.

다음 그래프(90쪽 참고)는 세인트루이스의 연방준비은행연구소에서 나온, 미국의 이자율 변천 과정입니다. 그래프를 보면 1950년부터 상승하기 시작한 미국의 이자율이 1980년대 초를 고점으로 하락하는 모습을 보입니다. 물론 중간에 4~5년 주기로 오르고 내리는 작은 산골이 있지만 지난 30년 동안의 전반적인 추세는 하락입니다. 이런 것을 감안할 때 최근 미국의 이자율 하락은 필연적입니다.

신용팽창의 과정은 이토록 오랜 세월에 걸쳐 지속됩니다. 그래프를 보면 경제 사이클이 콘드라티예프가 말한 50년 주기보다 길게 나타나는 것을 볼 수 있습니다. 경제 사계절에 대입해 보면 봄은 1950년부터 1965년까지로 이자율의 완만한 증가와 인플레이션을 볼 수 있습니다. 여름은 1966~1981년까지로 이자율의 정점과 인플레이션의 폭주가 관찰됩니다. 가을은 1982~2000년까지로 이자율의 완만한 하락과 디플

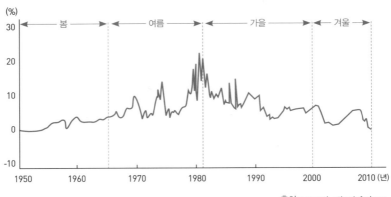

레이션을 보여줍니다.

　겨울은 2000년부터로, 이자율의 급격한 하락과 신용수축이 이뤄지고 있습니다. 또한 2007년부터 시작된 급격한 이자율 하락은 신용수축, 디플레이션의 절정을 보여줍니다.

　현대 경제학에서 사계절을 가지고 경제를 분석한 대표적인 인물로 해리 덴트가 있습니다. 덴트는 인구 통계를 기반으로 경제 사이클을 80년으로 파악합니다.

　연령대 중 가장 소득이 높은 나이를 40대로 보고 그 인구가 가장 많이 늘어날 때를 경제의 호황기, 반대로 그 인구가 사라지는 시기를 침체기로 판단합니다. 그는 베이비부머 세대가 40대가 되는 시점 이후 이들을 대체하는 인구가 나타나지 않을 때 경제활동이 위축되는 것은 필연이라고 봅니다. 이런 인구통계학을 기반으로 덴트는 경제성장의 정점과 퇴보, 활황과 침체를 비교적 정확하게 예측했고 이것이 후에 증명되어 세계적으로 주목을 받았습니다.

경제도 자연과 같습니다. 자연처럼 경제도 자연치유의 과정이 필요하고, 이는 결국 신용의 팽창과 축소에 기인할 수밖에 없습니다. 신용은 돈을 빌리는 것이므로 돈을 지속적으로 빌리기는 불가능합니다. 신용의 팽창이 언제까지 지속되고 언제부터 축소될지 예측할 수 있다면 우리 경제의 앞날도 어느 정도 예상할 수 있게 됩니다. 이는 지금까지 일본, 미국, 유럽 등에서 똑같이 겪어온 현상이기에 무시할 수 없습니다.

우리 윗세대는 집값은 항상 오르고 화폐가치는 항상 낮아지며, 인플레이션은 어쩔 수 없는 현상이라고 알고 있습니다. 그들이 지나온 시대에는 디플레이션이나 경기 후퇴는 단기간이었고, 부동산 가격은 항상 올랐습니다. 미국의 경우는 베이비붐 세대로, 이들은 인구 증가로 신용 팽창 역시 더 크게 나타날 수 있었던 시대를 살았습니다. 한번 머릿속에 박힌 고정관념은 바꾸기가 무척 힘듭니다. 우리 역시 이 인플레이션 시대의 정점(여름과 가을)을 경험했고, 현재 겨울을 겪으며 가치관의 혼돈 속에서 살고 있습니다.

원래 사람은 자신이 본 것과 경험한 것만 믿는 속성이 있습니다. 타산지석, 반면교사라는 말도 있지만 과거 역사나 다른 나라의 사례를 통해 배우는 사람은 극히 소수입니다. 유명한 경제학자도 예외가 아닙니다. 부채 디플레이션debt deflation(물가 하락으로 실질금리가 상승하면 채무부담이 커지고 결국 빚을 갚으려고 담보로 맡긴 자산을 처분해 다시 물가 하락 압력으로 작용하는 현상)이란 단어를 발견한 예일대학교의 교수 어빙 피셔_{Irving} Fisher가 대공황 당시 투자에 실패해 거지가 된 것도 다 같은 이유 때문입니다.

경제 사이클에서 신용이 축소되는 겨울의 끝은 중앙은행이 윤전기로 돈을 찍어내야만 벗어날 수 있는 게 아닙니다. 정부가 어마어마하게 경기부양정책을 펴야 하는 것도 아닙니다. 이 사이클이 신용 사이클, 즉 부채 주기라는 사실을 안다면 그 끝은 우리가 빌린 빚을 처리해야 하는 시기임을 이해할 수 있을 것입니다. 거짓 뉴스와 정부 정책에 의존해 미래를 설계하는 건 마치 고양이에게 생선을 맡기는 것과 같습니다. 그렇다면 어떻게 부채를 없앨 수 있을까요? 이는 아래 두 가지 방법으로 정리할 수 있습니다.

> ① 채무자가 돈을 벌어서 갚는 것
> ② 채권자가 빚 받기를 포기하는 것

돈은 중력을 따라 흐른다

전 세계 중앙은행과 정부는 돈의 가치를 억지로 낮춰 빚을 줄이려고 합니다. 이 방법은 결국 위의 두 가지 방법을 조합한 것이기는 하지만 불행히도 생산하는 주체의 돈을 슬그머니 가져가서 빚을 갚으려는 방법입니다.

그러나 아이러니하게도 이 방법이 오히려 경제를 더 악화시키는 주범이 되고 있습니다. 일본중앙은행의 양적완화는 이미 20년 동안 그것이 진짜 해결책이 아님을 증명하고 있습니다. 전능한 미국의 연방준비제도 Federal Reserve System, Fed(이하 연준) 또한 여러 번의 양적완화로 경기침체는 끝났다고 주장하며 금리를 올렸지만, 현실은 그들의 주장과 다릅니다.

결국 경제를 살리기 위해 가장 근본적인 경제주체, 즉 개인의 소득을 부양해야 합니다. 개인이 소비할 수 있는 여력을 만들어주는 것이 진짜 부양책이지, 빚을 쉽게 내는 정책이나 그 빚을 정부가 대신해서 뿌려주는 정책은 답이 아닙니다.

안타깝게도 인간은 시행착오를 통해 배우지 못합니다. 금리 인상이나 인하가 잘못되었다고 느끼면서도 정부와 중앙은행은 경기부양책의 잘못이 아니라 금리 인상(인하) 시기의 잘못으로 인식하겠죠. 그래서 다시 금리 인상을 멈추거나 추가적인 양적완화를 통해 시간을 벌려고 하지만 역시 실패할 겁니다.

주식시장이 상승한다고, 부동산이 일시적으로 올라간다고 경제가 좋아지지 않는 건 분명한 사실인데 자꾸 외면하려 하는 전문가들의 오산이 우리의 삶을 더 힘들게 하고 있습니다. 정부와 중앙은행이 돈을 찍어낼 수는 있습니다. 그렇게 찍어낸 돈을 세상에 뿌릴 수도 있습니다. 하지만 그들은 그 돈이 흘러가는 방향은 정할 수 없습니다.

돈은, 자본은 항상 증식합니다. 큰돈이 더 많이 증식하므로 많이 찍어내서 시장에 뿌려야 한다고 정부와 중앙은행은 말하지만, 그 돈은 필요한 곳에 가지 못하고 수익이 많은 곳에 몰려듭니다. 한국은행이 지난 10년간 한계기업(재무구조가 부실해 어려움을 겪는 기업)을 살린다는 명목으로, 유지해온 저금리정책. 이 정책으로 한계기업이 줄어들었다거나

● 자본의 증력

사과가 증력을 받아 땅에 떨어지는 것처럼
돈도 증력을 받아 항상 큰돈을 향해 간다

조만간 경제가 나아질 것이란 이야기는 없습니다. 그저 부동산 가격이 올라도 너무 올랐다는 사람들의 푸념뿐입니다.

이제 우리가 고민해야 하는 것은 '자본주의 4.0'이라고 하는, 더불어 같이 가야 하는 성장입니다. 진짜 성장은 자본의 성장이 아닌 '사람의 성장'입니다. 사람의 성장을 이루려면 소비 여력을 증대시키는 것 외에는 방법이 없습니다.

디플레이션의 시작

신용화폐 시스템 아래 경제를 지속적으로 성장시키기 위해서는 통화량을 계속 늘려야 합니다. 통화량은 국내에서 대출을 늘리든지, 아니면 해외에서 유입(무역흑자 및 해외 자본투자)돼야 합니다. 그러나 거의 대부분의 통화량은 국내 대출, 즉 여러분이 부지런히 은행에서 대출을 더 많이 받아야 증가합니다.

우리가 빌린 돈이 누군가에게 상품이나 서비스를 구매한 대가로 지불되고, 그 돈이 다시 은행에 돌아오고, 은행은 또 약간의 지급준비금만 남기고 그 돈을 빌려줘야 합니다. 그렇게 계속 돈을 돌리고 돌려야 은행이 먹고삽니다.

이 신용팽창이 유지되려면 피라미드 구조처럼 더 많은 신용(빚)이 생성돼야 합니다. 돈을 빌리러 은행에 가는 사람이 더 많아지든지, 이미 빚이 있는 누군가가 돈을 더 많이 빌려야 신용팽창이 유지될 수 있죠. 만약 빌리는 사람이 더 이상 증가하지 않고, 빌릴 여력의 징표가 되는 소득도 증가하지 않는다면 이제 중앙은행은 이자율을 점점 더 낮춰줍니다. 그래야 일반인들도 더 많은 돈을 빌릴 수 있고, 은행도 그동안 빌려주지 않았던 사람들에게까지 대출해줄 수 있으니까요.

금리가 내려가기 시작한다는 건 실제로는 사람들이 돈을 많이 빌리지 않는다는 뜻입니다. 그런데 가끔 우리는 오해하곤 합니다. 이자율이 높으면 신용팽창이 어렵고 이자율이 낮아야 신용팽창이 더 쉽게 진행된다고 말입니다. 이런 오해에 대해 정확하게 이해한다면 비로소 정부가 왜 나서서 악착같이 대출을 권하는지 알게 되죠. 그러면 여러분이 열심히 일해서 모은 소중한 돈도 지킬 수 있습니다.

신용팽창을 위해 이자율이 꼭 낮아야 하는 건 아닙니다. 초기 신용팽창 시기에는 돈을 빌리려는 사람들이 점점 늘어납니다. 돈을 빌려 다른 곳에 투자하려고 하기 때문이죠. 이렇게 돈을 빌리려는 사람들이 늘어나면 돈은 귀해지고 시장 이자율은 점점 높아집니다.

하지만 많은 사람이 어느 정도 빚을 지게 되면 채무자 수는 더 이상 증가하지 않습니다. 이때부터 시장에 돈이 부족해지기 시작하는 디플레이션이 발생합니다.

통화량이 더 이상 증가하지 않으면 경제가 성장하지 못해서 여러분이 사들인 아파트 가격도 오르지 않고 정체되기 시작합니다. 정체가 곧 하락은 아니므로 걱정할 필요는 없다고 생각할 수 있지만, 아파트를 사기 위해 빌린 대출금의 이자는 매달 꼬박꼬박 들어가므로 조금씩 부담이 커집니다. 이때 중앙은행과 정부는 통화량을 늘려주기 위해 다양한 정책을 펼치게 됩니다.

통화량이 증가하려면 더 많은 사람이 돈을 빌리거나 한 사람당 돈을 더 많이 빌려야 합니다. 그러기 위해서는 이자율이 낮아야 유리합니다. 중앙은행은 '신용'으로 이뤄진 금융 시스템을 안정시키려고 이자율을 낮추기 시작하죠. 이 사이클의 끝은 물론 이자율이 제로가 될 때입니다. 지난 2008년 금융위기 이후 미국을 비롯한 글로벌 주요 국가들이 기준금리를 제로금리 수준으로 낮춘 것도 이 때문입니다.

중앙은행이 이자율을 낮춰도 돈을 빌리려는 사람들이 없으면 통화량이 증가하지 않고, 반대로 이자율이 높아져도 빌리려는 사람들이 많으면 오히려 통화량은 증가합니다. 단순하게 이자율만으로 통화 공급 여부를 판단하기보다는 주어진 이자율에 얼마나 많은 신용팽창이 일어나고 있는지 살펴봐야 합니다. 또한 늘어난 통화량이 정부가 목표로 하는 GDP를 이끌어내고 있는지도 함께 확인해야 하죠.

이자율을 0퍼센트까지 낮춘다는 건 거의 최저 수준까지 내린다는 말입니다. 이렇게 낮은 금리에도 더 이상 통화량이 팽창하지 않으면 중앙은행과 정부는 당황하게 됩니다. 최근 전 세계 주요 중앙은행들이 금리를 0퍼센트로 운용해도 소용이 없자 다른 방편으로 마이너스 금리를 조달하는 것도 이 때문입니다.

마이너스 금리는 간단히 설명하면 이와 같습니다. 시중은행이 돈을 대출로 가계에 내보내지 못하면 그 돈을 중앙은행에 예치하게 됩니다. 이때 중앙은행은 시중은행에 이자를 주는 대신 '보관료' 개념으로 수수료를 받는 것입니다. 이 원리라면 시중은행이 무리한 대출에 나서야 하지만, 현실적으로 원리금 회수에 대한 부담이 커서 시중은행은 섣불리 움직이지 않습니다.

금리를 최저 수준으로 낮춘다는 것은 꼭 기준금리를 0퍼센트로 맞춘다는 의미는 아닙니다. 글로벌 국가에서 이렇게 금리를 최저 수준으로 할 수 있는 나라는 기축통화국이나 그에 버금가는 위치에 있는 나라들뿐입니다. 한국과 같은 이머징 국가들은 아직 제로금리 실험을 해본 적이 없습니다. 그 이유는 당연히 환율 때문입니다.

돈은 빚입니다. 한 나라의 화폐는 국가가 국민으로부터 세금을 걷어 그 빚을 갚겠다는 신뢰의 증서입니다. 이자율이 낮아져 빚이 늘어나고 세금에 대한 신뢰가 하락하면 환율은 상승(가치절하)하고 국가적 위기를 겪게 됩니다. 일본이 머니 프린팅을 하거나 소비세 등의 인상을 주저할 때마다 환율이 크게 상승(엔화 약세)하는 것도 이 때문입니다. 그나마 일본의 엔화는 국제 무역에서 사용되는 기축통화라서 버틸 수 있지만, 한국과 같은 이머징 국가에는 너무 큰 위험이 될 수 있습니다. 이런 이유로 중국이 위안화를 SDRSpecial Drawing Rights(IMF의 특별인출권) 편입을 통해 기축통화로 만드는 데 국가적 역량을 모았던 것입니다.

중앙은행이 금리를 내리는 때를 면밀히 분석해보면 통화량 증가율이 일정 기간 하락하는 시점임을 알 수 있습니다. 경제학자 하이먼 민스키 Hyman Minsky 는 금융 불안정성을 말하면서 통화량 증가율의 하락만으로도 경제에 심각한 위험을 초래할 수 있다고 했습니다.

매년 복리로 증가해야 하는 양적성장의 GDP와 똑같은 시스템이 신용화폐에도 적용됩니다. 그래서 저는 어제보다 많아야 성장하는 신용화폐 시스템을 가끔 '폰지'PONZI(투자 수익으로 기존 대출을 상환하지 않고 신규 대출을 받아 상환하는 비정상적인 행위)라는 단어에 비유하곤 합니다.

기준금리를 인하하게 되면 초반에는 당연히 통화량 증가율이 늘어납니다. 그러나 일정 시간이 흐른 뒤에 증가한 통화량이 자산 버블이나 경제 펀더멘털(한 나라의 경제가 얼마나 건강하고 튼튼한지를 나타내는 경제 용어)에 직접 영향을 주지 못할 때는 다시 통화량 증가율이 하락합니다. 그러면 중앙은행은 다시 기준금리를 인하하려 하고, 위기는 그때부터 시작됩니다.

문제는 기준금리를 인하해도 통화량 증가율이 늘어나지 못할 때입니다. 이를 가리켜 신용이 '수축된다'고 하며, 진짜 디플레이션의 시기가 찾아올 수 있습니다. 그래서 중앙은행이 정말로 두려워하는 건 물가 하락이 아니라 자산 가격이 더 이상 올라가지 않는 자산 디플레이션입니다.

버블이 붕괴되는
몇 가지 신호

일본은 세계경제의 미스터리로 여겨지고 있습니다. 1990년대에 시작된 '잃어버린 10년'이 20년을 넘어서고 있기 때문입니다. 세계경제가 성장하고 있는데 일본은 정체, 아니 오히려 퇴보하고 있으니 도대체 이 나라에는 무슨 일이 있었던 걸까요? 중요한 사실은, 그 비밀을 알게 되면 이는 일본뿐만 아니라 전 세계가 직면하고 있는 문제임을 깨닫게 된다는 점입니다.

일본, 미국, 유럽 등 우리보다 훨씬 잘사는 선진국에 동시다발적으로 경제위기가 발생하는 이유는 무엇일까요? 이렇게 한 번씩 위기가 시작되면 많은 기업과 사람이 파산하며 쓰러집니다. 열심히 번 돈을 어떻게 운영해야 할지 고민도 하기 전에 일자리가 먼저 사라지기 때문입니다. 이것이 정말 우연의 일치인지, 정책 당국이나 정치인들의 잘못인지, 제때 세금정책 등을 쓰지 못했기에 발생한 일인지 알아볼 필요가 있습니다.

최근 한국 경제에서 가장 큰 화두는 '부동산 가격'입니다. 한국은 부동산 버블 붕괴로 고생하고 있는 일본, 미국, 유럽 등과는 다르다고 말하는 사람들이 많습니다. 언론도, 정부 당국자도, 심지어 우리 주변 사람들도 부동산은 상승만 한다고 주장합니다. 한국은 정부가 부동산 정책을 제어하며, 전세제도의 특이성으로 쉽게 부동산 버블이 일어나지 않을 거라고 합니다. 게다가 국토 면적도 적고, 1인 가구의 지속적 증가로 여전히 가격 상승의 요인이 존재한다는 겁니다.

그렇다면 앞서 부동산 버블 붕괴로 고생한 나라들의 공무원들은 정책을 잘못 시행했던 걸까요? 그들도 한국 정부처럼 적극적으로 세금정책, 전세제도 등 다양한 수단을 동원했으면 되었을 테니까요. 부동산 버블 붕괴가 전 세계적으로 동시에 발생하지도 않았기에 이런 의문은 더욱 강해집니다. 과연 미국이나 유럽이 20년 가까이 먼저 버블 붕괴를 경험했던 일본을 통해서 아무것도 배우지 못했을까요?

사실 대답은 간단합니다. 정부의 문제가 아니라 신용화폐 시스템의 모순 때문입니다.

선진국들이 겪은 버블 붕괴는 신용화폐를 사용하는 경제 시스템에서 통화량 증대의 한계에 직면하는 순간, 피할 수 없는 일이었습니다. 그것은 한국도, 최근 같은 문제에 직면한 홍콩, 캐나다, 오스트레일리아도 마찬가지입니다. 그들이 우리보다 먼저 불황을 겪는다면 신용이 팽창되는 속도가 빨라서일 뿐입니다. 신용을 확대할 수 있는 경제 규모와 질적인 용량이 충족된 순서대로 그 한계에 직면하고 있습니다. 통화량의 증가가 지속되지 않고 정체되거나 상승폭이 둔화되는 상황은 결국 신용팽창의 한계와 관련된 것입니다.

신용화폐 시스템의 치명적 모순

은행에서 빌린 돈은 나중에 원금과 이자를 더해서 갚아야 합니다. 열심히 일해서 이자만큼 더 벌어야 하죠. 일각에서는 시중에 돈이 남아돈다고 하는데 사실 개인은 돈을 벌기가 점점 더 힘들어지고 있습니다. 이자는커녕 원금조차도 갚기 힘든 게 현실입니다. 이 걱정은 기우가 아니라 매우 심각한, 우리 모두의 문제입니다.

우리가 하나의 통화체제인 섬 안에 갇혀 살고 있다고 가정해봅시다. 이 섬에는 단 세 사람 중앙은행 A와 시민 B, C만 있습니다. 시민 B가 중앙은행 A로부터 연이율 5퍼센트로 1만 원을 빌립니다. 그는 1년 뒤 1만 원에 이자 500원을 더한 1만 500원을 갚아야 합니다. 시민 B는 배 한 척을 시민 C에게 1만 원을 주고 삽니다. 그리고 1년 내내 열심히 고기를 잡아 돈을 벌려고 합니다. 그는 얼마나 벌 수 있을까요?

만일 중앙은행 A가 발행한 돈의 총액이 1만 원이라면 문제가 커집니다. 시민 B가 벌 수 있는 최대의 돈은 그 섬에 있는 돈을 모조리 모아도 1만 원뿐이라 이자 500원을 더 벌 수 없기 때문이죠. 이 500원이 나올 수 있는 방법은 중앙은행 A가 돈을 더 발행하는 것뿐입니다. 애초에 1만 원을 빌렸던 시민 B가 중앙은행에 5,000원을 갚아버리면 그 5,000원은

● 이자율 패러독스

B가 아무리 노력해도 은행이 총 발행한돈이 1만 원이면,
섬 안에서는 500원을 절대 갚을 수가 없다.

중앙은행 금고에서 잠을 자고 그 섬에는 이제 5,000원만 남게 됩니다.

돈을 갚아버리면 돈이 줄어드는 것

이것이 신용화폐 시스템의 비밀입니다. 문제를 해결할 열쇠는 결국 더 많은 돈을 풀어내는 것밖에 없습니다.

물론 다른 섬에 가서 돈을 훔쳐올 수도 있고, 다른 섬에 있는 사람들이 이 섬에 돈을 들고 오는 방법도 있습니다. 그런데 외부에서 돈을 가져오는 것은 항상 제한되어 있습니다. 수출이 매번 늘어날 수도 없을뿐더러 외부의 투자로 돈이 유입되려면 돈을 벌 수 있는 사업이나 상품이 존재해야 하기 때문입니다. 결국 중앙은행이 돈을 더 많이 빌려줘야 문제가 해결됩니다.

이 모순은 규모가 커져도 성립합니다. 여러분이 은행에서 5퍼센트의 이자로 1월에 돈을 빌려 12월에 갚아야 한다면 그동안 다른 누군가가 돈을 빌려서 써야만 합니다. 그 다른 누군가가 원금과 이자를 갚으려면 또 다른 누군가가 돈을 빌려야만 합니다. 마치 피라미드 다단계 판매를 연상시키는 이 시스템의 지속을 위해서 누군가가 계속해서 돈을 더 빌려야만 하는 거죠. 그래야 여러분이 원금과 이자를 갚을 돈이 시중에 돌게 되는 것입니다.

또한 이 시스템이 계속되려면 돈은 점점 더 많이 늘어나야 합니다. 이자율이 5퍼센트라면 통화량은 매년 5퍼센트씩, 그것도 복리로 늘어나야 합니다. 즉, 통화량이 기하급수로 증가해야만 시스템이 유지됩니다.

돈을 빌리는 주체는 사람입니다. 그런데 돈을 빌릴 수 있는 인구는 제한돼 있습니다. 해결책은 결국 낮은 이자율로 각 개인이 많은 양의 돈을 빌리게 하는 수밖에 없습니다. 그런데 초기에는 이 방법이 효과 있는 것처럼 보여도 결과적으로 많은 사람이 빚에 허덕이게 되어 시중에 돈의 양이 늘어나지 않습니다.

그때가 바로 부동산을 포함한 모든 자산 가격이 하락하는 디플레이션 시기입니다. 이런 이자율 모순으로 빚이 점점 늘어나는 현상을 두고 냉소적인 사람들은 이렇게 말합니다.

은행은 지구 전체뿐만 아니라 플러스 5퍼센트를 더 원한다.

　우리가 먹고살기 힘들다고 정부에 해법을 요구할 때마다 그들은 금리가 낮으니 더 빌려서 쓰면 된다고 말합니다. 실제로 그들이 원하는 건 전 국민이 매년 5퍼센트씩 더 빌려서 쓰는 것일지도 모르겠네요. 그래서 제가 신용화폐 시스템, GDP 경제성장 시스템을 폰지라고 부르는 것입니다. 이론적으로는 가능하지만 현실에서는 한계가 뚜렷한 시스템이니까요.

　세계경제가 버블 붕괴를 겪거나 심각한 경제위기에 직면한 이유는 신용팽창으로 유지되는 신용화폐 시스템의 구조 때문입니다. 앞서 언급했던 것처럼 신용팽창이 지속되려면 두 가지 요소가 필요합니다.

① 인구가 증가한다.
② 소득이 늘어난다.

　이 두 가지가 충족되지 못하고 한계에 다다르는 순간 경제는 저성장에 직면하고 거품이 잔뜩 낀 자산은 막다른 골목에 서게 되는 것입니다.

　일본의 버블 붕괴도 비슷한 패턴으로 발생했습니다. 경제발전에 따른 외부 자금의 유입과 풍부한 유동성은 내부의 자산 가격을 상승시켰고 이는 더 많은 신용팽창을 불러왔습니다. 그러나 급격한 노령화와 인구 감소를 겪고, 국가는 부자가 되었지만 가계 소득은 생각만큼 증대되지 못한 한계가 버블 붕괴로 나타난 것입니다.

미국과 유럽은 이런 경로를 똑같이 순차적으로 밟아 경제위기가 발생한 것이지, 그들 국가의 공무원이 어리석거나 정책이 잘못돼서 일어난 일이 아닙니다. 이제 한국이 이 나라들을 바짝 뒤따르고 있습니다. 그저 정해진 방향으로 움직이고 있을 뿐일지도 모릅니다.

경제위기는 어떻게
시작되는가

돈 이야기를 처음 시작했을 때는 재밌다고 생각했지만 계속 읽으면서 낙담한 분들도 있을 것입니다. 모든 게 신용(빚)의 팽창과 수축 과정에서 발생한 문제였으니 다른 출구는 없는지 의문을 갖기 시작한 분도 있을 것이고요.

참으로 이상합니다. 빚 한번 낸 적 없는데 왜 이렇게 막다른 골목으로 떠밀려왔을까요? 글로벌 경제의 가장 큰 축인 미국이 아직 건재하고 중국도 빠른 속도로 성장하고 있는데 너무 비관적인 건 아닐까 의구심이 생길 수도 있습니다.

그래서 한 가지 꼭 당부하고 싶은 것이 있습니다. 신용화폐 한계의 과정은 멀고도 멉니다. 이론적으로만 보면 당장 문제가 생길 것 같지만 신용이 늘어나기까지는 우리가 인식하는 것보다 훨씬 많은 시간이 필요합니다. 금본위제가 수천 년 지구의 역사에서 중심에 있었듯이 현재 달러 본위의 글로벌 신용화폐 시스템도 비슷한 기간 이어질 수도 있습니다. 문제가 생기기 전까지는 절대로 문제가 되지 않는 게 부채의 속성이기 때문이죠. 아직 일어나지 않은 일을 갑자기 꺼낸 이유는 결국 망할 거라고 이야기하려는 게 아니라 신용화폐 시스템의 본질을 제대로 알아야 앞으로의 변화에 대비할 수 있다고 말하려는 것입니다.

신용화폐 시스템의 모순은 누군가 계속 더 많이 빌려야 한다는 데 있습니다. 빌리는 사람이 갚는 사람보다 많아야, 만약 인구 감소의 시기라면 총액 기준으로 더 많이 빌려야 경제가 유지됩니다. 빌리는 돈보다 갚는 돈이 많으면 경제는 그때부터 '위기'라는 이야기를 듣습니다.

사람들이 빚을 갚기 위해 줄을 서게 되면 모든 자산 가격은 하락하고, 하락하는 자산 가격만큼 돈이 사라지면서 파산하는 사람이 늘어납니다. 그래서 정부와 중앙은행은 절대로 빚이 줄어들게 놔두지 않습니다. 속도를 조절하고 싶어 할 뿐 줄어드는 걸 원치 않죠.

지금까지 경제성장이라는 열매는 국가마다 시차를 두고 얻을 수 있었습니다. 불과 몇십 년 전만 하더라도 가난한 사람들이 더 많았던 한국과 중국이 글로벌 경제 무대의 주역이 되었습니다. 농사를 짓고 살았던 농부가 도시화의 혜택을 받으며 벼락부자가 되었던 것도 그 땅에 금이나 석유가 나와서가 아니라 국가 전체적으로 신용이 팽창할 수 있는 능력이 되었기 때문입니다. 아직 우리와 같은 통화량 증대의 혜택을 받지

● 글로벌 경제 규모 순위

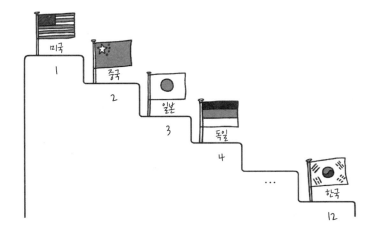

못한 나라들도 언젠가 외환보유고의 확대를 통해 인플레이션의 흐름을 타면 그 성장의 혜택을 모두가 얻게 됩니다.

글로벌 경제 시스템에서 그런 기회는 주기적으로 넓어지기도 하고 반복되기도 합니다. 신용이 팽창됐다가 축소되는 과정에 있는 나라일지라도 시간이 지나면 다시 신용이 늘어나거나 성장의 기회를 잡기도 합니다. 반대로 신용이 줄어든다고 하더라도 어떻게 대비하느냐에 따라 돈을 늘릴 수도 있고 적게 잃을 수도 있습니다.

현재 글로벌 경제 규모가 가장 큰 나라는 미국, 중국, 일본, 독일 순입니다. 그 밑으로 GDP의 규모에 따라 모든 나라의 순위가 정해져 있습니다. 이들 나라의 순위는 결국 '돈이 얼마나 많이 있는지'의 순서와 같습니다. 이 순위는 고정된 것이 아니라 수시로 변합니다. 이 이야기는 기회와 위기가 함께 있다는 뜻입니다.

현재 12위인 한국이 일본보다 앞설 수도 있고, 한참 뒤에 있는 베트남이 우리보다 잘사는 나라가 될 수도 있습니다. 당연히 그때마다 돈의 특성은 그대로 나타나고, 그 안에서 돈을 불릴 수도 잃을 수도 있습니다. 제가 강조하고자 하는 것은 바로 이 점입니다.

위기가 찾아오는 두 가지 징후

경제에서 경제침체를 넘어 돈이 사라지기 시작하면 심각한 위험이 찾아옵니다. 마치 사람이 과다출혈로 생명의 위험에 빠지는 것과 같습니다. 이는 두 가지 상황에 직면할 때 일어납니다.

첫 번째, 경제 구성원들이 부채를 갚기 시작하는 부채 디플레이션 시기입니다. 은행은 부동산 혹은 주가 하락의 움직임을 느끼면, 원금 확보의 걱정이 듭니다. 그래서 채무자에게 빚 상환을 독촉하고 심지어 채무자의 자산을 처분하기도 합니다.

경제는 기본적으로 심리입니다. 나는 괜찮은데, 주변 사람이 경제가 안 좋다고 동요하면 괜히 조급해집니다. 이를 지켜보는 은행도 물론 초조해집니다. 그래서 모두 하루라도 빨리 담보를 정리해 자산 매각을 하고 싶어 합니다. 그래야 조금이라도 많은 돈을 확보할 수 있으니까요. 대공황, 일본의 버블붕괴, 1997년 한국 외환위기, 2008년 금융위기 모두 같은 패턴이었습니다. 1997년 외환위기 때는 과다한 대기업의 부채가, 2008년 금융위기 때는 집 사려고 무리해서 빌렸던 개인들의 빚이 진원지였습니다.

주체가 누구든 부채를 감당하지 못할 때, 돈은 사라지며 그때부터 돈이 귀해집니다. 귀해진 돈을 확보하기 위해 너도나도 자산을 처분하는 시기, 불안해서 소비를 줄이는 시기, 그때가 경제위기 또는 부채위기입니다.

두 번째, 돈이 한 나라를 탈출하는 시기입니다. 국가의 신용도는 '외환보유고'라는 객관적 지표에 달려 있습니다. 만약 외환보유고가 충분한 신뢰를 주지 못하면 그 화폐의 달러 대비 환율은 폭등(화폐가치 폭락)하게 됩니다. 지난 1997년 외환위기를 상기하면 쉽게 이해가 될 것입니다.

간혹 환율로 경제위기를 측정할 수 있다는 사람도 있습니다. 그러나 환율은 원인이 아니라 결과입니다. 환율과 경제위기의 상관관계는 이후 제4장에서 자세히 설명하겠습니다.

미국의 2008년 금융위기 탈출기

2008년 미국의 금융위기 당시 연준 의장은 벤 버냉키Ben Bernanke였습니다. 버냉키는 미국이 인정한 대공황 연구의 권위자로, 1929년 미국 다우지수의 붕괴에서 시작된 경제위기가 대공황으로 이어졌던 이유를 신용의 수축으로 결론 내렸습니다.

당시에는 과다한 부채로 버블이 생성된 주식시장이 붕괴되면서, 빌렸던 부채를 일정 수준으로 갚기만 하면 다시 경제가 돌아갈 거라고 생각되었습니다. 그러나 버냉키는 부채를 줄이면 돈이 더 줄어든다는 부채 디플레이션에 주목하고, 이를 해결하는 방법은 돈의 양을 강제적으로 늘리는 것밖에 없다고 생각했습니다. 이런 그의 생각은 2008년 금융위기 시작 직후 금리를 0퍼센트로 내리고 무제한 양적완화라는 머니 프린팅 정책으로 이어졌습니다.

그런데 여기서 주목해야 할 점이 있습니다. 2008년 금융위기 당시 부채 조달에 가장 큰 역할을 했던 것은 개인(가계)이었습니다. 위기가 발생한 후 10년 동안 개인은 계속해서 부채를 줄여왔습니다. 반면 정부의 경기 부양책에 힘입은 기업들은 부채를 늘려왔습니다. 부채가 개인에서 기업으로 넘어가면서 미국이 금융위기를 극복할 수 있었던 것입니다.

인간이 발견한 이 위대한 신용화폐 시스템의 경제 치유책, 이제 우리는 더 이상 위기를 두려워하지 않아도 될까요? 안타깝지만 최근 미국의 상황을 바라보고 있으면 지금까지 시행된 머니 프린팅이라는 연금술은 치유가 아니라 '이연'이었던 것 같습니다.

미국의 가계부채는 2008년 금융위기 이후 급속하게 진행된 부채 디플레이션이 5년 이상의 양적완화와 저금리로 회복되면서 어느새 위기 직전의 부채 총량을 넘어서게 되었습니다.

이런 상황에서 지금 미국의 경제는 어떻게 흘러가고 있을까요?

금융위기 이후 10년, 미국은 다시 위기인가

사람들은 최근 미국 기업도 결국 부채를 감당할 수 없어서 경제위기가 시작될 것이라고 걱정합니다. 주가가 며칠만 빠져도 이런 비관론이 팽배하고 언론들도 열심히 공포감을 조장합니다. 미국 경제는 위기 극복 10년 만에 다시 경제위기에 빠지게 되는 것일까요?

계속 말씀드린 것처럼 경제위기의 위험요인은 과다부채가 아니라 '부채를 더 이상 늘리지 못할 때'입니다. 이자와 원금을 갚지 못하는 기업들이 증가하는 시기를 주목해야 합니다.

현재까지 미국 기업의 부채 부실률은 지난 10년 평균보다 낮은 상황입니다. 부채를 갚지 못할 때는 아직 아니라는 겁니다. 그런데 요즘 미국의 기업부채 부담이 증가해 미국 정부가 연준에게 금리 인하 압박을 하는 것이라고 말씀하시는 분이 계십니다. 여기에 더해 영원히 부채가 늘어날 수 없다는 한계를 첨언하며 지적하신 것도 맞는 말씀입니다.

그러나 문제를 삼아야만 문제가 되는 것처럼 금융시장이 미국 기업의 부채 부담 능력을 의심할 수 있는 지표는 현재 찾아보기 어렵습니다. 달러 기축통화 시스템에서 환율 폭등과 관계가 없는 미국 경제위기는 부채의 위기이며, 부채의 위기는 원리금을 갚지 못하는 시점에 시작합니다. 그래서 단기적인 주식 가격 하락을 미국 경제위기라고 여기기는 어렵다는 게 제 관점입니다. 물론 현명한 투자자라면 향후 이런 일이 발생할지도 모른다는 경계심은 당연히 가져야겠지요.

한국의 경제위기,
지금 현실이 되고 있는가

2019년 7월 1일, 일본 정부는 한국에 반도체 및 디스플레이 주요 소재에 대한 수출 규제를 하겠다고 발표했습니다. 그리고 얼마 후에 한국을 화이트리스트에서 삭제한다고 결정했습니다. 미중 무역 분쟁으로 인해 두 당사자국보다 더 많은 피해가 예상된다는 걱정 앞에 갑자기 나타난 일본 변수. 이후 종합주가지수는 순식간에 200포인트가 빠져 1,900포인트 선을 위협하고 있고, 달러/원 환율은 1,200원을 훌쩍 넘었습니다.

경제 규모를 비교해도 일본의 3분의 1 수준이고, 특히 기축통화의 반열에 오른 엔화를 상대로 하기에 걱정을 안 할 수가 없습니다. 현 상황을 어떻게 살펴봐야 하는 것일까요? 당연히 통화량을 기준으로 생각할 때 정확하게 바라볼 수 있습니다.

한국은 GDP에서 대외(수출＋수입) 무역 비중이 상당히 높은 나라입니다. GDP를 100으로 할 때 수출(37.5퍼센트)과 수입(31.3퍼센트)을 합하면 약 69퍼센트가 됩니다. 즉, 한국의 경제 성장에서 무려 69퍼센트가 무역 부문이 차지한다는 것입니다. 이를 다시 말씀드리면 내수는 약 30퍼센트에 지나지 않아 수출 환경이 나빠지면 경제 성장에 악영향을 받는다는 의미입니다.

한국 경제와 관련이 높은 나라들의 GDP 대비 대외무역 비중을 보면 중국 33퍼센트, 일본 28퍼센트, 미국 20퍼센트 수준입니다. 미국과 중국이 관세 분쟁을 통해 서로 싸워도 경제성장에 영향을 미치는 정도가 크지 않지만 한국은 중국보다 2배, 미국보다는 3배 이상의 충격을 받는 것입니다.

특히 한국의 수출에서 약 25퍼센트가 중국이고 무역흑자의 약 3분의 2 정도가 중국(반도체 흑자가 핵심)이라는 점을 감안하면 두 나라의 분쟁이 격화될 때마다 한국의 증시와 환율은 두 나라보다 더 많은 영향을 받게 됩니다.

내수 비중이 높을수록 대외 환경에 영향을 적게 받고, 반대로 무역 비중이 높은 한국은 작은 대외 변수에도 주식시장이나 환율에서 변동성을 많이 받을 수밖에 없는 구조인 것입니다.

설상가상, 여기에 갑자기 일본 변수가 발생했습니다. 한국 무역에서 일본이 차지하는 비중은 2015년 기준으로 약 5퍼센트입니다. 중국의 5분의 1밖에 안 되는 무역 비중임에도 일본과의 분쟁이 한국경제와 달러/

원 환율에 미치는 영향이 큰 이유는 무엇일까요?

한국 경제를 보면 일본산 부품을 구매하여 재가공하여 완제품을 수출하는 구조입니다. 한국의 핵심 수출품 반도체가 대일 부품 의존도가 높아서 한국의 수출 전선, 나아가 무역흑자에 악영향을 줄 수 있을지 모른다는 불안 심리 때문입니다.

이런 글로벌 경제구조에서 과연 일본과의 무역 분쟁이 한국을 경제위기로 몰아갈 수 있을까요? 일본계 자금이 한국 금융시장에서 빠져나간다면 한국이 IMF에 또다시 손을 벌려야 하는 상황일까요? 이제부터 자세하게 알아보겠습니다.

외환보유고가 넉넉하다면

이머징 국가인 한국에 경제위기가 오려면 부채가 사라지든지, 자금이 한국을 빠져나가서 달러/원 환율 폭등(원화 가치 폭락)의 상황이 발생해야 합니다. 먼저 부채위기는 대출 상환을 못하는 상황이 발생해야 하는데 현재 한국 경제에서 은행의 부실 채권은 상당히 안정되어 있습니다. 즉, 어디에도 부채위기가 발생할 징후가 없으니 이점은 무시해도 좋겠습니다.

핵심은 이제 두 번째입니다. 일본계 자금 유출로 인한 환율 위기 가능성이 있을까요?

2018년 9월 말 한국은행이 발표한 국제투자 대차대조표 자료에 의하면 한국 경제가 부담하고 있는 외채 총액은 4,495억 달러입니다. 1년 이내에 갚아야 할 단기 채무 금액은 총 외채의 31.8퍼센트인 1,281억 달러이며, 이중 일본계 자금은 장단기 채무를 합해도 24.7조 원(달러/원 환율 1,200원 기준 205억 달러)입니다.

그러나 현재 한국의 외환보유고 약 4,030억 달러입니다. 대외 채권에서 대외 채무를 빼고도 남는 순 대외 채권이 4,622억 달러라는 점을 감안할 때, 일본의 금융 공격은 한국이 걱정할 수준이 되지 않습니다.

한국은행 외환보유고로 있는 4,030억 달러와 해외에 투자하고 있는 순채권 금액 4,622억 달러를 합하면 무려 9천억 달러에 이르는 규모입니다. 1997년 외환위기 당시 300억 달러, 2008년 미국 금융위기 당시 2,700억 달러를 비교해도 마찬가지입니다. 1997년과 2008년 당시 단기 외채 비중이 50퍼센트를 넘었다는 점까지 고려하면 현재의 수준은 더욱 안정적인 상황이라고 볼 수 있을 것입니다.

그래도 우려감은 남아 있다

"상승미소 님 말씀을 들으면 안심이 됩니다. 하지만 달러/원 환율과 주식시장 하락을 보고 있자면 두려움을 떨칠 수가 없습니다."

이 말을 듣고 "맞아. 나도 비슷해!"라고 생각하시는 분들이 많으실 것입니다. 경제 펀더멘털이 좋다고 해서 안심을 했지만, 주식시장과 환율 움직임을 보고 있자면 여전히 불안합니다. 실제 숫자가 변동하고 민감하게 움직이니 어쩔 수가 없습니다.

또한 현재 한국은 미국과 중국의 변수와 함께 일본과의 분쟁이 본격화되면서 이중 압력을 받는 실정입니다. 이런 상황이 한국의 경상수지 적자를 발생시키게 될지도 모른다는 걱정을 더 크게 만들고 있는 것입니다.

당연히 우리가 향후 확인해야 하는 것은 경상수지 흑자/적자 여부입니다. 이러한 대외 변수에 실제로 경상수지 적자가 발생한다면 달러/원 환율은 더 상승하고 주가는 재차 하락할 수 있습니다. 우려감과는 반대로 경상수지 흑자가 지속된다면, 금융시장은 빠르게 안정을 찾아갈 수 있을 것입니다.

향후 발표되는 경상수지 흑자/적자 여부를 확인하면서 대응하시고, 그래도 불안하다면 여러분의 예금 일부라도 달러화 포지션으로 전환하는 것도 방법일 수 있습니다. 불확실성은 항상 이렇게 대비해야 합니다.

"반복적인 경제 사이클에서
부의 기회를 발견하라!"

- 가격 결정의 중요한 요인은 두 가지다. ① 물건이 귀해진다 ② 돈이 늘어난다

- 정부는 '물건이 귀해진다'에만 집중해 물가상승을 설명한다. 그러나 물가상승의 주된 요인은 시중에 돈의 양이 늘어났기 때문이다.

- 1971년 미국의 금태환 중지 선언 이후 화폐의 개념이 실물인 '금'에서 무형의 '빚'으로 변하게 되었다.

- 1935년 러시아 학자 콘드라티예프가 처음으로 50년 주기 경제 사이클 개념을 밝혀냈다.

- 경제 사이클 변동의 요인은 두 가지다. ① 중앙은행의 통화 공급 ② 국가, 기업, 개인이 빚을 지려는 의지

- 경제를 지속적으로 성장시키기 위해서는 통화량을 늘려야 한다.

- 경제위기는 어떤 방법으로도 통화량을 늘릴 수 없을 때 발생한다.

THE SENSE OF MONEY

제3장

어떻게
돈의 감각을
기르는가

: 인플레이션과 부동산 예측

돈의 흐름으로
부동산 예측하기

"증상은 우리가 병에 대해 조치를 취하도록 진화한 적응이다. 물론 많은 경우에 증상의 치료는 치료 과정에 도움이 되며 감기 같은 몇몇 질환은 증상을 치료하는 것 외에 대안이 없다. 하지만 증상을 너무 효과적으로 치료하게 되면 원인을 해결할 필요를 느끼지 못할 수 있다."

_대니얼 리버먼, 《우리 몸 연대기》 중에서

우리 몸은 외부 질병에 대한 면역 과정을 스스로 진행할 수 있습니다. 몸에 열이 나는 것은 나쁜 병균의 침입을 물리치려는 인체의 자정 작용이죠. 그런데 병원에 가면 의사 선생님은 환자에게 열을 내릴 수 있는 약을 줍니다. 증상을 해결하려는 사람들의 급한 마음을 알고 있기에 어쩔 수 없이 처방해주는 것이죠. 그러나 감기는 환자가 피곤했거나 스트레스를 받아 면역력이 떨어진 게 진짜 원인입니다. 그럼에도 우리는 원인보다는 증상에 더 관심을 두려 합니다. 당장 보이는 것부터 해결하고 싶은 마음 때문입니다.

경제 이야기를 하다가 웬 감기 이야기냐고요? 경제도 사람이 운영하는 것이니 문제 해결 방식도 비슷할 수밖에 없습니다. 사람은 당장의 현상에 관심을 더 둡니다. 그래서 그 현상이 나타난 진짜 원인은 뒤로 밀려 해결 방법도 엉뚱하게 나올 수 있습니다.

요즘 부동산에 대한 정부 정책은 의사가 감기에 대응하는 방식처럼 보입니다. 정부는 연일 부동산 가격 폭등세를 진정시키고 안정세로 만들기 위해 여러 가지 정책을 추진하고 있습니다. 서울 지역 부동산중개소를 단속한다고 하고, 세금을 올리겠다고 합니다. 은행 대출의 창구 지도를 강화해 투기 자본의 부동산 진입을 막으려고 합니다. 게다가 이것만으로 부족하여 이제 분양가 상한제(주택을 분양할 때 택지비와 건축비에 건설업체의 적정 이윤을 보탠 분양 가격을 산정하여 그 가격 이하로 분양하도록 정한 제도)까지 추진한다고 합니다. 과연 이런 대처가 부동산의 흐름을 막을 수 있을까요?

부동산 가격 폭등의 진짜 원인은 급격한 부채 확대, 통화량 증가에 있습니다. 미국보다도 낮은 기준금리로 사람들이 돈을 쉽게 빌릴 수 있으니 그 돈이 부동산에 몰리는 건 당연한 일입니다. 문제는 열려 있는 수도꼭지를 잠그는 것입니다. 물이 흐르고 있는데 욕조를 큰 것으로 바꾸거나 그 욕조에 들어갈 사람을 구별한다면 결국 한계에 봉착하죠. 돈이 많이 풀리면 그 돈이 부동산으로 몰려가게 되어 있다는 상식을 정부는 모르는 척하는 걸까요?

중앙은행은 수도꼭지를 열어 돈의 양을 조절할 수는 있습니다. 하지만 돈의 방향까지 정할 수는 없습니다. 애써 태연한 척하지만 중앙은행은 자기들이 벌인 이 빚잔치를 어떻게 수습할지 고민이 많을 것입니다. 그들의 해법을 기다리기 전에 우리가 먼저 찾아보도록 합시다.

통화량 조절의 수도꼭지를 열어두면 어떤 일이 생기고, 돈은 어떻게 흘러갈까요?

부동산과 인플레이션의
긴밀한 상관관계

신문이나 뉴스를 통해 '－플레이션'flation이라는 단어를 많이 봤을 겁니다. 인플레이션, 디플레이션, 하이퍼인플레이션, 스태그플레이션stagfla-tion(경제불황 속에서 물가상승이 동시에 발생하는 상태) 등 경제 기사를 볼 때마다 자주 만나게 되는 단어들이죠. 하지만 이런 단어들은 그저 신용 사이클의 단계를 설명하는 말일 뿐이며, 중요한 것은 인플레이션의 개념입니다. 인플레이션을 간단히 도식화하면 이렇습니다.

인플레이션

= 통화 공급 + 신용팽창 > 총생산

즉, 인플레이션은 중앙은행의 통화 공급money supply과 신용팽창이 그 나라의 총생산gross output보다 더 많은 경우에 생겨납니다. 그 반대는 디플레이션이라고 합니다.

정부와 중앙은행은 우리가 '인플레이션=물가지수'로 생각하게 만들어왔습니다. 물가지수라는 지표 뒤에 인플레이션의 진짜 의미를 숨겨왔던 것입니다. 사실 물가지수를 정확히 계산하는 것은 아무리 컴퓨터와 인공지능이 발달했다고 하더라도 무리입니다. 인플레이션은 통화량의 과다한 증가로 나타나고, 그로 인해 모든 물품의 가격 변화가 시차를 두고 순차적으로 나타나기에 어느 한 시점에 물가지수를 계산한다는 건 거의 불가능합니다.

정부와 중앙은행은 인플레이션을 계산할 때 주택가격상승률, 상가임대료상승률 및 주식을 비롯한 금융자산의 가격상승률은 포함시키지 않습니다. 주택이나 금융자산 및 상가임대료 등을 포함시키면 지표가 정부에 불리하게 측정되기 때문입니다. 만약 주택이나 주식 가격의 상승이 포함됐다면 이미 인플레이션 수치는 극치에 다다랐을 겁니다.

따라서 경제성장률이 높게 나타날 때는 주식과 부동산 가격의 상승률이 높고, 물가상승률은 낮게 나타나게 됩니다. 신문과 방송은 이런 가격의 폭등을 보통 석유와 같은 원자재 가격의 상승, 경제성장과 투기 과열 등으로 해석하죠.

하지만 의문이 생깁니다. 경제성장 때문에 물가가 오른다? 경제성장에는 생산성의 증가가 따릅니다. 생산성이 증가해 가격이 하락했던 전자제품처럼 물건 가격도 내려가야 정상입니다. 하지만 우리는 그동안 반대로 가격이 계속 오르는 것을 감당해야 했습니다. 왜일까요?

인플레이션의 최고 수혜자는 누구

미디어들은 인간의 탐욕으로 인해 부동산 가격이 이렇게 많이 올랐다고 합니다. 그리고 1인 가구도 많아지고 더 넓은 집이 필요해서 어쩔 수 없이 아파트 가격이 오르고 있다고 합니다. 하지만 사람들이 비싼 아파트를 사들이려면 돈이 많이 필요할 텐데 그 많은 돈은 어디에서 나오는지 이들에게 물어보면 아무런 답을 해주지 않습니다.

생산과 성장으로 벌어들인 돈은 이미 정해져 있는데 가격은 더 많이 오르고 있습니다. 늘어난 돈은 중앙은행의 통화 공급과 신용팽창에 기인한 것입니다. 바로 이 때문에 인플레이션이 나타난 것이고요. 물가지수만 본다면 숨은 의미를 찾아낼 수가 없습니다.

통화 공급과 신용팽창을 통해 일어난 인플레이션이 경기를 촉진시킨다는 말은 반은 거짓이고 나머지 반만 진실입니다. 현대 자본주의 체제에서 경제가 성장한다는 것은 돈이 늘어나는 걸 의미합니다. 돈은 누군가가 빌린 부채이므로 성장하는 만큼 돈이 늘어나야 정상입니다.

정치인들은 이런 유혹에 빠지기 쉽습니다. 자신의 임기 내에 문제가 없으면 그만이기에 빠른 성장을 통해 지표가 개선되는 효과를 보기 위해 통화량 공급을 늘리려고 합니다. 그래서 중앙은행을 구슬려 금리를 내리고, 내린 금리가 부동산으로 몰려가면 건설이 시작되고 사람들은 돈을 벌고 싶은 욕망으로 모여듭니다. 안타까운 점은 이미 누군가가 돈되는 물건은 미리 사두고 기다린다는 점입니다. 여러분의 차례가 오면

● 정치인과 중앙은행의 줄다리기

금리 내려!

…

트럼프

Fed

웅성 웅성 웅성

'버블은 내 임기 중에만 터지지 않으면 돼!'

대부분 마지막 시점입니다.

인플레이션은 저축하는 사람들에겐 벌을 주고 빚지는 사람들에겐 상을 줍니다. 예를 들어 통화팽창(인플레이션)으로 돈의 가치가 10퍼센트 낮아지면 우리의 임금은 실제 10퍼센트가 줄어듭니다. 인플레이션 때문에 임금과 저축한 돈의 실질 구매력이 줄어들죠. 노조를 만들어 임금 인상을 위해 시위를 해도 소용없습니다. 간단한 인플레이션 유발만으로 힘들게 올린 급여와 어렵게 모았던 저축을 순식간에 빼앗기고 맙니다. 인플레이션 시기에는 일찍 대출을 받아 돈을 쓰는 사람들이 더 큰 이익을 얻습니다.

여러분도 빚이 많으니 이익이라고요? 가장 많은 빚을 지고 있는 주체는 여러분이 아닙니다. 은행, 정부 그리고 권력과 가까운 독점 대기업들입니다. 인플레이션 시기에 가장 빨리 돈을 빌릴 수 있는 기관도 바로 이들 순서와 같습니다. 우리는 항상 이 채무자 줄의 마지막에 서 있죠.

성실한 당신이 막차를 탈 수밖에 없는 이유

정부와 은행, 독점 대기업은 발행된 돈(신용)을 가장 빨리 빌려 쓸 수 있습니다. 제일 먼저 빌린 돈으로 아직 낮은 가격의 자산을 살 수 있어 구매력이 가장 높은 것입니다. 발행된 통화가 신용창조 메커니즘 속에서 돌고 돌수록 인플레이션이 진행되어 돈의 가치가 떨어지기 때문입니다.

지구의 자원은 한정되어 있습니다. 중앙은행에서 돈을 푼다면, 이를 알고 맨 처음 돈을 빌릴 수 있는 독점 대기업은 시장에서 개발에 필요한 땅과 원자재를 먼저 사들입니다. 그리고 개발에 필요한 사람들을 고용하기 시작하죠.

시간이 지나 독점 대기업들이 개발한 자산의 가격이 오르면서 이들은 큰 이익을 얻습니다. 소규모 자영업자와 중소기업은 이들보다 나중에 돈을 빌려 사업을 벌여보지만 좋은 시기는 이미 지나갔습니다.

통화팽창으로 나타난 인플레이션 시기에 시장에 늦게 참여하는 사람들은 초창기 사람들보다 더 많은 돈을 주고 자원을 사야 합니다. 원자재, 부동산뿐만 아니라 노동자들의 임금 역시 높게 주어야 하죠. 간단히 말하면 인플레이션은 자원을 한곳에서 다른 곳으로 이전하는 결과를 낳습니다. 즉, 돈을 늦게(비싸게) 빌리는 곳에서 일찍(싸게) 빌리는 곳으로 자원이 이동합니다. 개인, 소규모 자영업자, 중소기업에서 대기업과 은행, 정부 등으로 말입니다.

인플레이션은 잘못된 분배의 방법입니다. 인플레이션을 통한 경제 활성화 정책으로 이득을 볼 수 있다는 생각은 정부와 정치인들이 만들어낸 허상일 뿐입니다. 우리의 저축은 화폐가치 하락으로 슬그머니 사라집니다. 저축에 이자가 붙는데 무슨 소리냐고요? 지난 10여 년간 시중 통화량의 증가 속도는 평균 6퍼센트 정도였습니다. 여러분이 거래하는 은행 계좌의 이자율은 몇 퍼센트인가요? 이자는 절대로 시장 인플레이션을 따라갈 수가 없습니다. 이자가 붙어도 돈의 가치가 하락하는 폭이 더 커서 저축한 돈으로 구입할 수 있는 양은 오히려 줄어듭니다. 그렇게 사라진 구매력은 없어진 게 아니라 독점 대기업, 은행, 정부 그리고 일부 부자들의 주머니로 슬그머니 이동한 것입니다.

2014년 7월 당시 기획재정부 장관은 최경환 전 국회의원이었습니다. 경제 활성화를 위해 실행됐던 최경환 장관의 정책을 가리켜 '최경환노믹스'라고도 불렀죠. 이 정책은 중앙은행과 협의해서 기준금리를 적극적으로 낮추고, 그렇게 낮춘 저금리를 이용해 국민들에게 아파트 투기를 하도록 독려했습니다.

그렇게 시작한 정책에 처음부터 모든 사람이 뛰어든 건 아닙니다. LH공사(정부)가 먼저 땅을 사고, 그 땅을 건설업체가 매수해 여러분에게 아파트를 팔았습니다. 신용창조 메커니즘의 순서대로 움직였죠. 그나마 발 빠른 사람들은 2015년, 2016년에 뛰어들었지만 우리는 다 늦은 지금에서야 분양 행렬에 줄을 섭니다. 물가가 높아 임금을 올려야 한다고

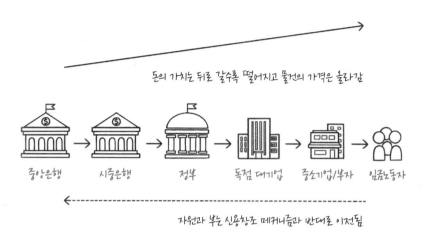

돈의 가치는 뒤로 갈수록 떨어지고 물건의 가격은 올라감

중앙은행 → 시중은행 → 정부 → 독점 대기업 → 중소기업/부자 → 임금노동자

자원과 부는 신용창조 메커니즘과 반대로 이전됨

소리치며 시위했더니 정부는 낮은 금리로 돈을 빌려 아파트 투기를 해서 돈을 벌라고 유혹합니다.

이제야 돈 좀 벌자고 여러분도, 주변 지인들도 나섰건만 분위기가 심상치 않습니다. 비싸서 차마 접근하지 못했던 강남권 등 일부 서울 지역만 줄기차게 올라가고 다른 지역은 낌새가 이상합니다. 자원이 유한한 지구에서 누군가 아파트로 돈을 벌었다면, 안타깝게도 그 돈은 여러분의 지갑에서 나간 것이었습니다.

그런데 더 중요한 게 있습니다. 부동산으로 돈을 번 사람은 아직 부동산을 보유 중인 사람이 아닙니다. 부동산을 다 정리하고 이익을 실현한 사람이 돈을 번 사람들입니다. 이제야 부자가 되겠다고 나선 여러분은 누가 보유하고 있는 아파트를 매수한 걸까요? 신중하게 생각해야 이

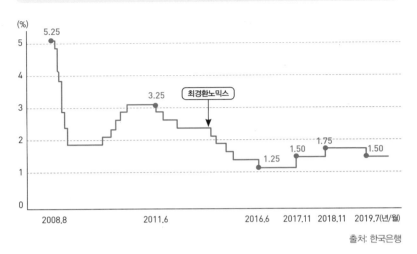

한국의 기준금리 추이

출처: 한국은행

순환고리의 끝을 찾아낼 수 있습니다.

중앙은행이 기준금리를 낮추기 시작한다면 이는 여러분의 돈을 중앙은행과 은행들이 다른 기업이나 개인의 빚으로 쉽게 빌려주기 위해 입찰을 하는 것입니다. 여러분이 힘들게 저축한 돈은 중앙은행이 컴퓨터 조작으로 만들어낸 낮은 이자율에 무조건 패배하게 되어 있습니다. 중앙은행은 이것도 모자라 국채나 우량 주택 담보 등 가장 건실한 빚은 모조리 가져갑니다. 이제 우리가 투자할 만한 건 위험도가 높은 불안한 품목뿐입니다. 화폐가치가 하락하고 투자가 가능한 건 위험한 것밖에 남지 않았으니 선택지가 별로 없습니다.

통화의 과다 공급에서 비롯된 인플레이션은 정부의 가장 큰 세금 수입으로 널리 인정받고 있습니다. 새로 만들어진 돈을 제일 처음 만지는 곳이 정부이기 때문입니다. 이는 케인스 학파도 인정했으며 프랑스의 그 유명한 미시시피 버블을 만들었던 존 로 역시 수긍했던 사실입니다. 인플레이션이 세금이라는 점에서 보면 전 세계에서 가장 큰 부채를 갖고 있는 미국의 최고 경쟁우위 제품은 아마 인플레이션일 것입니다. 안타깝지만 대한민국을 비롯해 거의 모든 국가들은 자국 내 인플레이션이란 세금도 모자라서 그동안 미국이 초저금리 정책으로 유도한 인플레이션을 고스란히 수입해왔습니다.

2016년 하반기부터 미국은 금리 인상 정책으로 이 유동성을 축소하려고 시도하고 있습니다. 속상한 점은 미국이 유동성을 흡수하는 데 가장 먼저 피해를 입는 나라들은 그 인플레이션을 수입했던 이머징 국가들입니다. 인플레이션의 순서대로 돈이 흘러가서 그 마지막 돈으로 여러분과 제가 먼저 사둔 사람들의 아파트를 매수했는데, 이제 그 돈을 회수한다는 말과 같습니다. 여러분과 저와 같은 이머징 국가들은 어떻게 돈을 마련해야 할지 걱정이겠죠. 아직 번 것도 없는데 말입니다.

다행스럽게도 2019년 초부터 미국의 금리 인상에 제동이 걸렸습니다. 트럼프 대통령을 비롯한 정치권 및 주요 기업들이 금융 비용 부담을 우려해 금리 동결을 넘어 인하를 외치고 있기 때문입니다. 미국의 금리 동결 또는 인하 움직임은 이머징 국가에 성장의 부담을 덜어주는 '안도감'을 줄 것입니다.

경제에도 질량 보존의 법칙이 존재합니다. 우리의 경제 생산량은 이미 정해져 있습니다. 요즘 미디어에 자주 기사화되는 빈부격차도 이와 동떨어진 문제가 아닙니다. 보수주의자들은 사람들이 가난한 이유가 게으름 때문이라고 하고, 진보주의자들은 부자들이 모든 것을 착취하는 최저임금제도가 원인이라고 합니다. 그러나 이렇게 빈부격차가 점점 커지는 이유는 통화팽창에 따른 인플레이션의 분배 때문입니다.

이 그릇된 신용화폐 시스템, 통화 공급 메커니즘 속에서 부는 계속 더 많은 부채를 낼 수 있는 큰 자본으로 이동합니다. 경제가 성장하는 만큼 부채는 늘어나게 되어 있으니 빈부격차가 점점 더 커지는 것입니다.

잘못된 통화 공급 메커니즘을 지적해야 할 언론과 정치인들은 말도 안 되는 진보/보수 논리로 굿판을 벌여 구경거리를 만들었습니다. 노동자들은 힘들게 임금 인상을 요구하고 생존권을 위해 노력하지만 중앙은행과 정부는 모르는 척 통화정책을 시행해 이 모든 노력을 순식간에 물거품으로 만들었죠.

이제 우리에게는 고통과 상처밖에 남지 않았습니다. 하지만 결국 모두가 이런 신용화폐의 비밀을, 그 진실을 알게 될 겁니다. 이미 시장도, 여러분도 느끼고 있습니다. 최근 정부의 관료들이 나서서 중앙은행의 금리정책을 비판한 것도 독립성을 무기로 뒤로 숨은 이들에 대한 문제제기일 수 있습니다.

핵심은 이런 신용팽창 시스템의 모순을 모두가 알고 있지만 어떻게 해볼 방법이 없다는 점입니다. 먼저 알고 대비하는 것 외에는 개인이 할 수 있는 일 자체가 없다는 점이 안타까울 뿐입니다.

낮은 이자율의 두 얼굴

이자율에 대한 대표적인 오해는 낮은 이자율을 통한 인플레이션 추구, 즉 정부의 재정 확대와 중앙은행의 통화 공급이 경제를 활성화한다는 생각입니다. 이는 정부, 중앙은행, 독점기업이 만들어낸 허상일 뿐입니다. 이자율이 어떻게 되든 간에 우리가 사용할 수 있는 세상의 자원(노동, 원자재, 돈 등)은 한정되어 있습니다.

크게 보면 결국 경제의 어느 부분에 이들 자원이 활용되는지가 중요합니다. 낮은 이자율로 인해 이전에 수익을 별로 내지 못했던 기업에서 부채에 대한 부담이 줄어들어 수익이 생길 수도 있습니다. 그래서 별로 수익성이 없는 비즈니스에도 자원이 사용됩니다. 게다가 많은 돈과 시간을 요하는 대형 프로젝트(부동산, 대형 장치 산업)를 낮은 이자율 덕분에 추진할 수 있어 이런 분야에도 자원이 들어갑니다.

낮은 이자율로 이루어지는 이 사업들이 꼭 나쁘다는 건 아닙니다. 단지 적절한 시기에, 필요에 따라 프로젝트가 추진되어야 하는데 그렇지 않은 경우가 생깁니다.

조금만 지원해주고 기다려주면 되는 벤처나 신기술 사업들은 먼저 자원을 독차지하는 기업들 때문에 자원을 더 높은 가격에 구입해야 합니다. 당연히 수익성이 떨어지고 상대적으로 손해를 보게 되어 있습니다.

결국 정부와 중앙은행이 진짜 관심을 가져야 하는 사항은 금리보다 사람들이 금리를 부담할 수 있는 능력을 갖추게 하는 것입니다. 하지만 이 문제는 다양한 계층의 이해관계가 걸려 있습니다. 그런 갈등을 풀기보다 금리 인하가 쉽기 때문에 문제가 생길 때마다 그들은 금리 인하를 통해 무엇인가 해보려 할 것입니다. 당연히 우리도 이를 예상하고 대응해야 소중한 돈을 지킬 수 있습니다.

부동산 사이클을 눈치채는
세 가지 질문

이제는 좀 더 현실적인 이야기를 할까 합니다. 우리는 신용화폐 기반의 자본주의 시스템을 벗어날 수 없습니다. 정치운동이나 노동운동, NGO 등으로 바뀔 수 있는 게 아닙니다. 길고 긴 인간의 경제 역사에서 금본위제도가 신용화폐 시스템으로 바뀐 걸 생각하면 지금의 시스템에서 벗어나기까지 얼마나 긴 세월이 걸릴지 모를 일입니다. 우리의 경제생활은 길다고 해도 고작 30년에서 50년 정도입니다. 달러 본위 기축통화 시스템이 갑자기 사라지지 않는 한 현재의 신용창조 메커니즘은 유지되겠지요. 따라서 이제 우리는 좀 더 실질적인 주제를 다뤄야 할 때가 되었습니다.

최근의 부동산 열풍에 참가한 사람도, 참가하지 않은 사람도 나름대로 고민이 많습니다. 고민 끝에 참여한 시장에서 작은 수익이라도 내고 싶은 사람들도 조바심이 나겠지만 매수를 포기하거나 참여하지 않은 사람들은 좌절감이 들기도 합니다. 이러다 확 올라버리면 영원히 못 사는 건 아닐까 걱정이 태산입니다.

현재로서는 아무도 미래를 단정하거나 예측할 수 없습니다. 하지만 부동산 가격을 지속적으로 유지하기 위해서는 필요한 만큼 대출이 증가해야 한다는 것을 알아야 합니다. 이런 부채는 사람이 빌리게 돼 있고, 그 부채에는 이자가 따릅니다. 이를 분석해본다면 미래 예측까진 아니지만 예상해볼 수는 있습니다. 부채가 지속적으로 증가할 수 있는 요인을 찾아보고 그 요인이 적용된다면 부동산 가격은 우상향할 것이고, 반대라면 정체 또는 하향 안정화될 것입니다.

step 1. 인구가 증가하고 있는가

현대 산업화의 핵심은 컴퓨터 기반의 자동화입니다. 인간의 근육을 대체하는 로봇만으로 만족할 수 없는 인간은 인공지능까지 확대 개발하고 있습니다. 그러나 블록체인, 5G, 자율주행 등 사람을 대신할 수 있는 다양한 기술이 아무리 많이 개발되더라도 대출은 반드시 살아 있는 인간만이 실행할 수 있습니다. 1인당 같은 금액을 빌린다고 가정하면, 돈을 빌릴 수 있는 인구가 늘어날 경우 대출 증가율은 일정 수준으로 유지될 수 있습니다. 지금까지 한국의 절대 인구는 지속적으로 증가하고 있으니 이 조건을 충족하고 있다고 말할 수 있을까요?

인구통계학적으로 봤을 때 한국의 현실은 우리의 예상과 다르게 흘러가고 있습니다. 돈을 빌려주는 은행 입장에서 생각해보면 태어나 살고 있는 모든 사람에게 대출을 해줄 수는 없습니다. 이자와 원금을 갚을 수 있는 사람에게만 돈을 빌려줘야 하므로 결국 그 인구는 직업이 있는 사람으로 한정됩니다. 그 사람들은 20~60세 사이의 성인 남녀일 것입니다. 물론 담보가 있다면 나이에 상관없이 빌려줄 수도 있지만 이자를 받아낼 수 있어야 하므로 직업이나 소득을 감안해야 합니다.

2017년 19대 대통령 선거 때 서울신문은 18대 대선 때와 전체 유권자를 비교했습니다. 당시 만 19세 이상의 총 유권자는 4,235만 명이었습니다. 이 중 19~59세까지의 인구는 18대 대선 때보다 약 130만 명이 줄었습니다. 약 수원시 정도의 인구가 한국에서 사라진 것입니다. 이렇게 많은 사람이 줄어들었지만 같은 기간 한국의 가계부채는 지속적으로 증가했습니다. 돈을 빌리는 주체가 줄었음에도 대출 총액이 늘었다는 건 1인당 더 많은 돈을 대출받았다는 뜻입니다.

과거에는 대출 금리가 지금보다 훨씬 높았습니다. 그럼에도 별 탈이 없었던 건 많은 사람이 돈을 조금씩 빌렸기 때문입니다. 하지만 지금은 1인당 부채 금액이 줄어든 사람 몫까지 감당해야 해서 많이 늘어났죠. 중앙은행이 금리를 올리고 싶지만 못하는 것도 이와 관련이 있습니다. 1인당 부담하는 대출 금액이 큰 상황에서는 아주 낮은 수준의 금리 인상만으로도 위험해질 수 있기 때문입니다.

경제학자 해리 덴트는 이것을 '인구 절벽'이라 표현합니다. 그는 사람이 태어난 후 가장 소비활동이 왕성한 나이를 46~47세로 상정했습니다. 이 연령대의 인구가 늘어나는 시기에는 경제가 활황을 겪고, 반대로 이 인구가 줄어들거나 이 연령대를 대체할 인구가 없어지면 경제가 후퇴한다고 합니다. 실제로도 40대 중후반이 가장 대출을 많이 일으키고 있는 것이 현실입니다.

애덤 스미스부터 폴 크루그먼Paul Krugman까지, 경제학자들이 학문적으로나 역사적으로 한 번도 고려하지 않았던 인구 감소, 그것도 신용팽창 여력을 좌우할 수 있는 세대의 숫자가 줄어드는 현상이 발생하고 있습니다. 이는 지금껏 우리가 겪어보지 못했던 변화이고, 인류의 새로운 도전입니다.

step 2. 소득이 증가하고 있는가

지금까지 신용팽창의 지속을 위한 첫 번째 조건, 인구의 증가를 살펴봤습니다. 그렇다면 두 번째 조건은 무엇일까요? 바로 '소득의 증가'입니다. 대출 가능한 경제활동 인구가 더 이상 늘지 않거나 줄어들 때 신용을 팽창시키기 위해서는 한 사람당 대출 금액이 지금보다 더 늘어나야 합니다. 그러려면 개인의 대출 신용이 올라가야 하는데, 이때 가장 중요한 조건이 소득의 증가입니다.

여러분이 은행으로 대출을 받으러 가면 가장 먼저 물어보는 것이 직업과 소득인 이유가 여기에 있습니다. 은행은 이자와 원금을 받을 수 있는 가능성을 고려해야 하고, 그 가능성은 소득이 높은 사람이 낮은 사람보다 큽니다. 소득이 낮은 분들에게는 죄송하지만 경제가 활성화되는 시기에는 소득이 높은 사람들이 더 열심히, 더 많은 금액을 대출받습니다. 반대로 경제가 좋지 않을 때는 소득이 낮은 사람들이 대출에 더 열심입니다. 이들은 투자나 생산을 위한 대출이 아니라 생존을 위한 대출이 대부분이므로 경제 전체에는 큰 영향을 주지 못합니다.

향후 글로벌 경제나 한 국가의 경제성장 가능성 또는 투자 가능성을 염두에 둘 때는 그 구성원들의 소득 증가에 대한 연구가 필요합니다. 따라서 우리가 살고 있는 대한민국의 소득 추이에 대해 생각해본다면 앞으로 우리 경제의 흐름도 예측할 수 있습니다.

step 3. 지속적으로 성장하고 있는가

마지막 조건은 부채를 감당할 수 있는 성장의 지속입니다. 성장이 계속되면 부채에 대한 국가경제의 부담은 경감됩니다. 이때 성장은 '지속 가능한' 성장을 말하는 것입니다.

현대 경제에서 성장률을 측정할 때 사용하는 GDP는 양적 성장의 개념이지, 질적 개념이 아닙니다. 땅을 파든, 교도소를 많이 짓든, 무기를 만들어서 전쟁을 하든 성장률은 높아집니다. 그러나 이런 방식의 양적 개발 위주 성장에는 지속성이 없습니다.

지속적인 성장을 위해 필요한 것은 글로벌 경쟁력입니다. 국가의 경쟁력은 기업의 경쟁력을 통해서 나옵니다. 기술혁신을 통해 경제적 성장을 지속적으로 달성할 수 있다면 국가경제의 부채 부담은 감당할 만한 것이 됩니다.

성장은 생산이 증가한다는 것이고, 이는 소비가 있어야 가능합니다. 여기서 중요한 문제가 한 가지 숨어 있습니다. 소득을 증가시키려면 결국 양질의 일자리가 있어야 하는데, 이는 글로벌 경쟁력을 갖춘 재화나 서비스를 생산하는 기업이 필요하다는 의미입니다. 그래서 기술혁신은 국가 경쟁력과 내수 성장에 중요한 역할을 하고, 결국 신용팽창의 지속을 통한 경제성장을 견인합니다. 따라서 종합해보면 인구의 증가, 소득의 증가, 생산의 증가는 바로 신용팽창의 필요조건이 됩니다.

신용팽창의 필요조건
① 인구의 증가
② 소득의 증가
③ 생산의 증가

이 말을 제대로 이해하면 여러분이 어디에 투자해야 할지를 결정할 수 있습니다. 즉, 인구(특히 경제활동 인구)가 늘어나고 소득이 늘어나며 기술혁신 가능성이 높은 기업들이 많이 활동하고 있는 지역을 선택하면 실패할 확률이 낮을 것입니다.

이는 투자에만 유용한 것이 아닙니다. 내 집 마련이 필요한 사람들도 장기적으로 반드시 알아야 할 기본 상식입니다. 내 자산의 대부분을 투자해 집을 사는데, 그 집의 가격이 하락한다면 미래의 가정경제에 큰 타격이 될 것이 분명합니다. 반면 위 세 가지 조건을 부합하는 곳에 거주한다면 편안한 노후까지 보장될 수도 있습니다.

부동산 감각을
날카롭게 기르는 법

최근 언론과 야당 정치인들은 부동산 시장 안정화를 위해 정부가 실질적인 정책을 집행해야 한다고 요구하고 있습니다. 이에 따라 정부는 공인중개사 사무실의 담합을 단속하고, 건설회사들을 압박하여 분양가 상한제를 시행한다고 합니다.

정부가 모처럼 제대로 일하는 것처럼 보이지만, 속내를 들여다보면 또 다른 이유가 숨어 있는 듯합니다. 2019년 7월 기준금리 1.50퍼센트로 인하하기 전까지, 한국은행은 1.25퍼센트였던 기준금리를 1.75퍼센트까지 인상했지만 지방과 서울의 부동산 시장은 다르게 반응했습니다. 그 중심에는 금리로는 설명되지 않는 미시적인 문제가 있습니다.

통화량을 통한 거시경제 분석은 항상 사후에 의미를 따지는 방법입니다. 부채가 늘어 부동산 가격이 오른다고 해도 강원도 산골 마을에 있는 초가집이나 너와집까지 가격이 상승할 리는 없습니다. 사람이 살지 않는 곳에 부채가 늘어날 가능성은 당연히 없겠죠. 또한 부채도 모든 지역에서 무조건 늘어나는 것이 아닙니다. 이제부터 어느 지역, 어느 상황에서 부채가 늘어나고 부동산 가격이 올라가는지 살펴보도록 합시다.

주택 가격이 오르는 이유는 따로 있다

한국에서 가장 먼저 부동산 가격이 올랐던 곳은 서울입니다. 초기에는 시청을 중심으로 종로나 을지로가 가장 먼저 상승했습니다. 그 이유는 일자리가 그곳에 가장 많았기 때문입니다. 개발도상국에서 경제가 성장한다는 건 도시화가 진행된다는 것을 의미합니다. 도시화로 인해 더 많은 공간을 필요로 했고 동대문이나 강남이 개발되면서 도시화는 확장되어 갔습니다.

일자리가 있으면 사람이 모이고, 사람이 모이기 시작하면 주택이 필요해집니다. 경제가 성장하려면 인구가 더 필요하고 점점 많아지는 인구를 수용하기 위해 신도시가 생겨납니다. 우리나라 대부분의 인구가 서울과 경기도에 모여 있는 것도 결국 일자리 때문입니다. 일자리는 곧 급여 소득이고, 그 소득을 기반으로 소비가 이뤄지니 자영업도 같이 따라옵니다.

서울에 더 이상 주거 공간을 만들 수 없게 되자 정부는 1기 신도시를 개발합니다. 분당과 일산, 서울 외곽의 노원구도 여기에 해당됩니다. 개발되기 전 이곳에는 수도 서울에 있기에 민망한, 도시 미관을 해치는 공

● 서울과 근교 신도시

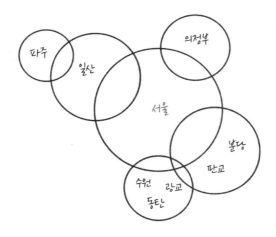

장이나 혐오 시설 등이 많았을 겁니다.

하지만 서울 시내에서 더 이상 주거 공간이나 사무용 건물을 확보할 수 없자 서울에서 가까운 지역을 개발하게 된 것입니다. 그 지역에 일찍 자리 잡았던 고물상이나 공장들은 보상을 받고 수원, 안양, 의정부 등 토지 가격이 비교적 저렴한 곳에 자리를 잡게 됩니다.

그 후 인구가 계속 몰리자 정부는 수원, 광교, 동탄 그리고 파주까지 도시화를 확대합니다. 이런 과정이 반복되며 부동산 가격이 상승했죠. 어떤 사람은 2대째 고물상만 해왔는데 고물상으로 번 돈보다 토지보상으로 번 돈이 수십 배였답니다. 과거 시 외곽에서 공장을 했던 이들도 공장 경영보다 이런 보상으로 받은 돈, 또는 보상이 없더라도 보유한 토지 가격의 상승으로 번 돈이 훨씬 컸습니다.

부동산 가격 상승의 동력

노무현 정부 시절, 서울에만 집중되는 성장정책을 지방까지 확대시키고 자 했던 대표적인 사업 두 가지가 있었습니다. 바로 '행정수도 세종시 건설'과 '혁신도시 사업'입니다.

혁신도시 울산에 석유공사, 전주에 국민연금, 원주에 건강보험공단, 진주에 LH공사 등을 이전해 지역 발전을 도모하려는 사업이었습니다. 단순히 도로나 항만, 체육 시설을 건설한다 하더라도 사람이 그 지역에 살지 않으면 실패할 것을 감안해 일자리까지 같이 이전시킨 정책이었습 니다.

최근 미국과 한국 및 전 세계 국가들의 가장 큰 고민 중 하나가 일자 리입니다. 경제가 성장하면 당연히 일자리 숫자가 증가하는 게 상식이 었는데 이제는 그런 상식이 진부해지고 있습니다. 자동화, 인공지능 등 첨단기술의 발전이 성장과 반대로 일자리 수를 줄이고, 줄어드는 일자 리는 소득의 분배까지 왜곡하고 있습니다. 경제의 축이 소비와 생산, 소 비자와 자본(기업)이라는 등식이 깨지면서 커진 빈부격차는 현대 자본주 의 사회의 고민거리가 되었습니다.

일자리는 곧 소득이며, 소득은 소비입니다. 소비는 다시 생산을 일으 켜 경제 순환고리를 이어줍니다. 일자리가 풍부하면 사람이 모이게 되 고, 사람이 모이면 도시화가 확대되며 부동산 가격이 올라갑니다. 그 결 과로 부채가 늘어나고요. 주택을 구입하려면 은행에서 대출을 받아야 하기 때문입니다. 결국 부채(통화량)는 자산 가격 상승을 보여주는 지표 라 할 수 있습니다.

삼성전자와 수원, 그리고 동탄

얼마 전 수원에 사는 지인의 상담 요청이 있었습니다. 지금까지 전세로 버티고 있었는데 최근 제2동탄 지역의 아파트 가격이 하락 조정을 보이고 있어 매수하고 싶다는 의견이었습니다. 단순히 살 집을 구매하려는 것이 목적이었다면 적극 찬성할 생각이었습니다. 하지만 그 지인은 투자 목적으로 아파트를 구매하고자 했습니다.

수원의 아파트 가격은 서울의 도시화 확대와 삼성전자의 일자리 공급이라는 두 가지 요인과 관련돼 있습니다. 서울에 출퇴근할 수 있는 거리도 되고, 수원 인근 기흥과 화성에 삼성전자라는 일자리 공급처가 있으니 주거용 주택이 많이 필요했습니다. 동탄, 오산, 광교 및 제2동탄 등 주변 신도시는 이런 목적으로 개발되었습니다. 특히 평택 지역의 삼성전자 공장 건설과 미군기지 개발 등이 겹치며 인구가 유입되었고 그 위성 지역의 아파트 가격에까지 영향을 미쳤을 것입니다. 핵심은 이제부터입니다.

아파트 구매로 미래에 투자 수익을 얻을 가능성이 있는가?

이 질문이 아파트 구매 결정에 단초를 제공하리라 보고 저는 그 지인에게 이렇게 질문했습니다.

"앞으로 삼성전자가 일자리 수를 늘릴 가능성이 높을까요, 줄일 가능성이 높을까요? 삼성전자 직원이니 판단하실 수 있을 것 같습니다."

결과가 궁금하죠? 판단은 여러분께 맡기겠습니다. 그 대답은 삼성전자에 대한 관점의 차이에 따라 달라질 수 있기 때문입니다.

최근 동탄 인근 지역의 아파트 전셋값 하락이 시작되었다는 뉴스가 보도되었습니다. 과거에 건설한 아파트에 이제 입주하기 시작하면서 매수의 공백이 생겨 발생한 것일 수도 있습니다. 그런데 이를 일자리와 연결해 생각해봐야 합니다.

삼성전자의 공장과 여기서 생겨나는 일자리가 수원 영통, 화성, 기흥 등에 걸쳐 있기에 그동안 주변 지역에 주거용 주택이 필요할 수밖에 없었습니다. 앞으로 반도체 가격의 상승과 함께 삼성전자의 성장이 지속될 수도 있지만, 그 성장이 일자리를 동반하지 못하면 가격은 내려갈 가능성이 큽니다. 물론 삼성전자가 아니더라도 다른 기업이 주변에 많이 입주해 일자리가 늘어난다면 부동산 가격에 호재가 될 수 있습니다. 여러 변수가 산재해 있으니 팩트부터 제대로 점검한 뒤 아파트 매수 결정을 해야 할 것입니다.

결국 일자리다

문재인 정부가 들어선 이후 서울 및 서울 근교의 아파트 가격은 올라가는 것을 넘어 폭등했다고 합니다. 특히 강남을 비롯한 서울 일부, 분당 및 판교 등 서울 주변 지역의 아파트값은 매일 오르는 게 상식이 되었습니다.

그런데 가파른 부동산 가격 상승에도 예외적으로 오르지 않거나 정체된 곳이 있습니다. 대표적인 곳이 '일산'입니다. 물론 일산도 핵심 지역의 경우 인구의 유입과 함께 오른 곳도 분명 있을 겁니다. 그 사실을 부정하는 게 아니라 일산 대부분이 서울처럼 상승세가 가파르지 않다는 의미입니다.

그렇다면 일산의 아파트 가격은 왜 서울이나 분당, 판교 등 주변 지역만큼 오르지 못할까요? 이 역시 일자리와 도시화 관점에서 분석할 수 있습니다. 일산 지역에 거주하는 사람들은 서울 강북, 여의도 및 상암 지역에 일자리가 있는 직장인이 많습니다. 분당이나 판교가 서울뿐만 아니라 수원, 화성, 기흥 등의 일자리 교차 지역에 있는 것과 달리 일산은 거의 대부분 서울에 일자리가 있는 거주자라고 봐도 됩니다.

그런데 최근 서울 강북 지역에 일자리가 있는 사람들을 타깃으로 많은 아파트가 건설되었습니다. 수색, 가좌지구를 비롯해 고양, 삼송 등은 일산보다 서울과 훨씬 가깝습니다. 당연히 일산에서 서울과 더 가까운 지역으로 이전하는 사람이 늘었지만 그보다 위쪽인 파주, 문산 지역의 일자리는 증가하지 않기에 일산 아파트의 수요는 줄어들 수밖에 없었을 것입니다.

사람들은 더 좋은 곳, 더 편리한 곳에서 살고 싶어 합니다. 당연히 일산보다 서울에 살고 싶어 하지만 서울 지역의 아파트 가격이 너무 오르면 돈이 부족한 사람들은 일산으로 이사합니다. 이렇게 되면 서울의 아파트 가격이 하락하는 결과를 초래할 수 있습니다. 현재 일산 지역의 아파트 가격이 오르지 않거나 정체 또는 일부 하락하고 있다면 거주 비용이 부족해서 파주나 문산 가까이 살고 있는 이들이 일산으로 이사를 올 가능성이 높습니다. 이처럼 아파트 가격이 올라가려면 도시화와 일자리가 필요하고, 반대로 떨어지는 경우는 그 주변 지역의 주택 숫자가 늘면서 다른 곳을 택할 수 있는 옵션이 늘어날 때 생겨납니다.

서울 지역, 특히 강남의 아파트 가격은 가파르게 올라가고 있습니다. 이는 돈이 몰리기 때문인데, 또 다른 이유로 학군 수요가 있습니다. 그런데 이미 알려져 있듯이 15세 이상의 학생 숫자가 지속적으로 줄고 있으며, 학군을 포기할 정도로 사람들의 자본 확보가 어려우면 결국 학군 수요도 일산의 가격 하락과 비슷한 양산일 수 있습니다.

울산, 창원, 군산 등 지방 아파트 가격도 이와 유사합니다. 이들 지역은 최근 조선업의 불황으로 대규모 감원이 있었거나, GM자동차의 철수 등이 겹친 곳입니다. 이 지역 아파트가 갑자기 늘어났거나 인구가 줄어서 부동산 가격이 하락한 게 아닙니다. 일자리가 줄어들면서 아파트를 구입할 대출을 감당할 여력이 없어졌기 때문입니다.

결국 지방 아파트 가격은 시간이 지나면서 그 외 지역으로 확대될 가능성이 높습니다. 시내 중심부의 비싼 아파트에서 멀리 떨어진 외곽 아파트로 이사하는 수요가 생기는 게 첫 번째 이유입니다. 두 번째 이유는 이들 지역의 아파트에 투자한 사람들이 이 지역에 사는 사람만이 아니라는 점 때문입니다. 서울에 거주하는 사람들도 지난 몇 년 동안 이 지역의 아파트 투기에 동참했을 가능성이 높습니다. 현재까지는 서울 지역의 아파트 가격이 올라가며 재무적 여력을 보충해주고 있겠지만 이 가격이 정체되거나 하락하면 팔릴 가능성이 높은 아파트를 매도해서 빚을 정리해야 하겠죠. 이런 이유로 이후 지방 아파트 가격이 서울 지역의 가격도 이끌 가능성이 높다고 예상할 수 있습니다.

이제 아파트는 끝난 것일까

이제 아파트는 끝난 것일까요? 답부터 말하자면 '끝이 났을 수도 있고, 아닐 수도' 있습니다. 대체 무슨 말이냐고 황당해할 분들이 많을 것 같습니다. 이제부터 그 이유를 하나씩 이야기하도록 하겠습니다.

먼저 끝나지 않을 수 있다는 관점입니다. 부동산 가격은 두 가지 요인이 동시에 혹은 순차적으로 발생해야 상승합니다.

① 도시화
② 일자리

특정 기업이나 공장이 어느 지역에 입주해 일정 수준의 일자리 증가를 가져올 수 있다면 그 지역에 부동산 투자를 해야 합니다.

예를 들어 일산 위쪽에 있는 파주에 LG디스플레이가 입주해 있습니다. 만약 LG 계열사든 아니든 수천 명의 직원을 고용할 수 있는 공장이나 사업장이 입주한다면 일산 및 그 주변 지역은 앞에서 언급한 두 가지를 만족시킵니다. 당연히 일산과 주변 지역의 아파트 가격의 상승을 가져오겠죠. 반대로 LG디스플레이의 업황이 좋지 않아 향후 일자리를 줄일 가능성이 높으면 일산 지역의 아파트 가격은 하락할 가능성이 높아질 것입니다.

2018년 9월, 경기도 이천에 본사를 두고 있는 SK하이닉스는 이천 본사 내 5만 3,000제곱미터 부지에 M16 공장을 증설한다고 발표했습니다. 2020년 10월에 완공될 예정으로 총 3조 5,000억 원을 투입하고 이후 반도체 장비 입고 등 후방 산업에 미치는 낙수효과까지 합산하면 투자 규모는 2026년까지 총 15조 5,000억 원 이상이 될 것이며, 34만 명 이상의 신규 고용이 창출될 것이라고 했습니다.

부동산 상승 요인 두 가지, 도시화와 일자리 창출을 감안하면 SK하이닉스 공장이 건설될 경우 부동산 시장 참여자들은 고용이 창출될 것이라 예상합니다.

더구나 향후 반도체의 수요 증가 가능성은 주변 지역 부동산 가격의 상승 기대감을 가져올 수 있습니다. 당연히 공장 주변의 토지가는 올라가고 다양한 개발이 진행되며, 이와 함께 이천 시내의 아파트 가격은 미리 반응하게 됩니다. 물론 공장이 준공된 이후 기대만큼 일자리가 늘지 않고 그로 인해 주택 수요가 예상보다 적다면 하락할 수 있습니다.

이렇듯 대한민국 어느 곳이든 일자리와 도시화가 진행될 가능성이 높은 지역이 있다면 그곳이 바로 부동산 투자로 수익을 올릴 수 있는 곳입니다. 그중 하나가 '개성공단' 개발 관련 지역입니다.

현재는 개성공단이 폐쇄되어 있어 기대하기 어렵지만 향후 미국과 북한의 비핵화 협상의 진전 정도에 따라 경제제재 제외 지역이었던 이곳이 다시 가동될 확률이 높습니다. 처음 개성공단을 만들 때 기획했던 것처럼 제2, 제3의 공단이 개성 지역에 확대된다면 그곳으로 출퇴근 가능한 파주, 문산, 일산 지역의 아파트 가격은 서울보다 더 높은 수익을 기대할 수 있습니다.

북미 비핵화 협상과 남북 경제협력의 성과 정도에 따라 신의주까지 철도가 개통되거나 고속도로나 국도가 확장 건설된다면 이런 투자 수익은 꿈이 아니라 현실이 될 수 있습니다. 남북이 정식 수교가 된다면 과거처럼 개성공단에서 일주일에 하루나 이틀 왕래할 필요 없이 매일 출퇴근할 수 있을 것입니다. 따라서 남북경협은 일자리 증가와 주변 지역 아파트 가격 상승을 이끌 수 있는 가능성이 충분합니다.

그다음으로, 더 이상 부동산 투자 수익을 기대하기 곤란하다는 관점을 살펴보겠습니다. 2018년 지방선거에서 박정희 대통령의 생가가 있고 새마을 운동의 본산지로 알려진 대구·경북 지역의 구미에서 자유한국당이 아닌 민주당 출신의 시장이 당선되었습니다. 대한민국 정치 구도상 거의 기적에 가까운 일이 아닐 수 없습니다. 구미는 과거 박정희 대통령 시절부터 공업화의 상징 도시로 알려져 있고, LG전자 및 삼성전자 등의 생산 공장이 있었기에 이 지역선거 결과는 이변 중의 이변이라고 말하는 사람들이 많았습니다.

그러나 실제 구미의 현실을 알면 이러한 변화를 이해할 수 있습니다. 지금 구미에는 삼성전자 휴대전화 공장도, LG전자 생산공장도 존재하지 않습니다. 삼성전자 휴대전화는 베트남으로 이전했고 LG전자는 서울 근교나 파주 등으로 이전했습니다.

일자리가 사라졌으니 소비가 줄고, 소비가 줄어드니 다른 기업들이 떠나는 저성장의 악순환. 이런 상황에서 기존의 정치적 지형을 유지하는 건 불가능합니다. 내 주머니에서 돈이 나가기 시작하면 지지하는 정당도 바꿀 수 있는 것이 돈의 힘입니다.

어느 지역이든 이제 인구 감소는 피할 수 없습니다. 인구가 감소하는 상황에서 그 지역의 일자리를 지켜내지 못하면 부동산 가격 유지는 고사하고 하락할 수밖에 없습니다. 최근 지방의 광역 또는 기초자치단체에서 출산율을 높이기 위해 다양한 수당을 지급하지만 제대로 효과를 보는 지역은 별로 없습니다.

출산율조차도 사람이 더 많이 모여야 늘어나는 법이고, 그렇게 되려면 당연히 일자리가 있어야 합니다. 일자리를 늘리는 지역은 인구가 늘 것이고, 이에 따라 부동산 가격도 유지하거나 올릴 수 있을 것입니다. 그 일자리는 단순히 제조업만을 이야기하는 게 아닙니다. 관광객처럼 방문객을 많이 모으는 지역도 동일한 효과를 낼 수 있습니다. 부동산 투자를 고민한다면 지역이 어디든 반드시 '일자리 증가'의 가능성을 고려하길 바랍니다.

대한민국 부동산
버블 팩트 체크

"한국 부동산은 버블일까요?"

강의나 상담을 할 때마다 가장 많이 받는 질문입니다. 명확한 정답이 없어 참 대답하기 어렵고 곤란한 질문입니다.

최근 한국의 부동산 가격이 과거 일본처럼 붕괴될 것인지 시장의 우려가 조금씩 높아지고 있습니다. 이런 우려와는 반대로 한국은 일본과 다르므로 그런 폭락은 없을 것이라 주장하는 사람들도 있습니다. 이들은 "일본의 버블을 이끈 것은 기업들이고 한국은 개인들이기에 다르다."는 논리를 내세웁니다. 그런데 버블을 일으키는 부채는 누구의 것인지 따지지 않습니다. 부채가 과도하게 발생하고 그 부채가 더 이상 늘어나지 못할 상황에 처하면 버블은 무너집니다. 과거 일본의 부채 발생

현황을 봐도 위의 이야기는 신뢰성이 부족합니다.

1980~1990년대 일본기업이 절대적으로 많은 양의 부채를 일으킨 건 사실이지만 당시 개인(가계)도 부채 확대에 적극적으로 나섰습니다. 일본이 지금의 한국과 달랐던 점은 국가 전체 통화량에서 차지하는 비중이 개인보다 기업이 높았다는 점 빼고는 모든 것이 유사합니다.

버블은 돈의 출처에 따라 형성되는 것이 아니라 돈의 양에 의해 결정됩니다. 부채(통화량)가 생산을 초과해 비정상적으로 늘어날 때 버블이 생기고, 부채를 더 이상 부담하지 못할 때 버블이 붕괴됩니다.

버블이 붕괴되기 전에는 아무도 그것을 버블이라 말하지 않습니다. 설사 버블이라고 주장하는 사람이 있다고 해도 시장은 그의 주장을 인정하지 않습니다. 그래서 버블은 붕괴된 이후에 그것이 버블이었다고 규정되며, 사후에 다양한 원인을 찾기 위해 노력할 뿐입니다.

한국의 부동산 가격이 버블이냐 아니냐는 이해관계에 따라 다양한 의견이 많습니다. 아직 붕괴되지 않았기에 현재 부동산 가격이 버블인지 판단하거나 단정할 근거는 찾기 어렵습니다. 부채 부담 능력이란 수학 공식이나 과학의 법칙처럼 정형화할 수가 없는 것입니다.

다만 한국의 전세제도가 일본이나 버블 붕괴를 겪은 나라들과 다른 특성을 보여줄 가능성은 충분합니다. 전세는 한 사람이 빌릴 돈을 둘이 나눠 부담하는 것과 같은 효과를 내는 제도입니다. 2억 원 하는 아파트를 전세 세입자가 1.5억 원을 부담하고 나머지 5,000만 원을 집주인이 부담할 때 각자 해당 금액만큼의 이자비용을 감당하면 됩니다. 한 사람

● 전세제도의 구조

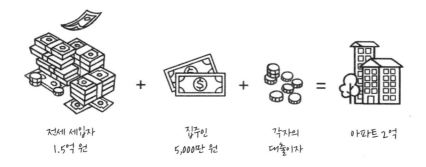

전세 세입자
1.5억 원

집주인
5,000만 원

각자의
대출이자

아파트 2억

이 많은 부채를 감당하는 것보다 그 돈을 두 사람이 나눠 부담하기에 일본이나 다른 나라들보다 가격을 유지하는 기간이 길죠. 이것이 한국 부동산 시장의 특성입니다.

모든 재화의 가격은 시간이 지나면 가치가 하락하는 게 상식입니다. 물론 오래될수록 귀해지는 골동품은 예외입니다. 그러나 한국의 아파트는 골동품이 아님에도 시간이 지날수록 가격이 오르는 이상한 재화였습니다. 수요와 공급의 문제가 아니라 그 가격을 유지·상승시키는 원동력인 부채(통화량)의 증가가 있었기에 가능한 일이었습니다. 가격이 한 번도 떨어진 적이 없고 오르기만 했다는 이야기는 통화량이 계속 증가해 왔다는 것입니다.

그러나 감가상각이라는 경제적 상식을 이겨낼 수 있는 힘은 내 아파트를 내가 산 가격보다 높은 가격에 받아줄 사람이 있을 때만 가능합니다. 부채에는 이자가 따르고, 더 높은 가격을 위해서는 어제보다 더 많은 부채를 부담해야 하니 한계가 올 수밖에 없는 구조지요. 나만 먼저 빠져나오면 된다고 생각하는 사람이 대부분이겠지만, 원래 위기나 붕괴는 소리 소문 없이 순식간에 나타납니다.

아파트의 가격은 토지와 건물 가격의 합입니다. 토지의 가격은 전체 아파트 단지의 토지면적을 아파트 가구 수로 나눈 지분이며, 건물 가격은 가구당 살고 있는 집입니다. 그런데 건물은 시간이 지나면서 감가상각이 시작되고 40~50년의 세월이 지나면 부수고 새로 지어야 합니다. 과거 아파트는 지금보다 저층이었으며 토지지분이 많아 다른 사람의 돈으로 새 아파트로 이사 갈 수 있는 재개발 사업이 있었습니다.

기존에 살고 있는 아파트보다 새 아파트를 갖게 되는데 내 돈이 아니라 남의 돈을 이용할 수 있으니 재개발은 좋은 투자 수단이 될 수 있었습니다. 이제 그런 아파트는 많이 사라졌습니다. 대치동 은마아파트의 가격이 상대적으로 오르지 못하거나 재개발과 관련된 일정이 제대로 나오지 못하는 것도 다른 재개발 아파트보다 비교적 고층이라 자기 부담 금액이 높기 때문입니다.

분당이나 일산 등 재개발이 가까워지는 아파트는 이제 골동품의 위치가 아니라 내가 내 아파트를 새로 지어야 하는 시점에 가까워지고 있습니다. 아파트 입주민의 재산 상황이 가구마다 다르기 때문에 나 혼자 돈이 있다고 새로 짓기도 어렵습니다.

이런 이유로, 통화량의 증가 속도가 유지되지 못하면 재개발이 어려워져 고층 아파트 단지가 슬럼화될 수 있습니다. 모든 경제 문제는 성장으로 표면적인 봉합이 가능하지만, 반대로 저성장은 이런 문제를 일시에 세상 사람들에게 알려주는 요인이 됩니다.

이제 부동산은 점점 저성장이 명확해지는 시기에 가까워지고 있습니다.

한국의 부동산은 일본과 다르다?

앞서 언급한 것처럼 버블인지 아닌지는 가격 문제가 발생한 후에야 결론을 내릴 수 있습니다. 경제는 원래 사람에게 달려 있습니다. 사람의 마음은 수시로 바뀌기 때문에 경제를 예측하기도, 대비하기도 어렵습니다.

최근 미국과 중국의 무역 전쟁만 봐도 그렇습니다. 트럼프 대통령의 속마음을 아는 사람은 트럼프 자신밖에 없으니 예상해도 틀리고, 준비해도 못 맞힐 수밖에 없습니다. 부동산 버블도 같습니다. 그래서 저는 버블인지 아닌지를 감이나 예언처럼 이야기하지 않고 과거 부동산 가격이 버블로 밝혀진 나라들의 부채(통화량) 정도를 보면서 설명하려고 합니다.

최근 100년 이래 가장 큰 부동산 버블이 발생했던 일본은 이번 비교에서 제외했습니다. 현재 한국 부동산 버블을 일으키고 있는 부채 조달의 핵심은 가계부채입니다. 그런데 일본의 부채 주도 세력은 기업이었습니다. 여기서는 한국처럼 부채 조달의 주도 세력이 개인(가계)이었고 버블이 붕괴했던 미국, 스페인, 이탈리아, 영국 등 네 나라와 한국을 가계부채 총액 기준으로 비교, 분석해보려고 합니다.

먼저 미국입니다. 2008년에 시작된 미국의 경제위기는 2000년 닷컴 버블(인터넷 관련 분야가 성장하면서 산업 국가의 주식시장이 지분 가격의 급속한 상승을 본 1995년부터 2000년에 걸친 거품 경제 현상)의 붕괴에서 출발합니다.

당시 연준 의장이었던 앨런 그린스펀Alan Greenspan은 이를 해결하기 위해 '그린스펀 풋'Greenspan Put, 즉 금리 인하 정책을 단행했습니다.

그린스펀 풋은 그린스펀이 1998년 파산 직전에 몰린 롱텀 캐피털 매니지먼트를 세 번의 금리 인하 조치를 통해 극적으로 해결한 사건에서 유래된 경제 용어입니다. 증시의 침체로부터 옵션 보유자를 보호하는 풋 옵션과 비슷하다는 의미에서 탄생했습니다.

이처럼 그린스펀은 닷컴버블이 발생하자마자 경제에서 돈이 사라지는 것을 막기 위해 공격적으로 금리를 낮췄던 것입니다. 결국 닷컴버블은 일단락이 났지만, 이는 8년 뒤 미국의 주택 버블로 이어졌습니다. 당시 낮은 금리로 미국의 가계(개인)는 공격적인 주택투자를 감행했는데, 이것의 확대를 막기 위한 기준금리 인상이 이제 금융위기를 초래하기에 이른 것입니다.

2000년 초반 미국 가계부채는 4.3조 달러 수준이었고, 주택 버블이 붕괴되기 직전에는 13조 달러였습니다. 기존 가계부채보다 약 3.6배가 되었을 때 주택 투자에 참여했던 사람들은 부채 부담의 역효과를 맛보아야만 했습니다. 너도나도 앞사람보다 더 많이 빌려 투기에 참여했지만 자신이 부담한 것보다 더 많은 부채를 일으킬 사람이 적거나 줄어들자 무너지기 시작했던 것입니다.

두 번째로 유로존 국가 중 스페인과 이탈리아의 상황을 살펴보겠습니다. 1999년 유로화가 출범하기 전까지 유로존 국가들은 독일보다 높은 금리를 부담하고 있었습니다. 가장 재정이 약했던 그리스의 10년 만기 채권금리가 10퍼센트에 이르렀을 정도였지만, 유로화가 출범하면서 독일과 프랑스, 네덜란드 등 경제가 탄탄한 나라들의 신용도를 같이 사용하게 됩니다. 그리스, 스페인 및 이탈리아는 부채 부담이 급격히 낮아졌고 낮아진 금리로 적극적인 레버리지를 활용하여 부동산 투자에 나섰습니다. 급증하는 개인부채는 반드시 부동산 버블로 연결된다는 경제적 진리가 곧 여기에서도 나타납니다.

금리 혜택을 많이 본 그리스, 스페인, 이탈리아의 순서대로 발생한 부동산 버블이 2008년 금융위기가 찾아오면서 함께 붕괴되기 시작했습니다. 스페인의 가계부채는 버블의 생성 초기보다 약 3.5배, 이탈리아는 약 3.3배 늘어나다가 점점 무너져갔습니다.

미국의 버블 붕괴 시 부채 확대 정도는 비교적 다른 나라들과 유사한 수준이었습니다. 영국의 버블도 가계부채의 확대와 함께 시작했고, 미국 및 유로존의 스페인, 이탈리아의 시기와 상황이 상당히 비슷했습니다. 버블이 생성되기 시작한 시점과 붕괴된 시점까지의 가계부채 총액은 약 3배 정도 부풀려졌습니다. 그렇게 늘어난 부채가 사라지면서 버블 붕괴가 시작된 것입니다.

한국의 가계부채 증가 상황은 미국, 스페인과 이탈리아, 영국 등과 유사하게 시작됐지만 다른 점도 있습니다. 한국은 1997년 IMF 외환위기로 사전에 부채 구조조정을 강제로 겪어야 했습니다. 앞선 충격으로 2008년 금융위기 직전까지의 가계부채 확대가 비교했던 네 나라와는

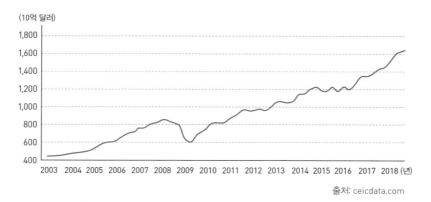

한국의 가계부채 추이

(10억 달러)

출처: ceicdata.com

달랐습니다.

  여기에 2003~2008년 시기 집권했던 노무현 정부의 의지에 따라 적극적인 DTI(총부채상환비율), LTV(주택담보대출비율) 운용을 통한 버블 방지 정책이 있었습니다. 이런 노력으로 비교 대상 국가들과 다르게 2008년 금융위기가 발생했을 때 비교적 짧은 기간이 지난 후에 부채 확대가 시작될 수 있었죠. 이를 고려하면 한국의 부채 확대는 2000년이 아닌 금융위기 시 조정되었던 시점을 출발점으로 둘 수 있을 것입니다.

  2009년 경제가 바닥을 찍은 이후 현재까지 한국의 가계부채는 약 2.6배 정도가 확대되었습니다. 비교 대상 국가들보다 증가된 부채 금액이 상대적으로 적었기에 아직까지도 부채 여력이 있을 수 있습니다. 그러나 최근 조선업을 비롯한 중대형 산업의 급속한 부실화, 부동산 급등으로 한계 계층까지 확대된 부채 부담 열풍, 미국의 지속적인 금리 인상

등의 악재가 발생하고 있어 부채 여력이 점점 줄어들고 있습니다.

그러나 부채가 늘어난 절대 금액만 보고 지금 당장 버블이라고 단언하기는 아직 이릅니다. 그보다는 '적어도 버블이 가까워지고 있다'라고 이해하면 될 것 같습니다.

부동산 폭락론,
과연 현실이 되는가

지난 10년 동안 한국의 투자 섹터에서 가장 큰 수익률은 부동산이었습니다. 강남 지역의 웬만한 아파트 가격은 2008~2009년 금융위기 시점의 하락과 비교할 때 최소 200퍼센트 이상 올랐습니다.

그렇게 승승장구하는 부동산 투자시장 수익률의 반대편에 부동산 비관론, 폭락론이 있었습니다. 30년 전 일본이 곧 한국의 현실이 될 것이라는 주장, 유럽과 미국의 주택 버블이 터졌으니 한국도 이제 시간문제라는 비관론자들이 많았죠. 일본은 기업이 주도해서 버블이 생겼고, 한국은 개인이 주도하기 때문에 괜찮을 것이라고 생각할 수도 있습니다. 그러나 유럽과 미국의 주택 버블은 개인(가계)의 주도적인 부채 확대로 발생한 것으로서 한국과 다르지 않았습니다. 그럼에도 지난 10년 동안 부동산 비관론(폭락론)을 주장했던 사람들의 의견과 다르게 부동산 가격이 지속적인 상승을 보였던 이유는 무엇일까요? 신용팽창의 관점에서 살펴보면 몇 가지 이유가 있었습니다.

신용팽창이 극대화되는 시점

우선 부채의 발생이 극대화되면서 버블이 확대되는 시기가 달랐습니다. 부동산 가격의 상승은 대출의 확대와 관련이 있습니다. 대출은 금리가 낮을 때 더 많이 일으킬 수 있습니다. 일반적으로 주택담보대출은 10년 이상의 만기로 이뤄지므로 기준금리와 10년 만기 채권금리에 영향을 받습니다. 특히 채권금리는 모기지 금리에 직접적인 영향을 미칩니다.

지난 주택 버블 붕괴를 먼저 경험했던 유럽과 미국의 금리 상황과 한국을 비교하면 실마리를 찾을 수 있습니다. 유로존이 출범한 1999년 이후 유로화를 같이 사용하는 국가들의 신용은 하나로 통합되었습니다. 돈은 곧 빚의 증서이므로 그 빚의 가치는 금리로 표현됩니다. 유로화를 같이 사용하는 유로존이 출범하면서 그리스, 스페인, 이탈리아 등은 아래의 목적으로 독일, 네덜란드, 프랑스의 신용을 공유하게 되었습니다.

① 전쟁을 피하고 싶은 열망
② 독일의 높은 신용도를 이용하려는 목적

2008년 금융위기에 부동산 시장이 붕괴되었던 그리스, 스페인, 이탈리아의 채권금리는 유로존 출범 전과는 비교할 수 없을 정도로 낮았습니다. 특히 이들 나라의 10년 만기 국채의 최저금리는 2005년 10월 2.97퍼센트였습니다. 높았던 금리가 낮아지면서 최저금리를 기록하는 그 시점의 앞뒤로 일정 기간 당연히 신용팽창은 극대화되었을 것입니다. 동시에 부동산 버블도 커져만 갔고, 미국의 금융위기와 함께 결국 붕괴되었습니다.

미국의 상황도 유럽과 비슷했습니다. 미국의 10년 만기 채권금리는 1999년 6.5퍼센트에서 2008년 12월 2.15퍼센트로 최저금리를 기록했습니다. 2000년 닷컴버블 붕괴 이후 그린스펀 풋 정책으로 지속적인 저금리정책이 유지되었습니다. 특히 2007년부터 시작된 장기금리의 하락으로 미국의 주택 버블을 일으킨 서브프라임 모기지가 대규모로 진행되었던 점은 우연의 일치가 아니었습니다.

유럽의 최저금리가 2005년 10월, 미국의 최저금리가 2008년 12월이었던 점에서 유럽의 주택 버블이 미국보다 더 컸다는 것도 유추할 수 있습니다. 버블이 크면 붕괴 이후 역효과가 오래갑니다. 미국은 회복 국면으로 돌아섰지만 유럽은 회복까지 도달하려면 아직 많은 시간이 필요합니다.

반면 한국의 10년 만기 채권금리는 유럽과 미국의 흐름과는 시기적인 차이가 분명합니다. 한국의 10년 만기 국채 최저금리는 2016년 7월 1.35퍼센트였습니다. 가장 신용팽창이 극대화될 수 있는 시점은 금리가 최저점을 기록한 시기의 전후라는 것을 상기한다면 지난 10년간 부동산 가격은 폭락하지 않고 오를 수밖에 없었습니다. 이처럼 신용팽창이 극대화되는 시점에 버블이 생긴다는 걸 고려하면 지난 10년간 폭락론

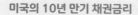

미국의 10년 만기 채권금리

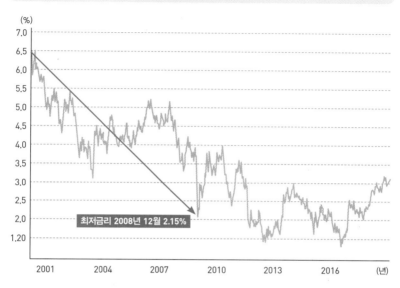

최저금리 2008년 12월 2.15%

한국의 10년 만기 채권금리

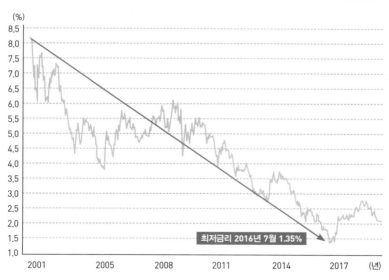

최저금리 2016년 7월 1.35%

출처: investing.com

은 전혀 논리적이지 않았던 것입니다.

2019년 8월 1일, 한국의 10년 만기 채권금리는 1.405퍼센트입니다. 앞에서 언급했었던 역사상 최저금리를 기록했던 2016년 7월의 1.35퍼센트(당시 기준금리 1.25퍼센트)에 근접하고 있습니다. 지금 한국의 기준금리가 1.50퍼센트라는 것을 고려할 때 한국은행은 기준금리를 추가로 인하할 가능성이 높습니다.

이렇게 낮은 금리가 형성된다면 한국 아파트 가격은 다시 한번 출렁일 확률이 높아집니다. 여기에 미국도 2019년 7월 31일 기준금리를 인하하며 분위기도 만들어주는 모양새입니다. 그러나 금리만 보면 아파트 가격이 상승할 수도 있지만, 전체 경제 성장 측면에서 바라봐야 합니다. 무역수지 흑자를 위한 대외경제 여건이 풀리지 않으면 과거 최저금리 시기와 같은 움직임을 기대하기 어렵습니다. 또한 돈의 유동성과 이를 이어갈 추세도 반드시 이어져야 부동산 가격이 오를 수 있는 것입니다.

두 번의 디플레이션 경험

두 번째로, 한국은 1997년과 2008년 두 번에 걸쳐 부채의 사전 구조조정이 있었습니다. 어느 자산이든 조정 없이 상승하는 가격은 폭락하기 마련입니다. 유로존의 그리스, 스페인, 이탈리아의 부채 확대는 2008년 위기를 겪기 전까지 당시의 20년 이내에 부채 확대로 인한 부채 디플레이션을 경험해보지 못했습니다. 미국도 2000년 닷컴버블을 겪기는 했지만 버블 붕괴의 규모가 큰 만큼 오랜 기간이 아닌 단기적인 상승과 폭락이었을 뿐이었습니다.

그러나 한국은 달랐습니다. 이미 1997년 IMF의 구제금융을 받으면서 부채를 과다하게 일으켰던 많은 재벌 기업과 일부 개인들이 큰 피해를 입었습니다. 한번 부채 때문에 파산을 겪으면 적어도 10년 이내에 큰 버블을 만들기 어려운 것이 사람의 기억입니다.

또한 2000년대 초반, 정부가 부동산 버블을 우려해 LTV, DTI 등을 도입해 버블 형성을 적극적으로 막기도 했습니다. 미국의 인플레이션 수출이 극대화되던 시기에 부채 확대를 정책 규제로 막은 유일한 이머징 국가가 한국이었습니다. 통화정책을 주도하는 당시 한국은행의 박승 총재도 현 이주열 총재와는 다르게 기준금리를 3.25퍼센트 수준에서 지속적으로 동결해 당시의 정부 정책에 힘을 실어줬습니다.

이로써 한국은 2008~2009년 많은 국가들이 버블 붕괴로 고생할 때 비교적 안전하게 그 시기를 지나올 수 있었던 것입니다. 금융위기 당시에도 당연히 부채 부담이 많았던 경제주체가 다시 한번 정리되며 두 번째 조정을 한 것도 지난 10년간 부채 확대로 인한 버블이 유지될 수 있었던 요인이었습니다.

한국형 전세제도의 특이성

마지막으로, 현재까지 부동산 폭락론에도 불구하고 가격을 유지할 수 있었던 건 전세제도 때문입니다. 우리나라에만 존재하는 전세제도는 부채 부담 측면에서 보면 주택 구매자의 이자 부담을 덜어주는 특이한 제도입니다.

매매가 10억 원의 아파트에서 8억 원은 전세 세입자가, 나머지 2억 원은 집주인이 부담한다면 집주인의 이자를 세입자가 부담하고 있는 셈입니다. 2016년 7월, 10년 만기 채권금리가 최저점을 형성할 정도로 저금리가 오랜 기간 유지되었는데, 여기에 전세 세입자의 이자 공동 부담까지 더해 이런 제도가 없는 나라들의 부동산 가격보다 가격 상승세가 더 오랫동안 지속되었던 것입니다.

물론 전셋값이 하락하기 시작하면 주택 구입자는 반대로 금융 부담을 더 크게 질 수 있는 상황에 직면하므로 주택 가격 하락을 가속화할 가능성이 높습니다. 최근 깡통 전세를 걱정하는 언론의 기사가 많아지는 건 세입자에 대한 걱정도 있지만, 집주인의 주택 매도를 통한 변제 가능성이 주택 가격 하락에 영향을 미칠 수 있기 때문입니다.

요약하면 한국의 아파트 가격은 다음 세 가지 이유로 다른 국가들보다 오랫동안 안정적으로 유지될 수 있었습니다.

① 채권금리 최저점의 기간 이연
② 부채의 사전 구조조정으로 인한 부채 확대 기간의 연장
③ 전세제도의 특이성에 기인한 금융비용의 공동 부담

그러나 반대로 생각해보면 주택 가격 상승세를 유지할 때의 장점이 되었던 변수들은 하락 시에는 가속도를 높이는 요인이 될 수도 있습니다. 자신의 부채를 받아줄 수 있는 새로운 세력이 더 이상 나타나지 않으면 가격이 하락하기 시작하는데, 이런 시기에는 장점으로 작용했던 요인들이 단점이 될 수도 있다는 사실을 기억해야 합니다.

한국이 양적완화를
실시할 수 없는 이유

일본의 가계부채는 부동산 버블이 붕괴되었던 1990년대 중반에 줄어들었다가 2000년 전 세계에 퍼졌던 닷컴버블 시기에 잠깐 반등하고 이후 지속적으로 감소했습니다. 현대의 신용화폐 시스템에서 돈을 만드는 방법은 가계에서 대출을 받는 것이며, 돈(부채)이 있어야만 경제가 성장할 수 있습니다.

하지만 일본은 이런 가계부채가 지난 20여 년간 지속적으로 줄어들었습니다. 돈의 총량(통화량)이 줄어든다는 건 디플레이션이 진행되었다는 의미입니다. 돈이 귀해졌으니 아파트를 비롯한 주요 부동산 가격이 하락했고, 일본중앙은행은 이를 막아내기 위해 지속적인 양적완화를 실시해왔습니다.

부동산 가격이 본격적으로 하락하면 가장 먼저 영향을 받는 것이 은행을 비롯한 주요 금융기관입니다. 금융기관들은 부동산을 담보로 대출을 많이 해서 담보 가격 하락이 시작되면 대출을 회수하려고 노력하죠.

은행이 대출을 회수하려 할 때 채무자는 일단 현금으로 버틸 수 있지만 일정 수준 이상 하락하면 담보 물건을 처분할 수밖에 없습니다. 채무자들이 담보 물건을 처분해 대출을 상환하기 시작하면 부채 디플레이션이 발생해 파산자가 속출하며 본격적인 디플레이션이 발생합니다. 이런 상황을 한 문장으로 요약해서 정리하면 다음과 같습니다.

> 자산 가격 하락으로 부채를 상환하게 될 때,
> 자산 가격 하락은 가속도를 낸다.

이때 정부는 가장 먼저 은행에 공적자금 투입을 실시합니다. 은행의 대출(담보) 자산이 부실해지면 자본금의 손실이 발생하고, 이를 알게 된 예금자가 은행에서 예금을 인출하기 시작할 테니까요. 이를 막기 위해 정부는 채권을 발행해서 공적자금을 투입합니다. 공적자금을 투입하면서 예금자를 보호하기 위해 어쩔 수 없었다고 말하죠.

그러나 이런 공적자금 투입은 예금자를 지키기 위해 5,000만 원을 정부가 보증하는 것이 아니라 5,000만 원까지는 안전하니 은행을 이용하라는 것과 다를 바가 없습니다. 정부가 신경 쓰는 것은 여러분 개인이 아니라 은행과 신용창조 시스템입니다. 공적자금을 투입한 후 정부와 중앙은행은 시중은행에 기준금리도 낮췄으니 필요한 사람들에게 대출을 해줘서 경제에 돈을 주입해달라고 부탁합니다.

하지만 시중은행은 이를 외면합니다. 시중은행은 돈이 정말 필요한 사람에게 대출해주는 곳이 아니라 돈을 회수할 가능성이 높은, 돈이 많은 곳에 대출해주는 기관입니다.

부동산 가격이 하락한다는 건 경제 전반에 돈이 부족하다는 뜻이고 돈이 부족하다는 건 빌려준 돈을 회수하기 어려운 상황이라는 뜻입니다. 중앙은행과 정부의 권고와 부탁에도 시중은행은 신용창조를 중단하며 안전에 최우선을 둡니다. 심지어 중앙은행이 금리를 0퍼센트로 내린다 해도 마찬가지입니다.

이때부터 중앙은행은 양적완화를 실시합니다. 중앙은행이 개인이나 기업에게 직접 대출할 수 없으니 시중은행의 자산을 아주 저렴한 가격에 인수하는 것입니다. 중앙은행은 시중은행의 모기지나 채권을 시가에 받아주고 그 돈을 대출해주는 데 사용하자고 간청하지만 시중은행들은 대출보다 위험 관리가 비교적 쉬운 채권이나 주식시장에 더 관심이 많습니다. 일정 시간이 흐르고 개인들이 파산을 마치고 주택 가격이 안정을 찾기 전까지 신용창조에 나서지 않죠. 일본과 미국이 그랬고, 유로화를 쓰는 유로존이 그랬습니다.

물론 일정 기간이 지난 후(은행의 자본 건전성이 좋아졌다고 판단되는 시점)에 중앙은행은 양적 긴축을 통해 은행으로부터 양적완화 시 매입했던 돈을 회수할 수 있습니다. 그러나 이는 이론에 불과하고 실제로 회수를 실행했던 나라는 미국뿐이었습니다. 그 회수마저도 2019년 7월 31일 연방공개시장위원회FOMC(연방준비제도 산하의 공개시장 조작에 관한 정책을 담당하는 위원회)에서 일단 중단하기로 결정한 상황입니다.

중앙은행의 양적완화는 본질적으로 근거 없는 돈을 발행하는 머니 프린팅입니다. 채권이란 사실, 정부가 발행하고 중앙은행이 발권을 통해 인수하는 제도에 불과합니다. 신용화폐 시스템의 기반은 '신용'입니다. 정부가 걷는 세금을 기반으로 돈을 발행해야 하는데, 이를 무시한 양적완화는 신용을 훼손하는 행위입니다. 이렇게 자국 통화의 신용을 훼손하면 통화가치(환율)가 하락합니다.

2012년 하반기 집권에 성공한 아베 총리는 20년 일본 경제 침체를 개선하기 위해 일본중앙은행을 동원한 무제한 양적완화를 선언했습니다. 지난 10여 년간 양적완화를 실시한 나라는 미국, 일본, 유럽중앙은행 관할 유로존 3개국입니다. 이들 3개국의 양적완화 금액을 보면 각각 4조 달러에 이릅니다. 일본만 무제한이란 표현을 사용했지만 실제로 3개국 중앙은행이 거의 무제한으로 양적완화를 실시한 것입니다. 미국은 지난 2014년 12월부로 양적완화를 중단했고, 2015년 12월부터 2019년 7월 한 차례 금리를 내리기 전까지 지속적인 금리 인상과 매월 250억~500억 달러 규모로 중앙은행이 자금을 회수하고 있습니다.

이렇게 3개국의 구체적인 금액까지 이야기하며 양적완화를 설명하는 이유는 이처럼 많은 금액의 돈을 주입하면 해당 국가의 화폐가치가 하락한다는 사실을 보여주기 위해서입니다. 신용화폐 시스템의 신용은 화폐 총량이 늘어나면 희석됩니다.

오른쪽 그래프에서 확인할 수 있듯이 일본이 무제한 양적완화를 선언한 2012년 하반기부터 엔화 가치는 크게 하락했습니다. 유럽중앙은

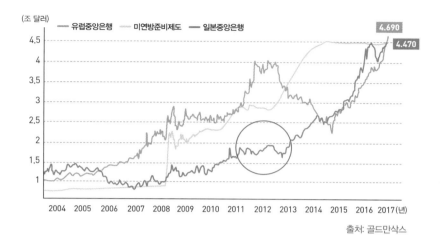

각국 중앙은행의 양적완화 시행

(조 달러)
— 유럽중앙은행 — 미연방준비제도 — 일본중앙은행

4.690
4.470

출처: 골드만삭스

행이나 미국의 연준 대차대조표가 늘어난 시기도 엔화와 같은 방향으로 움직이고 있음을 볼 수 있죠.

물론 연준이 양적완화를 중단하고 금리를 인상하기 시작한 때부터는 달러화가 강세로 전환되었습니다. 이들 3개국은 기축통화국입니다. 만약 이런 선진국이 아니라 이머징 국가에서 부동산 가격이 하락해 중앙은행의 양적완화가 시행된다면 이처럼 환율이 일정 수준에서 상승하는 것만으로 끝날까요?

일본이 과거 부동산 버블 시작 시기나 닷컴버블 붕괴 때와는 다르게 무제한 양적완화를 선언할 수 있었던 것은 뒤에 미국이 있었기 때문입니다. 중앙은행들은 화폐가치가 한번 훼손되면 경제가 파탄 나는 것을 알고 있습니다. 일본도 그 점이 두려워 지난 20년간 함부로 채권 매수

● 헬리콥터 벤의 양적완화

금액을 늘리지 못하고 있었습니다.

　하지만 미국이 2008년 금융위기를 해결하기 위해 연준은 일본중앙
은행에 적극적인 양적완화를 독려했을 가능성이 높습니다. 헬리콥터 벤
이라는 별명이 있었던 벤 버냉키 의장도 적극적으로 일본을 부추겼습니
다. 그렇게 시작된 일본의 무제한 양적완화로 가장 먼저 좋아진 곳은 아
이러니하게도 일본이 아닌 미국이었습니다.

　세계경제 역사상 이머징 국가가 경제 회복을 위해 양적완화를 실시
한 적은 없었습니다. 하지만 최근 외환위기로 IMF로부터 자금 지원을
받았던 아르헨티나 중앙은행의 자산을 살펴보면 이머징 국가의 양적완
화가 어떤 결과를 보일지 추정해볼 수는 있습니다.

아르헨티나는 2012년 이래 지속적인 경상수지 적자를 보였습니다. 이는 돈이 해외로 계속해서 빠져나간다는 것을 의미합니다. 이머징 국가에서 경상수지 적자가 지속되면 환율이 올라가며 단가 경쟁력을 회복하거나, 그렇지 못할 경우 정부 지출을 줄여 긴축정책을 펼쳐야 합니다.

아르헨티나는 이를 무시하고 경상수지 적자가 확대되는 2013년 이후 정부가 발행하는 채권을 중앙은행이 매수하는 식으로 통화량 증발을 통한 재정정책을 실행했습니다. 근거 없는 돈을 발행해 자국 경제를 살리려했던 것인데, 이를 시장이 알아차린 이후 자금의 유출은 가속도가 붙었습니다. 이것이 아르헨티나 페소화가 2015년 이후부터 수직으로 상승(가치하락)한 원인이었습니다.

아르헨티나는 IMF로부터 두 번에 걸쳐 자금 지원을 받았지만 환율의 안정은 여전히 요원합니다. 정부가 재정 긴축을 선언하지도 않았고 경상수지 적자를 줄일 가능성도 보이지 않기 때문입니다. 자원이 부족한 나라가 제조업을 통해 돈을 벌지 못하면 어떻게 되는지 다른 이머징 국가들에게 제대로 본보기가 되고 있습니다.

출구가 없는 한국 경제

한국에서 부동산이 하락하기 시작하면 당연히 중앙은행은 금리를 인하하며 신용팽창을 돕기 위해 노력할 겁니다. 자산 가격은 한번 하락하기 시작하면 가속도가 붙습니다. 사람의 심리는 올라갈 때는 더 올라갈 것이라 생각하고, 반대로 내려갈 때는 더 내려갈 것이라 생각합니다. 그래서 내려갈 때는 사람들이 매수를 미루게 되고 이는 부채 디플레이션을 일으킵니다. 2019년 7월 현재 한국의 기준금리는 1.50퍼센트입니다. 이머징 국가가 기준금리를 1퍼센트 이하로 내린 적은 없습니다.

물론 불가능하다는 이야기는 아닙니다. 한때 한국의 기준금리가 1.25퍼센트까지 내려간 적이 있어서 괜찮다 할 수도 있지만 그때는 미국을 비롯한 전 세계가 글로벌 경제를 살리기 위해 중앙은행들의 공조가 있었습니다. 한국이 아르헨티나와는 다르게 지속적인 경상수지 흑자국이라는 점은 다행입니다. 하지만 한국은 현재 부동산 가격이 하락할 가능성이 높은 상황에서 추가적으로 금리를 인하할 여력이 없다는 점은 큰 문제입니다.

반도체를 제외한 현대자동차 등 한국 주요 기업들의 실적이 좋지 않고 부동산마저 하락한다면 중앙은행이 할 수 있는 조치가 별로 없기에 앞으로 더욱 긴장해야 할 상황이 될 수도 있습니다.

"인플레이션을 제대로 이해하면
한국 부동산의 미래가 보인다!"

– 인플레이션은 부를 재분배하는 속성이 있다.

– 소비자물가지수는 부동산과 주식 가격의 상승을 포함하지 않는다.

– 신용팽창에는 세 가지 필요조건이 있다. ① 인구의 증가 ② 소득의 증가 ③ 생산의 증가

– 특정 지역에 신용팽창이 발생하면, 이는 곧이어 부동산 가격 상승으로 이어진다.

– 모든 버블의 근원은 통화량의 확대이다.

– 일본의 부동산 버블과 한국의 버블은 같은 선상에서 비교될 수 없다. 부채의 주체가 다르기 때문이다.

– 한국 부동산이 비교적 안정적일 수 있었던 이유는 세 가지다. ① 채권 금리 최저점의 기간 이연 ② 부채의 사전 구조조정으로 인한 부채 확대 기간의 연장 ③ 전세제도의 특이성에 기인한 금융비용의 공동 부담

– 미국과 일본처럼 양적완화가 불가능한 한국은 부채 디플레이션이 오기 전에 미리 준비를 해야 한다.

THE SENSE OF MONEY

제4장

환율로 기르는
돈의 감각

: 환율과 금리

환율은 어떻게
돈의 방향을 바꾸는가

사람이 살아가는 데 가장 중요한 것은 '먹고사는' 문제입니다. 이를 위해 꼭 필요한 게 '돈'이지요. 돈과 경제를 처음 접하는 건 대부분 학교에서 경제학을 배울 때입니다. 그 유명한 애덤 스미스부터 수요와 공급 이론, 중앙은행 및 거래와 투자까지 다양한 경제 현상에 대해 배우는데 이상하게도 '환율'은 제대로 배워본 적이 없습니다. 미시경제학, 거시경제학 어디에도 환율이 어떤 메커니즘으로 움직이는지 자세히 나타나 있지 않습니다. 그러나 환율은 우리 생활에 정말로 중요합니다.

우리가 배우는 경제학이란 학문은 서양에서 왔고, 그 서양은 주로 미국을 가리킵니다. 한데 미국은 글로벌 기축통화국이다 보니 환율이 어떻게 움직이는지에 별 관심이 없습니다. 2008년에 미국에서 시작된 금융위기가 한국에서 촉발됐다면 어땠을지 생각해봅시다. 우리는 1997년처럼 또다시 IMF 구제금융으로 직행할 가능성이 99퍼센트 이상입니다.

하지만 미국은 그런 영향을 받지 않았습니다. 미국 정부의 재정 확대, 연준의 4조 달러 규모에 이르는 양적완화라는 달러 연금술로 위기를 지나갔습니다. 그 과정에서 한국과 이머징 국가들은 큰 피해를 입었습니다. 주된 이유는 환율 때문이었습니다. 미국에서 금융위기가 생기자마자 한국의 달러/원(USD/KRW) 환율은 큰 폭으로 상승했고, 얼마 지나지 않아 미국이 양적완화를 시작해 이번에는 반대로 환율이 순식간에 500원 가까이 하락해 그야말로 롤러코스터 금융시장을 경험해야 했죠.

환율은 관련이 없는 사람에겐 아무것도 아닌 것 같지만 오늘날 세상을 움직이는 돈의 흐름에 많은 영향을 주고 있습니다. 2008년 당시 키코KIKO라는 파생금융상품에 중소기업들이 금융상품 투자라는 말만 믿고 투자했는데 모두 실패했고, 해외 펀드에 가입했던 사람들은 실제 투자 국가의 주식투자 손실보다 환헤지換 hedge(외화로 이뤄지는 거래에서 환율 변동으로 생기는 손해를 방지하기 위해 환율을 현재 수준으로 미리 고정하는 일)로 인한 손실이 훨씬 큰 경우도 있었습니다. 미국의 입장에선 경제를 살리기 위해 시행한 정책이지만 그 파동에 수많은 한국의 기업과 가정경제가 피해를 뒤집어쓰고 말았던 것입니다.

전 세계의 많은 국가가 사용하는 돈은 국가별로 다를 수밖에 없습니다. 마치 국가별로 사용하는 언어가 다르듯이 돈도 다릅니다. 이처럼 돈은 곧 권력이고 세금이며 독점입니다. 경제의 생명줄인 돈은 국가 권력에 의해 운영

될 수밖에 없습니다. 이 과정에서 국가별 돈(화폐)의 차이가 발생하는데 이를 환율이라고 합니다.

돈의 감각을 기르기 위해서는 반드시 환율과 경제의 연관 관계를 파악해야 합니다. 이제부터는 우리 생활과 밀접하지만 몰라도 그냥 넘어갔던 환율에 대해 알아보겠습니다.

인체에서는 땀,
경제에서는 환율

인간의 몸은 다양한 기능을 가지고 있습니다. 그중에서도 몸의 온도, 즉 체온은 항상 일정한 수준을 유지해야 합니다. 체온이 너무 높거나 낮아서 일정 수준 이상으로 급변하면 최악의 경우 목숨이 위험합니다. 이때 체온을 조절하기 위해 우리 몸은 땀을 배출합니다. 그러면 뜨거운 물체에 물을 부었을 때 온도가 낮아지듯 땀을 배출하며 몸이 정상 온도를 찾아갑니다. 반대로 체온이 떨어지면 몸은 한기를 느끼면서 따뜻한 것을 찾아 몸을 부르르 떱니다. 이 또한 정상 체온을 유지하려는 몸의 기능입니다.

글로벌 무역 시스템에서 환율은 땀이 체온을 조절하는 것과 같이 국가별 경쟁력을 조절하는 역할을 맡습니다. 이를 한마디로 정리하면 아래와 같습니다.

* 환율 : 원화를 다른 나라 화폐와 가치 비교하는 것

이처럼 환율은 국가 간 경쟁력의 차이에 따라 한 국가의 돈의 가치가 높아졌다 낮아졌다 하면서 그 중심을 잡아갑니다.

환율은 중세 봉건시대에 무역이 이뤄지면서 시작되었습니다. 봉건시대에는 군사적 패권이 경제적 패권을 의미했습니다. 패권국가가 금을 대부분 가져가면 다른 나라들에는 금(돈)이 부족해집니다. 반대로, 패권국들은 금을 많이 확보해서 물가가 오르죠. 금을 빼앗긴 나라들은 부족한 돈을 벌어오기 위해 인건비를 절약하며 돈이 되는 물건들을 금이 많은 나라에 팔려고 노력합니다.

그렇게 일정 시간이 흐르면 금의 양은 점점 패권국가에서 주변국가로 이동합니다. 역사적으로 중세 패권국들이었던 포르투갈, 스페인의 산업 경쟁력은 상대적으로 취약했습니다. 굳이 노력해서 기술을 발전시킬 필요 없이 약탈해온 금으로 편하게 생활하면 되었기 때문입니다.

세계의 패권이 포르투갈, 스페인, 네덜란드, 프랑스, 영국 그리고 현재 미국으로 흘러간 배경에는 위와 같은 이유가 있었습니다. 만약 미국의 닉슨 대통령이 폐기 처분한 금본위제가 아직도 유효하다면 미국도 그전 패권국들처럼 다른 국가에 패권을 넘겨줬을 가능성이 높습니다.

그런 위기에서 미국은 절묘하게도 석유와 원자재 거래에 달러화만을 사용하게 해서 달러 기축통화를 지켜냈고, 현재의 성장 기반을 확보했

● 환율의 원리

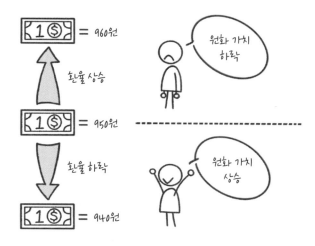

습니다.

금본위 시대에 환율은 금을 얼마나 보유하고 있느냐로 결정되는 국가별 돈의 가치였습니다. 금의 양은 눈으로 확인할 수 없지만 금의 양이 곧 돈의 양이었기에 경제 활성화 수준의 파악이 가능했습니다. 그러나 1971년 8월 15일 닉슨 대통령이 달러화 금태환 포기를 선언한 후부터 환율에 대한 정의는 완전히 달라졌습니다. 금의 양에 의해 결정되는 것이 아니라, 미국 통화량의 많고 적음에 따라 다른 나라의 화폐 가치가 정해지게 된 것입니다.

이때부터 미국의 경쟁력은 제조업이 아닌 인플레이션과 디플레이션이 되었습니다. 미국의 인플레이션이 전 세계 다른 국가들의 인플레이션이 되고, 미국의 디플레이션은 그 가능성만으로도 다른 국가들의 경제를 위축시켰습니다. 미국의 달러화는 기축통화라는 무기가 핵무기보다 더 큰 위협이 될 수밖에 없는 글로벌 경제 시스템의 중앙에 자리를 잡았고, 달러화에 의존할 수밖에 없는 다른 국가들은 환율 위험에 놓이게 되었습니다.

환율은 국력의 바로미터

앞서 이야기했던 화폐 이야기를 더 자세히 풀어놓고자 합니다. 다시 말하지만 돈은 빚의 증서입니다. 종이 위에 잉크로 5만 원이라고 써놓은 직사각형 종잇조각이 돈으로 인정받는 이유는 그 안에 국가 시스템이 있기 때문입니다. 국가는 그 종이로만 세금을 받겠다고 공인을 했습니다. 은행이 신용을 창조해서 돈을 만들어내지만 그 속도는 국가 시스템 안의 중앙은행이 통제합니다.

적당한 수준의 인플레이션 조절을 위해 중앙은행은 기준금리, 지급준비금 및 통화안정증권의 매도/매수 등 다양한 정책을 동원합니다. 시중은행에 문제가 생겨도 결국에는 중앙은행이 시중은행들을 지켜주다 보니 '최종대부자'Lender of Last Resort, LoLR라 불리기도 하는 것이죠.

돈은 곧 빚의 증서이므로, 돈의 가치는 빚을 갚을 수 있는 능력에 의해 결정됩니다. 그 능력을 우리는 '신용도'라 이야기합니다. 개인의 신용도는 그 사람의 소득(연봉), 자산 규모 및 제공할 담보 가치로 결정됩니다. 자신이 아무리 능력이 있다고 스스로 주장해도 의미가 없으며, 외부 평가자가 인정할 수 있는 객관적인 지표가 신용도를 평가하는 기준이 됩니다.

개인과 마찬가지로 국가에도 대외 신용도가 있습니다. 한 나라의 신용도를 결정하는 기준은 여러 가지가 있지만 결과적으로 환율로 표현됩니다. 특정 국가와 비교해서 국가의 신용도가 높으면 화폐가치가 강세가 되며 반대일 때는 약세가 됩니다. 신용도가 높은 개인이 대출(빚)을 감당할 능력이 높다고 인정받는 것처럼, 국가의 화폐가치가 높다는 건 국가에서 감당해야 할 빚의 상환 능력이 높다는 의미입니다.

은행의 대출
개인 신용도 차이 ⟶ 금리와 대출 규모

글로벌 교역
국가의 신용도 차이 ⟶ 환율의 차이

돈은 국가가 국민에게 세금을 받아서 갚겠다는 빚의 증서입니다. 한 국가경제 전체에 퍼져 있는 모든 빚의 증서에 대한 상환 능력, 그것을 전 세계 모든 투자자들이 알 수 있는 객관적인 지표가 국가의 신용도를 결정합니다. 그 결과는 매시간 환율에 즉각 투영되죠. 그렇다면 국가의 신용도를 결정하는 객관적인 지표로는 무엇이 있을까요?

금본위 시대에 한 국가의 돈의 가치(국가의 신용도)는 금 보유량으로 결정되었습니다. 한 나라의 국력은 그 나라가 보유하고 있는 금(돈)의 양으로 결정되었죠. 그러나 현재는 금본위제가 아니라 신용화폐 시스템입니다. 연봉, 자산 규모가 개인의 신용을 결정하는 객관적 기준인 것처럼 국가는 외환보유고(개인의 경우 자산 규모), 경상수지 흑자 여부(개인의 소득), 기업의 기술혁신 경쟁력(개인의 학력, 직업)으로 신용도 수준이 결정됩니다. 한 국가의 국력은 글로벌 무역에서 돈을 벌 수 있는 능력에 따라 많은 영향을 받습니다.

미국, 일본, 독일, 영국 등 기축통화국들의 공통점은 경쟁력 있는 기업들이 많다는 것입니다. 이는 경상수지 흑자로 외환보유고를 많이 채울 수 있다는 의미입니다. 그리고 당연히 이들 국가의 환율이 다른 나라들보다 강세일 수밖에 없습니다.

자원이 풍부한 나라가 신용도가 높은 경우도 있습니다. 석유를 비롯한 주요 원자재 가격은 고정되지 않고 변화합니다. 가격이 오를 때도 있지만 하락하기도 합니다. 이러한 나라들은 원자재 가격이 상승하면 신용도(화폐가치)가 올라가고, 하락하면 신용도가 내려갑니다. 제조업의 기반이 부족한 상황에서 자원이 많은 나라의 신용도는 보유 중인 원자재의 가격 등락에 따라 변화하죠. 그러나 혁신 기술기업이 많은 나라들은 신용도의 변동폭이 크지 않습니다. 글로벌 수요를 만들고 이끌어가는 기술은 쉽게 만들어지기도, 사라지기도 어렵기 때문입니다.

이런 현상에는 역사적인 배경이 있습니다. 2차 세계대전 이후 세계는 국지전을 빼고 커다란 전쟁이 일어나지 않고 있습니다. 그 이유는 크게 두 가지 때문입니다. 첫째는 핵무기입니다. 강대국과의 갈등으로 인한 전쟁은 핵전쟁을 의미합니다. 핵의 위력을 과거 일본에서 경험한 강대국들은 갈등이 격화되더라도 반드시 대화를 통해 해결해야만 합니다.

두 번째 이유는 '돈'이 되는 자원이 바뀌었기 때문입니다. 과거 돈이 되는 자원은 석유, 금 등의 자연자원이었습니다. 이것을 약탈하는 방법은 전쟁 외에는 없었습니다.

그러나 현재는 정보 기술이나 빅데이터, 플랫폼 등의 무형자산이 더 큰돈이 됩니다. 전쟁을 한다고 무형자산을 뺏어올 수는 없습니다. 최근 미국과 중국의 무역 분쟁에서 핵심 변수로 등장한 화웨이라는 회사도 무형 기술 자산 때문에 그렇습니다.

이처럼 자원은 한정돼 있지만 기술 경쟁력은 무한합니다. 한국과 같이 영토가 작고 자원이 부족한 나라일지라도 기술 자원이 있다면, 그것이 경상수지 흑자로 이어지면 신용도는 높아지는 것입니다.

신용화폐에 대한 신뢰도는 결국 기업 경쟁력이며, 삼성 같은 글로벌 기업이 많아질수록 한국의 신용도는 높아집니다. 게다가 이렇게 높아진 신용도는 국민 전체를 부자로 만들어주기도 합니다. 이제부터 그 이유를 찾아보도록 하겠습니다.

02

환율로 '뜨는 나라' 찾는 기술

개인이 부자가 되려면 돈이 많아야 합니다. 여기서 돈은 갚아야 할 돈이 아니라 벌어온 돈을 말합니다. 일을 해서 벌었든, 투자를 잘해서 벌었든 중요하지 않습니다. 무엇을 하든 벌어온 돈이 많으면 부자가 됩니다. 그런데 개인이 돈을 많이 벌려면 일단 그 나라에 돈이 많아야 합니다. 돈이 부족한 나라에서는 돈을 벌 수 있는 확률이 떨어집니다.

돈은 부채입니다. 국가에서 돈을 많이 발행한다는 것은 누군가 은행에서 대출을 많이 일으켜야 한다는 말입니다.

그렇다면 국가도 빌리고, 개인도 빌리고, 기업도 많이 빌리면 부자가 될 수 있는 걸까요?

한국은 최근 30년 동안 국가 전체가 부자가 되었습니다. 당연히 국민들의 소득도 높아졌습니다. 이렇게 경제가 성장한 비밀을 찾아보면 돈의 양(통화량)이 크게 증가한 것을 알 수 있습니다. 국가경제에 돈이 많아졌다는 건 많은 사람이 돈을 빌렸고 1인당 부채 금액도 늘었음을 의미합니다. 많아진 돈은 늘어난 부채를 의미하고, 부채가 늘어나면 늘어날수록 부동산과 주식 가격이 올라가게 되어 있죠.

그렇다면 GDP가 부족한 나라들도 한국을 따라 하면 되는 걸까요? 만약 방글라데시가 한국처럼 부자가 되고 싶어 돈의 양을 급격하게 늘리면 어떻게 될까요? 한 국가에 돈이 늘어나면 그 나라에 사는 사람들의 부동산 가격이 올라가면서 부자가 된다고 하는데, 그러면 이제 모두 부자가 될 수 있을까요?

이를 개인의 상황에 비유해보겠습니다. 잘사는 친구들을 보면 대개 부채가 많습니다. 많은 레버리지(부채)를 일으켜 부동산에 투자하고 있는 경우가 대부분이죠. 그런데 직업도, 소득도 부족한 사람이 잘사는 친구를 따라 은행, 저축은행, 대부업체를 비롯해 가능한 모든 곳에서 부채를 일으킨다면 결과는 부자가 아니라 쪽박입니다.

국가도 이런 개인과 다를 바가 없습니다. 신용도가 안 되는 나라에서 부자가 되고 싶다고 부채의 양을 급격하게 늘리면 그 나라의 돈은 이제 쓰레기가 됩니다. 달걀 하나를 사기 위해 한 트럭의 돈을 가져가야 하는 짐바브웨나 베네수엘라가 좋은 본보기입니다.

우리는 이를 하이퍼인플레이션이라고 합니다. 하이퍼인플레이션이 발생하면 아무도 그 나라의 돈을 가지려 하지 않습니다. 돈을 가지려 하

● 하이퍼인플레이션

지 않으니 거래가 되지 않고, 거래가 되지 않으니 화폐보다는 담배와 같은 특정 물건이 거래의 기준이 되기도 합니다.

화폐의 대체재로 암호화폐가 언급될 정도이니 함부로 부채를 늘리면 약이 아니라 독이 된다는 사실을 잊어서는 안 되겠습니다. 왜 어떤 나라는 부채를 늘리면 부자가 되고, 어떤 나라는 경제 거래가 거의 사라져 물물교환 시대가 되는 걸까요? 그 기준은 국가가 빚을 감당할 수 있는지 여부에 달려 있습니다.

외환보유고를 찾아보라

불과 20여 년 전 중국은 가난한 나라였습니다. '중국산'은 가짜 물건과 싸구려 상품을 대표하는 말이었죠. 나라가 가난했으니 국민의 평균적인 재산은 말할 필요도 없었습니다. 그러나 20여 년이 지난 지금 중국인들은 글로벌 기업의 주요 마케팅 타깃이 되었습니다. 억만장자의 숫자가 한국 국민보다 많고 일정 수준 이상의 부자가 웬만한 나라의 국민 숫자를 넘어서다 보니 이제는 그들이 가는 곳마다 경제가 크게 성장할 정도입니다.

홍콩, 시드니, 밴쿠버, 제주도 등은 중국인 덕분에 땅값이 크게 상승했습니다. 중국인이 관심이 있다는 뉴스가 나오면 해당 재화나 서비스 가격은 급등했죠. 와인이 그랬고, 미술품 가격이 그랬습니다.

지난 20년간 중국에서는 무슨 일이 있었기에 갑자기 부자가 된 것일까요? 그 중심에는 바로 외환보유고와 통화량이 있습니다. 중국의 외환보유고와 통화량의 증감을 나타내는 그래프(196쪽 참고)를 살펴보면 그 이유를 알 수 있습니다.

그래프를 보면 중국의 통화량이 본격적으로 증가하기 시작한 시점이 외환보유고의 증가 추세와 유사합니다. 개인이 부채를 감당할 수 있는 신용도가 되면 본격적으로 대출을 증가시킬 수 있듯이 국가의 통화량도 마찬가지입니다.

국가의 대표적인 신용 지표는 외환보유고입니다. 외환보유고의 증가가 없는 개발도상국이 함부로 통화량을 늘리면 앞서 이야기한 나라들처럼 하이퍼인플레이션으로 직행하며, 그 결과 환율이 폭등(화폐가치 폭락)합니다.

중국의 외환보유고가 본격적으로 늘어났던 시기는 대략 2003~2005년부터입니다. 그 시점부터 통화량 증가세가 시작되었고, 당연히 부동산 및 주식 가격이 올라갔습니다. 그 돈으로 중국 정부는 도시화를

중국의 외환보유고 추이

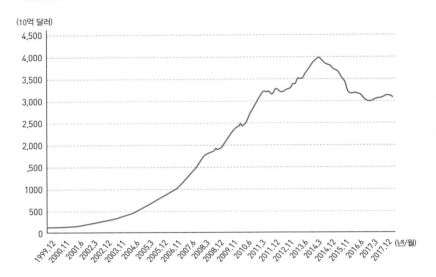

중국의 통화량 추이

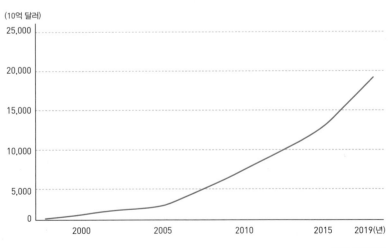

출처: 인민은행

적극적으로 추진했으며, 땅을 가지고 있던 중국인 중에 벼락부자가 많아진 것입니다.

방글라데시가 부자가 되고 싶다면 통화량을 늘리기 전에 먼저 외환보유고를 증가시켜야 합니다. 한국의 부동산 가격이 본격적으로 상승하기 시작했던 것도 외환보유고 증가와 관련이 있습니다. 중화학공업 육성과 수출 증가로 외환보유고가 늘어났고, 1997년 외환위기를 극복하는 과정에서 급증했던 외환보유고는 같은 비율로 부동산 가격 상승을 이끌었습니다. 따라서 개발도상국에 투자를 고려한다면 그 국가의 외환보유고 증감 여부를 면밀히 살피고 판단해야 합니다.

화폐가치를 점검하라

한국 경제가 비약적으로 발전하기 시작한 시점을 대략적으로 짚어본다면 1988년 서울올림픽 전후라 하겠습니다. 민주화의 열풍이 시작된 시점이기도 하고, 올림픽과 함께 글로벌 경제에 화려하게 데뷔한 시기이기도 합니다. 이후 30년이 흐른 2019년 한국 경제, 당시와 비교한다면 지금 우리 경제의 체력은 좋아졌을까요, 나빠졌을까요?

사실 이건 질문이라고도 할 수 없습니다. 30년 전과 비교하면 GDP 규모, 기업 경쟁력 상황, 외환보유고 수준 및 경상수지 흑자 규모까지 어느 하나 과거를 압도하지 않는 지표가 없습니다. 경제가 좋아졌다는 것은 국가 경쟁력이 상승했다는 이야기입니다. 당연히 국가 신용도도 높아졌죠. 그렇다면 당시와 비교해서 달러 대비 원화 환율은 어떻게 되었을까요? 경제가 좋아졌으면 화폐가치가 높아졌으리라고 추측해볼 수 있는데 정말 그럴까요? 지금부터 팩트 체크 들어갑니다.

1988년 서울올림픽이 열리기 약 3개월 전인 6월 1일, 당시 달러 대비 원화 환율은 1달러당 732.28원이었습니다. 그리고 2019년 7월 기준으로는 1,182원입니다. 30년 전의 원화가치는 지금보다 달러당 약 400원 정도 좋았던 것입니다.

현재 2019년 한국 경제는 30년 전과 비교해 압도적입니다. 국가의 경제가 강해진다는 것은 국가경제 전체에서 사용되는 빚의 증서인 돈을 갚을 능력이 좋아졌다는 것을 뜻합니다. 빚을 갚을 능력이 강화되었다면 당연히 화폐가치가 강해져야 하고, 이런 흐름은 환율에 반영되어야 하는데 결과는 정반대입니다. 앞서 환율이 돈을 갚을 능력이라고 했는데 틀린 가정인 걸까요?

결론부터 말씀드리면 틀리지 않았습니다. 이는 글로벌 신용화폐 시스템에서 기축통화국의 여부에 따라 나뉘는 불편한 진실일 뿐입니다.

한 국가의 돈이 갖는 가치는 환율입니다. 돈은 부채로서 누군가가 은행에서 빌려야 돈이 늘어납니다. 그래서 돈을 빚의 증서라고 부르는 것입니다. 환율은 빚의 증서를 갚을 수 있는 객관적 수준을 뜻합니다. 국가에서 사용되는 돈의 양을 통화량이라고 하는데 그 통화량은 빚의 총량이고, 그 빚의 총량이 얼마나 건전한지를 판단하는 객관적인 숫자는 외환보유고, 경상수지 흑자 여부입니다. 곧 경제가 성장한다는 것은 점진적인 인플레이션으로 돈의 양이 늘어나는 것을 말합니다.

앞 장에서 언급했듯이 방글라데시나 짐바브웨가 부자가 되기 위해 돈의 양을 함부로 늘리면 하이퍼인플레이션이 발생하고 경제가 파탄 납니다. 통화량을 늘리고 싶다면 그 돈의 가치를 담보할 수 있는 국가의 경쟁력이 선행되어야 하는데 그것이 바로 외환보유고입니다. 외환보유고가 늘어나는 것과 일정 수준으로 비례해 통화량이 늘어나야 이머징 국가의 통화가치는 안정될 수 있습니다.

한국 경제를 객관적으로 확인할 수 있는 지표인 외환보유고와 경상수지 흑자 등이 1988년보다 비약적으로 증가한 만큼 통화량도 상당한 수준으로 증가했습니다. 그러므로 현재 달러 대비 원화 환율이 1988년보다 약 400원 올랐다는 이야기는 늘어난 외환보유고와 대비해서도 상당히 많은 양의 통화량이 증가했음을 의미합니다.

다음 그래프(200쪽 참고)는 한국의 통화량 증가를 보여줍니다. 한국의 통화량은 1997년 IMF에 구제금융을 신청한 이후 급격한 증가세를 보이고 있습니다. 이렇게 증가할 수 있었던 내부적 요인을 찾아보면 비슷한 흐름으로 외환보유고가 늘어났기 때문입니다.

이머징 국가에서 안정적인 환율과 함께 통화량이 증가하기 위해서는 반드시 외환보유고가 늘어나야 합니다. 해외투자자들이 한국 돈의 가치를 따져볼 때 인정할 수 있는 가장 객관적인 지표이기 때문입니다.

한번 늘어난 통화량이 줄어들 가능성은 거의 없습니다. 신용화폐를 사용하는 자본주의 특성상 돈의 양이 줄어들면 경제위기를 넘어 공황으로 이어집니다. 인체에서 피가 부족해지면 면역력이 떨어질 뿐 아니라 심할 경우 목숨까지 잃는 것처럼, 경제에서도 돈의 양이 부족해지면 디플레이션이라는 악재를 만나게 됩니다.

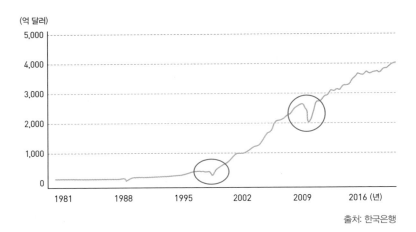

한국의 외환보유고 추이

(억 달러)

출처: 한국은행

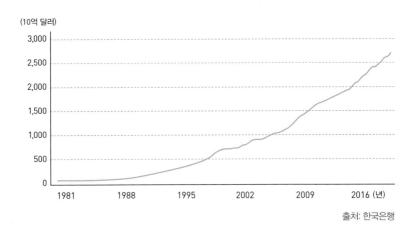

한국의 통화량 추이

(10억 달러)

출처: 한국은행

선진국에서는 돈이 부족해질 기미가 보이면 금리를 0퍼센트로 내리는 것을 넘어 양적완화로 경제 전체에 돈의 양을 늘리려고 노력합니다. 하지만 이는 기축통화국에서만 가능할 뿐 이머징 국가에서는 함부로 돈의 양을 늘릴 수 없습니다.

돈의 양이 줄어들고 있음을 알게 된다고 해도 할 수 있는 조치는 고작 일정 수준의 금리 인하 정도입니다. 그것도 외환보유고의 양이 유지되거나 경상수지 흑자가 보장될 때의 이야기입니다.

돈의 양이 늘어나는데 외환보유고가 일정 비율로 늘어나지 않거나, 돈의 양은 줄지 않는데 외환보유고가 줄어들면 환율 폭등이 발생합니다. 이머징 국가에서 환율이 크게 오른다는 건 외자가 유출된다는 것을 의미합니다. 외자가 유출되면 당연히 돈이 외부로 빠져나가고, 디플레이션이 발생해 경제위기를 겪습니다. 한국 경제는 1997년, 2008년에 이런 악몽을 겪었습니다.

따라서 이머징 국가에 투자 여부를 고민할 때는 항상 외환보유고 증가 여부, 그 증가를 뒷받침할 수 있는 경상수지 흑자 추이를 반드시 점검해야 합니다. 현재 한국 경제가 늘어난 가계부채를 감당하며 안정적인 환율을 보여주는 것도 이런 이유 때문입니다. 향후 경상수지 적자(특히 무역수지)를 기록하거나 이로 인해 외환보유고가 감소될 가능성이 생기면 곧바로 환율에 반영되어 경제가 어려워질 수 있음을 기억하고 있어야 합니다.

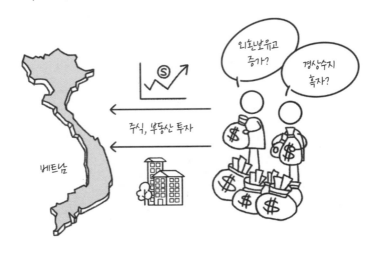

미국과의 관계에 주목하라

한국의 통화는 원화KRW입니다. 국제 교역에서 한국 이외의 나라는 약
200곳이 넘습니다. 당연히 이들 나라와 한국의 화폐가치가 비교됩니
다. 그러나 우리는 달러화 외에 그리 큰 관심을 두지 않습니다. 원화 대
비 엔 환율, 위안화 환율, 유로화 환율, 파운드화 환율도 분명 존재하지
만 그중 핵심은 달러화입니다. 달러화와 먼저 비교되면 다른 통화들은
자동으로 비율을 조정해 환율이 계상됩니다. 이런 환율을 '재정환율'이
라 합니다.

　세계의 경제 역사에서 오늘날 미국의 패권은 압도적입니다. 중국이
미국의 패권에 도전한다고 하지만 현재 수준으론 향후 수십 년 안에 미
국을 능가할 것이라고 기대하긴 어렵습니다. 전 세계 군사비 지출을 다

합해도 미국 한 나라의 국방비에 못 미치고, 전 세계 모든 돈을 다 합해도 미국이 발행한 전체 돈에 미치질 못합니다. 군사력에서 경제력까지 압도적이다 보니 글로벌 경제의 기상도는 미국의 영향을 크게 받습니다.

환율도 마찬가지입니다. 어떤 나라가 미국에 우호적이냐 적대적이냐에 따라 한 국가의 화폐가치도 달라지곤 합니다. 2018년 상반기 미국의 트럼프 대통령은 이란과 과거 미국 정부가 맺었던 핵 협상을 일방적으로 파기하고 이란 경제에 제재를 가한다고 발표했습니다. 그리고 최근 이란 경제는 환율 폭등(화폐가치 절하)을 경험하고 있죠. 환율이 갑작스럽게 올라가기 시작한 시점이 정확하게 미국의 협정 폐기 선언 시점과 일치합니다. 미국의 일방 외교로 경제위기를 겪을 가능성이 높아지자 이란에 있던 자본이 달러화로 바뀌어 본격적으로 빠져나가기 시작한 것입니다. 외자가 유출되는 만큼의 외환보유고가 줄어들면 이머징 국가의 환율은 폭등하고 경제가 위축되기 시작합니다. 이렇듯 이머징 국가나 저개발 국가의 환율을 분석하고자 할 때 먼저 고려해야 할 것이 미국과의 관계입니다. 미국과 적대적이냐 우호적이냐에 따라 환율의 흐름에 상당한 영향을 받으니까요.

이런 현상은 터키 리라화에서도 비슷하게 나타납니다. 2016년 터키에서는 군사 쿠데타 시도가 있었으나 실패했습니다. 당시 군사 쿠데타를 기획했다고 터키 정부가 주장한 이슬람 학자 펫홀라흐 귈렌Fethullah Gülen은 미국으로 망명했는데, 귈렌을 두고 미국과 터키는 갈등을 겪어야 했습니다. 이때 미국인 목사를 터키 정부가 억류하면서 두 나라의 관계는 악화되어 이런 기류가 터키 리라화에 곧바로 반영되었습니다.

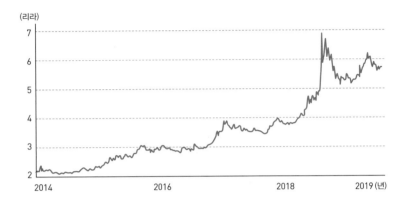

리라 환율 변화

(리라)

2014   2016   2018   2019 (년)

이후 긴장 관계를 이어오던 두 나라는 2018년 10월 사우디 왕세자의 언론인 살해 의혹에 대한 터키 정부의 정보 공개, 억류하던 미국인 목사 석방 등으로 다시 가까워졌죠. 환율은 이런 흐름을 정확하게 반영합니다. 어떤 나라라도 미국과 적대적인 관계가 되면 경제적으로 힘들어질 수밖에 없음을 금융시장이 보여주는 것입니다.

남미는 과거 수십 년 동안 미국과 적대적 관계였습니다. 과거 남미 일대에서는 독재 세력과 친미 자본들이 민중을 수탈한 전력이 있었기에 좌파 정부가 정권을 잡은 일이 많았습니다. 사실 남미 경제에서 중요한 것은 그 나라 국민들이 어느 정당을 지지했느냐, 반대했느냐가 아닙니다. 그 정부가 미국에 적대적인가, 우호적인가입니다. 브라질 대선에서 우파 대통령이 당선되자마자 브라질 헤알화가 하향 안정화를 경험하고, 미국에 적대적인 베네수엘라 정부가 아직도 환율 폭등으로 고생하는 것은 석유 가격이나 원자재 가격 탓이 아니라 미국이 싫어하느냐 좋아하느냐 여부였습니다.

미국이 좋고 나쁨을 떠나 이런 글로벌 금융시장의 특성을 이해하지 못하면 전체 경제 흐름을 놓칠 수밖에 없습니다. 이런 흐름의 핵심에는 미국의 힘이 있고, 이 힘은 미국의 돈(달러)에서 나옵니다.

미국이 금리를
올렸을 때 생기는 일

미국의 제조업 경쟁력은 달러가 금에서 완전히 벗어나 100퍼센트 신용화폐가 되면서부터 약화되기 시작했습니다. 미국은 아무리 돈의 발행을 늘려도 외환위기가 없는 나라여서 국가적으로 제조업 경쟁력에 대해 이머징 국가들처럼 신경 쓰지 않았던 것입니다.

이런 미국에서 가장 경쟁력 있는 수출품은 바로 '인플레이션'입니다. 그런데 이 수출품은 다른 제품이나 서비스와 다르게 타국에 보냈으면서도 금리 인상이라는 간단한 방법으로 환수 조치를 마음대로 할 수 있습니다.

그러나 이머징 국가들은 미국과 입장이 다릅니다. 자금 회수에 대한 대비 없이 무턱대고 인플레이션을 수입한 이머징 국가들은 미국의 영향

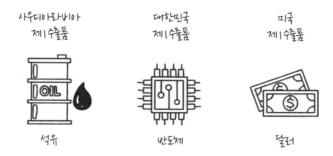

을 직접적으로 받습니다. 이때부터 이머징 국가들의 경제적 어려움이 시작됩니다.

미국 최고의 수출품 '인플레이션'

미국의 인플레이션 수출은 양적완화에서 시작됩니다. 금융위기 이후 중앙은행이 기준금리를 0퍼센트로 인하해도, 부채가 너무 많아 시작된 위기였기에 대출을 원하는 경제주체는 없었습니다. 그런 상황에서 대출이 늘지 않으면 통화량이 부족해지며, 그 통화량을 보충해주지 못하면 부채 디플레이션으로 경제는 더욱 힘들어집니다. 이를 막기 위해 중앙은행은 근거 없는 돈을 발행해서 은행이 보유 중인 자산을 매입해줍니다. 이것을 경제 용어로 양적완화라고 합니다.

　일반적으로 시중은행은 대출채권이나 회사채 등을 보유하고 있습니다. 그들의 자산을 0퍼센트 금리로 중앙은행이 교환한 돈으로 발행한다고 해도 시중은행이 대출해주는 것은 어렵습니다. 은행에 돈이 없어 대출을 못 해주는 것이 아니라 대출을 감당할 신용도가 좋은 기업이나 가계가 없기 때문입니다.

이자 얼마 더 받겠다고 경제가 악화된 곳에서 원금에 대한 걱정을 감당할 은행은 없습니다. 그렇다고 중앙은행이 0퍼센트로 빌려주는 돈을 안 받기도 어렵습니다. 주식이나 채권 등에 낮은 수익률을 목표로 운용해도 쉽게 수익을 올릴 수 있기 때문입니다.

투자할 자산을 찾는 은행은 그 돈을 미국 내에서만 운용하는 게 아닙니다. 비교적 안전한 이머징 국가의 주식, 채권, 환율 등에 투자하며 수익을 극대화합니다.

외국인의 자금이 이머징 국가에 유입되기 시작하면 그들 국가의 자본들은 좋아합니다. 늘어난 유동성이 주식, 채권 등에 투입되면 경제에 돈이 들어오니 해당 국가의 경제성장률이 높아지죠. 그러면 국민들도 같이 대출을 늘리고 자산에 투자하면서 쉽게 돈을 벌게 됩니다.

생활비가 부족해서 정부에 손을 벌렸더니 저렴한 이자율로 돈을 빌려 아파트에 투자하면 쉽게 돈을 벌 수 있다고 이야기합니다. 이머징 국가의 정치인들은 이렇게 올라가는 자산 가격이 자기들이 정치를 잘해서라고 자랑합니다.

그러나 미국이 금리를 올리기 시작하면 이 모든 것이 반대로 움직입니다. 0퍼센트로 빌려왔던 자금은 미국이 금리를 인상하면 기대수익률을 높여야 합니다. 0퍼센트였던 기준금리가 불과 3년 만에 2.5퍼센트까지 높아지면 이머징 국가에 투자한 자본은 위험 관리 대상이 됩니다. 먼

● 양적완화 이후 미국 달러화 흐름

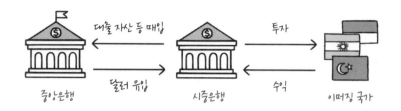

대출 자산 등 매입 ← 투자 →

달러 유입 → 수익 ←

중앙은행   시중은행   이머징 국가

미국 은행, 돈 벌기 참 쉽다!

저 외국인 자본가들은 주식 등 위험자산을 처분해 미국으로 돌아가 빚을 갚으려 하죠.

외국 자본으로 경제를 키웠던 이머징 국가는 늘어나는 자본 유출로 환율이 올라가고, 그 유출 속도를 막기 위해 금리를 올립니다. 돈을 갚아야 하는 채무자들은 높은 금리에 당황하며 자산을 팔지만 많은 사람이 동시에 나서니 제대로 된 가격을 받지 못합니다.

경상수지 흑자를 유지하는 나라라면 어느 정도의 자본 유출은 감당할 수 있습니다. 그러나 경상수지 적자국이었음에도 외국 자본에 취해 제조업 경쟁력을 방치한 나라들은 위험에 빠지고 맙니다. 빠르게 유입됐던 달러가 유출되는 만큼 부족한 돈을 메워야 하지만 무역을 통해 벌 수 없기 때문입니다.

나가는 돈을 위해 중앙은행이 나서서 달러를 빌려와야 하는데 금융시장은 이런 이머징 국가들의 위기 상황에 주목합니다. 그러다 보니 해당 나라들은 환율 상승으로 물가가 오르며 자본 유출에 가속도가 붙습니다.

수년 동안 환율위기를 겪었던 아르헨티나, 터키, 인도네시아, 인도 등이 이런 상황입니다. 주목해야 하는 것은 정치인들의 태도입니다. 외국인 자금으로 자산 가격이 상승하면 자기들이 정치를 잘해서 그런 것이라며 생색을 내고, 환율이 오르면서 외환위기 가능성이 높아지면 그 모든 것이 외국인 투기 자금 때문이라고 합니다.

들어온 돈과 나간 돈이 같은 돈임에도 그들의 말은 완전히 달라집니다. 이렇듯 정치와 경제는 긴밀하게 연결돼 있어 정직하고 투명한 정치인을 뽑는 것이 자본주의 사회에서 특히 중요합니다.

한국이 금리 역전에도 당황하지 않는 이유

2015년부터 시작된 미국의 금리 인상은 많은 이머징 국가들에 자본 유출이라는 부담을 안겨줬습니다. 앞서 언급했던 대로 아르헨티나는 외환위기를 겪었고 터키, 인도, 인도네시아는 큰 폭의 자국 통화가치 하락을 겪었습니다. 저금리로 이머징 국가들에 투자했던 자금이 금리 부담을 견디지 못하고 미국으로 회귀했기 때문입니다.

2018년에는 미국이 네 번 연속해서 금리를 올리며 이머징 국가의 자본 유출 압력에 대한 우려가 높아졌습니다. 다른 이머징 국가들과는 달리 한국은 미국보다 기준금리가 낮습니다. 우리보다 GDP 규모가 큰 인도(5.40퍼센트), 브라질(6퍼센트), 인도네시아(5.75퍼센트)와 비교할 때 한국의 기준금리는 1.50퍼센트(2019년 7월 기준)로 미국의 2.25퍼센트와 비교해도 0.75퍼센트 낮은 수준입니다.

금리가 낮으면 한국에 유입된 자본들이 더 이자수익이 더 높은 미국으로 회귀할 가능성이 높습니다. 미국의 금리 인상으로 미국보다 높은 금리의 이머징 국가들의 자금이 유출되고 있는 상황에서 미국보다 금리가 낮은 한국의 입장으로서는 걱정이 될 수밖에 없죠.

미국보다 낮은 기준금리는 채권금리에도 그대로 반영되고 있습니다. 한국의 10년 만기 채권금리는 1.450퍼센트이고, 5년 만기 채권금리는 1.342퍼센트로 미국의 10년 만기 채권금리 2.074퍼센트, 5년 만기 채권금리 1.854퍼센트보다 0.5~0.7퍼센트 정도 낮은 수준입니다(2019년 7월 기준).

미국 경제의 규모가 한국과 비교할 수준이 아닐 정도로 크고, 미국 채권은 곧 달러라는 세계 최고의 안전자산임을 감안할 때 이례적인 현상이라 볼 수 있습니다. 물론 미국보다 경제 규모가 작으면서 한국처럼 금리가 낮은 다른 국가들도 존재합니다.

10년 만기 채권금리는 독일, 프랑스, 일본이 마이너스로 접어들었으며 다른 나라들도 저금리를 유지하고 있습니다. 마이너스로 접어든 나라들의 채권을 사면 이자를 받는 것이 아니라 수수료를 주는 황당한 상황이며, 유럽 재정위기의 주범 PIIGS(포르투갈, 이탈리아, 아일랜드, 그리스, 스페인)의 채권도 미국보다 낮거나 비슷한 수준입니다.

이런 것을 감안할 때 한국의 채권금리가 미국보다 낮게 형성되고 있는 상황은 이례적이지 않을 수 있습니다. 하지만 일본은 글로벌 기축통화국이며 스페인과 포르투갈은 아직 경제위기가 해소되지 않은 나라지만 독일과 프랑스의 신용을 얻어 쓰는 유로화 사용 국가입니다.

즉, 한국은 기축통화를 사용하지 않는 나라로서 미국보다 기준금리와 주요 채권금리가 낮은 이머징 국가입니다. 당연히 미국의 금리 인상이 지속되어 금리 차가 확대될 때마다 자본 유출에 대한 우려를 할 수밖에 없습니다.

이런 우려에도 최근 한국의 외환보유고는 계속 증가하고 있습니다. 미국의 금리 인상과 여기서 나타나는 금리 차이로 인한 자본 유출이 아니라 반대로 자본이 유입되고 있는 것입니다. 일반적인 금융 상식과는 다르게 움직이는 이 상황을 어떻게 해석해야 할까요?

경상수지 흑자국, 대한민국의 미래는

돈은 빚의 증서입니다. 국가 전체의 통화량(빚의 증서의 합계)은 국가가 세금을 걷어 갚겠다는 의미입니다. 그러므로 달러/원 환율은 한국 전체의 빚을 보증해주는 국가 경쟁력이라 할 수 있습니다.

원화의 환율은 한국의 경쟁력을 보여주는 객관적인 지표로 증명됩니다. 그 객관적인 지표는 경상수지 흑자 능력과 이를 통한 외환보유고 수준입니다. 한국과 미국의 금리 차이에도 불구하고 자본이 유입되고 있다는 의미는 한국의 경상수지 흑자가 지속되고 있고, 이런 추세는 쉽게 꺾이지 않을 것이라는 외국 자본의 시각을 대변하기도 합니다.

2005년 8월부터 2007년 8월까지 약 2년간 한국과 미국의 기준금리 차이는 0.75~1.0퍼센트로 현재와 비슷한 수준으로 벌어진 적이 있었습니다. 미국보다 우리의 기준금리가 낮았던 첫 시점이었던 터라 2018년처럼 자본 유출에 대한 걱정이 많았습니다.

당시 자본 유출은 3회 있었는데 그 기간은 잠깐이었고 얼마 지나지 않아 자본 유입은 더 많아졌습니다. 그때의 자본 유출 상황을 조사해보면 자본 유출 시기에 경상수지가 적자를 보였던 기간과 정확히 일치합니다. 즉, 국가가 빚을 갚을 능력을 보여주는 객관적인 지표인 경상수지 적자로 외환보유고가 줄어들 가능성이 커질 때 자본 유출이 시작되는 것입니다.

한국의 경상수지는 2019년 3월까지 84개월 연속 흑자를 보이다가 4월에 한 차례 적자 전환을 한 뒤 다시 흑자로 회복되었습니다. 미국의 금리 인상으로 환율 상승 위험을 겪고 있는 다른 이머징 국가들이 경상수지 적자국이라는 사실을 떠올리면 최근 한국 금융시장의 안정적인 흐름을 이해할 수 있습니다.

저는 2018년 초부터 달러/원 환율을 예측할 때마다 반도체 가격을 모니터링하곤 합니다. 한국 무역수지의 가장 큰 비율이 반도체 수지이며, 전체 한국 반도체 수출의 40퍼센트가 중국 시장을 향합니다.

반도체는 한국의 경상수지에 중요한 역할을 담당하고 있는데, 최근 반도체 가격은 1년 사이에 고점 대비 약 30퍼센트 정도 하락했습니다. 스마트폰의 매출 정체 때문이기도 하지만 가장 큰 하락 요인은 미국과 중국의 무역 분쟁 때문이라는 게 정설입니다.

향후 미국과 중국의 협상 정도에 따라 또다시 반도체 가격이 하락해 한국 경상수지에 부정적인 영향을 줄 경우 달러/원 환율은 상승할 수도 있을 것입니다. 여기에 하락의 정도가 심해 경상수지 적자로 이어질 경우는 자본 유출 가능성도 있습니다. 앞으로 한국 경제를 예측하려면 반도체 가격 추이에 관심을 갖는 것이 좋겠습니다.

위기가 기회가 되는
금리의 비밀

경제 역사에서 위기는 항상 있었습니다. 통화량(신용)의 팽창으로 호황과 버블이 있었고, 반대로 통화량(신용)의 수축으로 쇠퇴와 위기가 주기적으로 나타났습니다. 경제의 호황과 불황은 역사에서 자주 목격됐지만, 1929년부터 약 10년 동안 이어진 대공황은 불황을 넘어 공포감을 안겨준 경제위기로 각인되어 있습니다. 그런데 이런 대공황의 진짜 원인도 사실은 환율과 관련이 있었습니다.

대공황의 시작은 다우지수의 폭락이었습니다. 1927년 다우지수는 100포인트였습니다. 폭락 직전이었던 1929년 10월에는 약 380포인트였는데, 2년만에 네 배 가까이 폭등한 이유는 역시 통화량 증가 때문이었습니다. 당시 최고의 재테크는 너도나도 주식을 담보로 더 많은 주식을 매입하는 것이었습니다.

과도한 상승에 버블이 생길 것을 우려했던 미국 연준은 기준금리를 올리게 됩니다. 특히 주가가 붕괴하기 직전에 1퍼센트 가까이 금리를 인상하며 시장이 감당하기 어렵게 만들어 주식 붕괴를 초래했습니다. 과도한 레버리지로 붕괴된 시장이 다시 살아나려면 부채가 일정 수준으로 정리되어야 한다는 게 상식입니다. 그러나 시장 전체적으로 볼 때 부채가 정리되면 돈이 사라지는 부채 디플레이션을 겪게 되고 더 큰 자산 가격 하락이 초래됩니다. 자산 가격이 하락하면 이들에게 돈을 빌려준 은행은 뱅크런 위험에 처하고, 여기서 중앙은행이 상황을 잘못 판단하면 대공황이 본격화됩니다.

대공황 당시 화폐체제는 금본위제였습니다. 금의 양만큼만 돈이 늘어나야 합니다. 현재와는 달리 각 은행들은 가지고 있는 금 보유량의 10배만큼 은행권을 발행했습니다. 지금은 미국의 조폐공사에서만 돈을 발행할 수 있지만 과거에는 은행들이 보유한 금의 양에 연동해 대출해주는 시스템이었습니다. 실제 금 보유량은 10인데 대출의 양은 100까지 실행한 상황에서 은행에 금을 맡긴 사람들이 동시에 인출할 경우 은행은 그것을 감당할 수가 없습니다. 신용화폐 시스템에서라면 중앙은행이 무제한 발권력을 동원해 돈을 가져다줄 수 있었겠지만 당시 금본위제 아래에서 중앙은행이 돈을 함부로 찍어내 은행을 도와주는 것은 생각하기 어려웠습니다.

돈의 양만큼 금이 확보되지 않으면 중앙은행조차도 파산할 수 있고, 그렇게 되면 달러화 가치를 지켜낼 수 없습니다. 이는 해외(당시 유럽)에서 보유하고 있는 달러화를 들고 와서 금으로 인출을 요구할 경우 해결할 도리가 없음을 의미합니다.

그래서 연준은 파산자가 속출하며 사라지는 돈의 공백을 메울 생각보다 달러화 가치를 지키기 위해 반대로 금리를 올리는 실수를 범하게 됩니다. 돈의 양(통화량)이 부족해서 위기를 겪을 때의 해법은 돈을 주입하는 것이라는 경험이 없었기에, 금리를 올리자 미국 경제는 곧 본격적인 대공황을 경험하게 되었습니다.

한참이 지난 후 실수를 감지한 루스벨트 대통령이 금 거래를 중단시키고 은행을 강제 휴업시키며 위기를 해소할 수 있는 실마리를 찾았습니다. 그러나 만일 2차 세계대전이 발발해 군수품을 초과 생산하며 경제가 살아나지 않았다면 미국의 대공황은 상당히 오래 지속되었을지 모릅니다.

이때 등장한 경제학자가 바로 밀턴 프리드먼Milton Friedman 교수입니다. 그는 《대공황 1929-1933》The Great contraction, 1929-1933이라는 책에서 대공황을 연구하며 그 이유를 잘못된 통화정책, 즉 달러 가치(환율)를 지켜내기 위한 미국 연준의 통화정책 실패를 비판했습니다.

다행히도 이를 열심히 공부한 벤 버냉키 의장은 이를 토대로 2008년 금융위기를 벗어나게 됩니다. 결과적으로, 빚이 너무 많아서 발생한 경제위기를 마무리하고 대공황으로 가지 않게 한 방법은 빚을 더 늘리는 방법이었습니다. 달리는 자전거가 넘어지지 않게 하려면 속도를 더 높여야 한다는 진리가 신용화폐 시스템에서도 적용되었죠.

이렇듯 환율이 문제가 되면 그 나라 경제는 고통을 감수할 수밖에 없습니다. 미국과 같은 기축통화국이라면 돈을 헬리콥터로 뿌리며 이연 조치를 취할 수 있지만 이머징 국가들은 대공황 같은 위험을 감수할 수밖에 없습니다.

자본은 한 나라의 화폐가치가 하락하면, 자신의 돈을 지켜내기 위해 안전한 화폐(달러)로 교환한 후 떠나게 됩니다. 그러므로 경상수지 흑자 여부와 외환보유고 증가 여부는 이머징 국가들에게 가장 중요한 경제 나침반과도 같다고 할 수 있습니다.

유로존 재정위기가
발생한 까닭

한 집안에 아버지와 두 형제가 살고 있었습니다. 형 A는 좋은 대학을 졸업하고 잘나가는 직장에 취직했지만, 동생 B는 고등학교 졸업 후 블루칼라 노동자가 되었습니다. 둘은 은행에서 돈을 빌리는 데 큰 차이가 없었는데, 그 이유는 자산가인 아버지의 신용도를 은행에서 인정해줬기 때문입니다.

형제는 똑같이 1억 원을 빌려 주변 지역 아파트에 투자했습니다. 한두 번 큰 수익을 내자 형제는 더 큰 부동산에 몽땅 투자했지만 때마침 금융위기가 발생하며 투자했던 아파트 가격이 급락했습니다. 5억 원의 아파트에 투자하면서 형제는 각각 3억 원의 빚을 냈는데 담보가치가 하락하자 은행은 담보 비율이 부족한 만큼 상환을 요구하였습니다.

형 A는 급히 회사에 지원을 요청해 퇴직금을 담보로 1억 원을 빌려 은행에 일부 빚을 갚았지만 블루칼라 동생은 그럴 여력이 없었습니다. 할 수 없이 그는 아버지에게 달려가서 도움을 요청했습니다. 그러나 아버지는 이런 말만 남기고 사라집니다.

"신용은 빌려줄 수 있지만 그로 인한 부담은 직접 감당해야 한다. 아버지는 돈을 빌려줄 수 없으니 스스로 알아서 해라."

경제가 어려워지자 형제가 다니던 회사는 이제 구조조정을 한다고 합니다. 다행히 능력이 있는 형 A는 급여를 낮춰 직장을 옮길 수 있었지만 동생 B는 그럴 여력이 없어 할 수 없이 직장을 그만두게 됩니다. 한 사람을 충원해야 하는데 회사에서는 이왕이면 경쟁력이 있는 형 A를 고용한 것입니다. 한 자리를 놓고 경쟁해야 한다면 동생이 지는 것은 당연했습니다.

빚만 있는 동생이 이제 할 수 있는 것이라고는 생활비를 줄이고 자동차를 팔고 아내도 주변 식당에 나가서 일하는 것 외에는 아무것도 없습니다. 아버지가 조금이라도 도와주면 좋으련만 바랄 수 없으니 동생의 생활은 점점 힘들어집니다.

같은 화폐를 사용한다는 것

앞서 든 사례는 비유로, 형 A는 독일이고 B는 그리스이며 아버지는 유럽중앙은행입니다. 만약 누군가가 형과 동생의 학력을 감안해 경쟁할 곳을 배려해줬다면 경쟁력이 없는 동생 B는 어떻게든 해볼 수가 있었겠지만, 경제가 어려워지자 그런 배려는 사치에 불과했습니다.

● 그리스 재정위기

미안,
갚는 건 알아서 해!

유럽중앙은행

독일과 그리스는 같은 화폐를 사용합니다. 그리고 같은 지역에서 차별 없는 경쟁을 하고 있습니다. 만일 다른 화폐를 사용한다면 경쟁력의 차이는 환율의 자정작용이 작동합니다. 경쟁력이 없는 그리스의 화폐가치가 크게 하락해 독일의 마르크 대비 환율이 상승해서 시간이 지남에 따라 단가 경쟁력을 회복할 수 있는 에너지를 비축할 수 있게 되죠. 마치 몸에 땀이 나며 체온을 낮추는 것처럼 말입니다.

그러나 현실은 독일과 그리스가 똑같이 유로화를 사용한다는 것입니다. 문제는 그리스만이 아닙니다. 경쟁력이 약한 이탈리아, 스페인, 포르투갈도 그리스와 같은 형편입니다. 해외 유학파 형과 고졸 동생이 같은 조건으로 일자리를 얻어야 하는 이 부당함. 이것이 유로존의 현실입니다.

아버지라도 나서서 부족한 둘째 B를 도와줄 수 있다면 얼마나 좋겠습니까? 아버지의 신용도를 이용해 같은 금리로 돈을 빌릴 수 있지만 갚는 것은 아버지 도움(환율의 자정작용) 없이 스스로 해야 합니다. 그들은 할 수 없이 비용을 줄이고 몸값을 낮추며 인건비를 절감하는 것 외에 답이 없습니다. 그리스와 이탈리아가 재정적자를 메우기 위해 연금을 삭감하고 일자리를 줄일 수밖에 없는 것도 이런 이유 때문입니다.

2018년 이탈리아에서는 오성운동Movimento 5 Stelle(코미디언 출신 정치인 베페 그릴로가 2009년 창당한 이탈리아 정당으로, 직접민주주의와 생태주의를 지향함)이 총선에서 다수당이 되었습니다. 그들이 내세웠던 구호는 '재정 긴축 폐지'였습니다. 그동안 아버지의 신용도를 빌려 흥청망청 대출로 살아온 것은 반성하지 않고 유럽중앙은행 때문에 이탈리아 경제가 힘들다고, 자기들이 집권하면 유로존과 맞서 싸우겠다고 해서 표를 얻었죠.

그러나 그들은 어쩔 수 없이 유럽중앙은행의 말을 따라야 하는 처지입니다. 환율의 자정작용이 없는 한 이를 해결할 수 있는 유일한 방법이 아버지의 재정 지원이니까요. 그러나 동생 B에게만 재정 지원을 할 경우 형 A가 가만히 보고만 있지 않을 겁니다. 같은 아들인데 왜 동생에게만 돈을 지원하느냐고 따지고 나서겠지요.

몇 년 전 서울시의 재정난을 해소하기 위해 재정이 넉넉한 강남 3구 예산의 일부를 여력이 부족한 금천구, 도봉구 등에 지원하는 문제가 제기되었습니다. 당시 강남 3구의 주민과 이를 반대하는 언론들이 순식간에 들고 일어나서 없던 일이 되었습니다. 같은 대한민국, 같은 서울 시민이었지만 구가 다르다는 이유로 좋은 의도였음에도 말도 꺼낼 수 없었던 것입니다.

돈이라는 건 그렇습니다. 하물며 국가가 다르고 민족이 다른 그리스, 이탈리아 국민을 위해 독일과 네덜란드 국민이 자신의 세금을 준다는 건 불가능합니다. 결국 유럽의 문제는 그들이 처음부터 목표로 한 '통화 통합 → 재정 통합 → 국가 통합'으로 나아가지 못하는 한 유로화 문제를 영원히 해결할 수 없을 것입니다.

유로화 통합 전에 국가별로 사용했던 과거의 통화로 돌아가는 길 외에 유로존 재정 문제를 해결할 방법은 없습니다. 물론 동생 B(그리스, 이탈리아 등)가 자신의 무능력을 인정하고 인건비를 줄이고, 자동차도 안 타고 놀이동산에도 가지 않는다면 해결책이 나올 수도 있겠지만요.

환율의 진짜 속성

2003년 케임브리지대학교의 장하준 경제학 교수는 《사다리 걷어차기》라는 책을 통해 선진국들의 위선에 대해 통렬한 비판을 가했습니다. 그는 미국, 유럽 등의 선진국들이 중국, 인도 등의 개발도상국들에게 강요하는 정책과 제도가 얼마나 불합리하고 위선적인지 논리적으로 설명했습니다. 자신들이 경제발전을 꾀하던 시기에는 유리한 제도를 만들어 산업을 발전시켜놓고, 이제 경제를 키워보려는 개발도상국들에게는 그 기회를 주지 않습니다.

　최근에 추진 중인 기후변화 협약이나 오존층을 보호해야 한다는 명분 아래 탄소배출권 등의 규제를 들고 나온 것도 선진국입니다. 재생에너지를 100퍼센트 사용하자는 RE100 이니셔티브(다국적 비영리단체인 '기후그룹'이 2014년 제안한 활동으로 기업이 제품을 만들 때 100퍼센트 재생에너지만 사용하자는 협약)도 마찬가지입니다.

　선진국들은 이미 200여 년 전부터 석탄 등의 에너지를 과도하게 사용해 지구를 엉망으로 만들어놓은 장본인이면서 중진국의 화석연료 사용을 규제하려고 하며, 예산이 많이 드는 재생에너지 사용을 강제하면서 새로운 무역장벽을 만들려고 합니다. 지구의 환경을 망친 주범이 이제 막 시장에 발을 들이려는 나라들에게 규칙을 내세우는 것, 그것이 바로 '사다리 걷어차기'라고 장 교수는 이야기합니다.

환율 역시 개발도상국들에게는 보이지 않는 사다리 걷어차기입니다. 아니, 사다리 정도가 아니라 결코 가질 수 없는 해리 포터의 투명 망토라 할 수 있습니다. 자기들은 이미 몸에 두르고 있는 투명 망토를 개발도상국들은 영원히 가질 수 없도록 선을 그어놓은 경제적 침탈 도구가 바로 환율입니다.

1998년 한국은 불과 300억 달러를 IMF에서 빌리면서 국부의 많은 부분을 외국 자본에 넘겨줬습니다. 최근 구제금융을 신청한 아르헨티나도 그들이 받은 돈은 약 600억 달러에 불과합니다. 그 돈이 없어서 외환위기를 겪으며 국가의 부가 달러 보유자들에게 넘어가는 장면을 꼼짝없이 지켜봐야 합니다.

그러나 2008년 금융위기 당시 미국에서 마구 뿌린 달러의 양은 4조 달러, 일본이 아베 정권 이후 일본 경제에 뿌린 돈도 약 4조 달러, 유럽중앙은행이 부동산 버블로 망가진 유럽 일대를 도와주기 위해 뿌린 돈도 엇비슷한 규모입니다.

미국 연준과 무제한 통화스와프currency swap(두 나라가 자국 통화를 상대국 통화와 맞교환하는 방식으로, 외환위기가 발생하면 자국 통화를 상대국에 맡기고 외국 통화를 단기 차입하는 중앙은행 간 신용계약)를 체결했다는 이유하나만으로, 달러화가 기축통화라는 이유로 그들은 머니 프린팅을 하는데 거침이 없습니다. 선진국들이 뿌린 돈의 단 1퍼센트 때문에 외환위기를 겪었던 개발도상국들은 오를 수 없는 사다리를 쳐다볼 뿐입니다.

환율을 공부할 때마다 자꾸 생각나는 인물이 있습니다. 바로 공자입니다. "보이는 것보다 보이지 않는 것을 볼 줄 알아야 지혜가 있는 사람이다."라는 공자의 말이 생각납니다.

현실을 인정하면 하는 수 없이 미국과 자본주의 시스템 속에서 살아야 하지만 생각할 때마다 억울하고 분한 것은 이머징 국가의 국민이기에 가질 수밖에 없는 감정인가 봅니다.

각 나라의 경제를
파악하는 가장 쉬운 방법

세계 최강국 미국이 통상 분쟁을 일으킬 때마다 들고 나오는 무기는 '환율 조작국 선정'입니다. 미국의 재무장관은 미국의 종합무역법, 교역촉진법에 따라 매년 4월과 10월 두 차례에 걸쳐 주요 교역국의 경제 및 환율 정책에 대한 보고서를 미 의회에 제출합니다.

교역 상대 국가가 대미 무역흑자(현재 기준 대미 흑자 200억 달러 초과), GDP 대비 경상수지 흑자 3퍼센트 초과 및 GDP 대비 2퍼센트 이상의 금액으로 환율시장 개입 등 총 세 가지 요건에 해당될 경우 해당 나라를 환율 조작국으로 지정하는 보고서입니다. 만약 특정 국가가 환율 조작과 관련해 심층 분석 대상국으로 선정되면 1년간의 환율 절상 노력 등의 유무를 보고 미국 조달 시장 참여 금지 등 다양한 무역 제재를 받게 됩니다.

글로벌 교역에서 환율은 가격 경쟁력을 좌우하는 변수가 되기도 합니다. 같은 제품이라면 환율이 강할 때(자국 통화가치 하락) 단가가 하락해 경쟁력이 올라갑니다. 이런 이유로 국제 교역에 나서는 거의 모든 국가와 중앙은행은 자국 통화가치 하락을 원합니다.

개발도상국의 경우 외환위기의 가능성이 상존하기에 과도한 변동성을 경계하지만 기축통화국은 그런 걱정 없이 공개적으로 자국 통화가치 하락을 도모합니다. 개발도상국은 자국 통화가치 하락을 환율이라고 하지만, 기축통화국은 자신의 재정정책이라고 일축합니다. 걷어찬 사다리 수준을 넘는 불공정성입니다.

환율 조작국을 선정하는 기준은 경상수지 흑자 및 대미 무역 흑자입니다. 미국과의 교역에서 일정 수준 이상의 돈을 벌면 환율 조작국으로 지정한다는 것입니다. 특정 국가와의 교역에서 흑자를 낸다는 건 물건을 많이 수출하기 때문이기도 하지만 그 국가의 제품의 경쟁력이 떨어져 많이 팔지 못하기 때문이기도 합니다. 그럼에도 미국은 자신의 일방적인 기준을 정해 스스로의 경쟁력 유무와는 상관없이 환율 조작이라는 경고장으로 상대 국가에 자국 기업의 제품 구매를 강요합니다.

이렇게 강제 구매로 상대국을 압박하는 대표적인 제품으로는 미국산 자동차가 있습니다. 트럼프 대통령이 부임한 이래 NAFTA(북미 자유 무역협정) 조약을 폐기하고 USMCA(미국·멕시코·캐나다 무역협정)를 캐나다, 멕시코 등과 새로 체결하면서 가장 주안점을 둔 것이 자동차 관세였습니다.

미국산 자동차는 미국 외에서는 경쟁력을 상실한 지 오래입니다. 낮은 연비, 투박한 디자인 및 내구성 등의 약점은 낮은 가격조차 감당하지 못합니다. 미국은 환율 문제로 미국산 자동차가 팔리지 않는다고 주장하지만 한국을 비롯한 주요 글로벌 시장에서 미국산 자동차는 값이 저렴한데도 독일, 일본 자동차보다 팔리지 않습니다. 환율 조작으로 할 수 있는 것은 가격일 뿐 제품의 경쟁력이 아닙니다. 그들의 주장과 관계없이 미국산 자동차가 저가에 유통된다는 게 환율 조작이 없다는 증거입니다.

환율은 한 국가의 빚 증서(돈)를 갚을 능력이 있는지에 대한 외부의 평가입니다. 국가 전체 돈의 총합은 통화량이고, 그 통화량이 늘어난 만큼 갚을 능력이 되는 것을 증명할 수 있다면 환율이 안정되거나 강세를 보일 수 있습니다. 반대로 지표가 신뢰도를 보여주기 부족한 상황에서 과도한 통화량 증발은 외환위기와 하이퍼인플레이션을 초래합니다. 그래서 환율은 이렇게 표현될 수도 있습니다.

$$\text{환율(통화가치)}$$
$$= \text{통화량(국가 빚의 총량) / 외환보유고 + 경상수지 흑자 능력}$$

외환보유고를 확충할 수 있는 경상수지 흑자 능력이 부족하거나 경상수지 적자가 지속되는 나라에서 통화량을 일정 수준 이상으로 관리하지 못하면 그 나라는 외환위기로 직행합니다. 베네수엘라, 아르헨티나가 하이퍼인플레이션을 겪거나 IMF에 구제금융을 신청한 것도 이런 이유 때문입니다. 터키, 이란, 인도네시아 등에서 환율 상승(자국 통화가치 하락)이 지속되고 있는 것도 마찬가지입니다.

만약 미국, 유럽, 일본 등이 한국처럼 이머징 국가였다면 위 환율 공식에서 분모의 증가는 없이 분자의 통화량만 늘어났기에 IMF에 대규모 구제금융을 신청할 수밖에 없었을 겁니다. 이런 이유로 저는 세계 최고의 환율 조작국은 미국이며 그다음은 유럽, 일본, 영국 등 선진 기축통화국이라고 주장합니다. 틈날 때마다, 무역적자가 심해질 때마다 해당 나라에 강제하는 경제 제재는 미국을 비롯한 기축통화국들 스스로에게 부과해야 맞습니다.

환율은 원인이 아니라 결과다

한 국가의 경제가 활성화되고 말 그대로 '좋다'고 말할 수 있다면 재화 및 서비스의 거래가 활발하다는 것입니다. 거래의 수단은 화폐(돈)이므로 돈이 국가경제 구석구석 잘 돌아야 경제가 좋아집니다. 이렇게 경제가 좋아지면 그 나라 화폐의 상대가치를 의미하는 환율도 안정된 상태를 유지하게 됩니다.

한 국가에서 사용되는 빚 증서(돈)의 신용도는 결국 국가에서 걷을 수 있는 세금의 양에 따라 신뢰도가 결정됩니다. 거래가 활발하고 많은 사람이 돈을 벌고 쓰기 쉬울 때 국가는 더 많은 세금을 걷을 수 있습니다. 그러므로 경제가 좋아지면 국가의 환율도 다른 나라 통화에 비해 강세(가치 상승)를 띠는 것입니다.

주요국의 외환보유고(2018 11월 말 기준)

(억 달러)

순위	국가	외환보유고	순위	국가	외환보유고
1	중국	30,617 (+86)	6	대만	4,614(+12)
2	일본	12,583 (+54)	7	홍콩	4,232(+0)
3	스위스	7,960 (+15)	8	한국	4,030(+2)
4	사우디아라비아	5,041 (−3)	9	인도	3,937(+16)
5	러시아	4,621(+25)	10	브라질	3,797(−6)

* ( )는 전월 말 대비 증감액

출처: IMF. 각국 중앙은행 홈페이지

이런 일반적인 환율 이론이 작동하는 것은 기축통화국들입니다. 이머징 국가들은 활발한 국가경제 이전에 대외적으로 인정받을 수 있는 지표인 경상수지 흑자 여부, 외환보유고의 증가가 수반돼야 합니다.

물론 외환보유고를 증가시킬 수 있는 이머징 국가들은 양질의 일자리가 많아서 경제가 좋을 수 있습니다. 하지만 기축통화국들은 외환보유고 금액 자체에 대해 신경을 쓰지 않는다는 점을 상기해야 합니다.

2019년 초 한국은행이 발표한 주요국의 외환보유고 순위 리스트를 보면 기축통화국 중 딱 두 나라(일본, 스위스)만이 외환보유고가 많은 것으로 나타납니다. 국가 전체 통화량으로 따진다면 경제 규모가 큰 영국, 독일 그리고 미국이 훨씬 많은 외환을 보유해야 자국 화폐가치를 지켜낼 수 있겠죠. 하지만 현실은 이와 같습니다.

미국은 외환보유고라는 개념 자체가 없습니다. 제조업 경쟁력이 사라지며 조그만 섬나라가 되어가는 영국조차도 외환보유고 수준이 순위

권에도 끼지 못하고 있습니다. 만일 달러화가 부족해 외환 사정이 힘들어져도 미국 연준과 체결한 무제한 통화스와프가 있기에 위기에 대한 걱정 자체가 필요 없습니다.

이렇게 불공정한 게임이라고 해도 선진국의 입장에서 환율을 무시할 수만은 없습니다. 환율의 상승이나 하락으로 다른 나라와 수출 단가 경쟁이 높아지거나 낮아질 수 있기 때문입니다. 수출이 많아지면 당연히 국내 일자리가 늘어나고, 반대로 수출보다 수입이 많아지면 일자리가 줄어듭니다.

유럽 단일시장에서 탈퇴하기로 결정한 영국의 브렉시트 BREXIT가 최근 극적으로 연기된 것도 알고 보면 영국이 역내 교역에서 제조업 경쟁력을 상실했기 때문입니다. 그래서 기축통화국들은 되도록이면 자국 통화 가치를 낮게 유지하려 합니다.

이머징 국가들은 환율을 너무 낮게 유지할 경우 외화 유출 위기를 겪을 수 있어 조심스럽지만 기축통화국들은 걱정이 없습니다. 애초에 외환위기 자체가 없기 때문입니다. 이렇듯 불합리한 구조적인 문제가 글로벌 신용화폐 시스템 내에 존재합니다.

그럼에도 환율은 한 국가의 경제 상황을 제대로 대변해주기도 합니다. 환율과 관련해 제가 자주 언급하는 문구가 있습니다.

환율은 원인이 아니라 결과다

환율이 높아지고 있으니(자국 통화가치 하락) 수출에 도움이 될 것이라

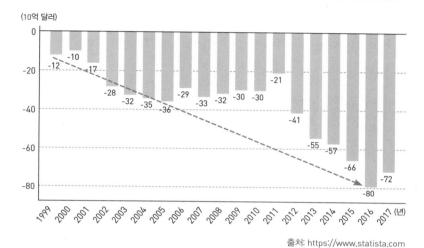

영국의 무역수지 적자 현황

(10억 달러)

출처: https://www.statista.com

고 말하는 분들이 있으면 저는 이렇게 말합니다. '수출 경쟁력이나 국가 경쟁력에 문제가 있으니 환율이 상승(자국 통화가치 하락)하는 것'이라고요.

환율은 국가의 경제 상황을 그대로 대변하는 리트머스 실험지와 같아서 원인이 아니라 결과로 해석해야 합니다. 한국 경제에 위기가 올 거라고 10년 넘게 주장하는 분들에게도 저는 그렇게 이야기합니다. "한국 경제에 위기가 올 수도 있지만, 일방적인 주장을 하기보다는 차라리 위기가 오면 달러/원 환율이 상승할 것이니 환율만 보고 대응해도 충분하다."고 말입니다.

환율의 리트머스 실험지 기능은 기축통화국도 예외가 아닙니다.

2018년 11월 스위스 국적의 증권사 UBS는 글로벌 부동산 시장에 대한 리포트를 발표했습니다. 당시 UBS는 세계적으로 부동산 버블 인덱스 지표를 발표했는데 가장 위험한 나라로 홍콩, 캐나다, 오스트레일리아 등을 거론했습니다.

특히 토론토와 밴쿠버로 대변되는 캐나다 부동산 시장은 심각한 수준이라며 주의를 기울여야 한다고 언급했습니다. 물론 UBS의 발표 이전부터 캐나다 정부는 부동산 버블의 심각성을 알고 있었고, 최근에는 부동산 시장의 침체로 캐나다 중앙은행BOC이 나서서 은행의 모기지 채권을 매입하는 양적완화를 시도하고 있습니다. 그런데 캐나다 달러 인덱스 그래프를 보면 이미 상당 기간에 걸쳐 금융시장에서는 이런 캐나다의 경제 상황이 반영되고 있었음을 알 수 있습니다.

오른쪽 그래프는 캐나다 달러 인덱스와 무역수지 현황입니다. 캐나다 달러화는 2011년 미국 달러화 대비 1.05를 기록한 이후 지속적으로 하락해서 2019년 1월 0.75 수준을 기록했습니다. 즉, 미국 달러화와 일대일로 교환되다가 캐나다 달러화 가치가 지속적으로 하락해 지금은 달러화 대비 0.75 수준의 환율로 거래된다는 의미입니다. 캐나다 달러화 가치가 지난 4년간 지속적으로 하락하고 있는 상황을 볼 때 캐나다 경제가 별로 좋지 않음을 알 수 있습니다.

부동산 시장에 버블이 있고, 지난 수년간 캐나다의 주요 수출 상품인 원유 및 원자재 가격이 하락해 캐나다 무역 수지도 좋지 않다고 추정할 수도 있습니다. 2008~2009년 금융위기로 인한 미국의 대규모 양적완화가 일시적으로 캐나다 달러화를 강세로 만들어주기도 했지만 캐나다

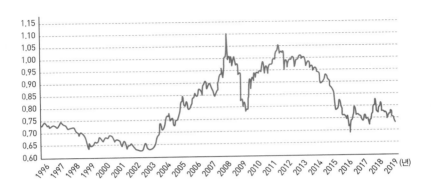

캐나다 달러 인덱스

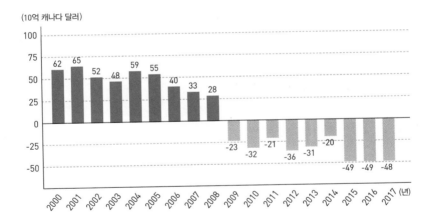

캐나다 달러 무역 수지

무역수지가 적자로 돌아서는 시점과 캐나다 달러화가 약세로 전환되는 시점은 거의 일치합니다.

　이머징 국가와는 달리 외환위기를 걱정할 필요가 없는 선진국일지라도 환율은 그 나라의 경제 상황을 적나라하게 반영합니다. 단기적으로 환율이 오르고 내리는 것까지 관심을 둘 필요는 없지만 장기적으로 하락이나 상승의 추세를 만들고 있다면 그 환율에는 그 나라의 경제 상황이 반영돼 있다고 추정할 수 있습니다.

　환율은 어떤 경제 상황의 원인이 아니라 결과라는 점을 기억하면 환율을 통해 위기와 호재를 예측하는 데 도움이 될 것입니다.

"환율은 그 나라의 경제 상황을 예측할 수 있는 리트머스 실험지다."

- 환율이란 원화를 다른 나라 화폐와 가치 비교하는 것이다.
- 신용화폐에 대한 신뢰도는 결국 기업 경쟁력이며, 삼성 같은 글로벌 기업이 많아질수록 한국의 신용도는 높아진다.
- 이머징 국가에 투자를 할 때는 반드시 두 가지 지표를 살펴봐야 한다.
  ① 외환보유고 ② 통화량
- 미국과의 관계가 좋을수록 이머징 국가들의 화폐가치가 올라간다.
- 이머징 국가의 채권금리가 낮으면 유입된 자본들이 미국으로 회귀할 가능성이 높다.
- 한국은 10년 만기 채권금리가 낮은 편이지만, 안정적인 경상수지 흑자로 큰 폭의 자본 유출은 일어나지 않고 있다.
- 환율은 기축통화국에도 경제 상황을 알려주는 중요한 지표다.
- 환율은 원인이 아니라 결과다.
- 환율을 통해 그 나라의 위기와 호재를 예측할 수 있다.

THE SENSE OF MONEY

제5장

글로벌 경제로
기르는
돈의 감각

: 중국 편

세계적인 경제 대국
중국의 등장

"G2를 아시나요?"

경제에 관심이 적은 사람들이라면 직관적으로 무엇인지 떠오르지 않을 겁니다. 반대로 조금이라도 경제에 관심이 있는 사람들이라면 당연히 '미국과 중국'이라고 답하겠죠. G2는 'Group of Two'의 약어로 2005년 경제학자 프레드 버그스텐Fred Bergsten이 처음 사용했습니다. 글로벌 경제 규모에서 1위와 2위를 차지하고 있는 미국과 중국을 가리키는 경제 용어입니다.

중국은 2010년 명목 GDP에서 당시 세계 2위였던 일본을 밀어내고 미국 다음으로 세계적인 경제 대국으로 명함을 내밀었습니다. 2014년에는 구매력 평가 기준으로 미국을 추월하며 글로벌 경제 교역에서 존재감을 과시했죠. 15억이 넘는 인구를 기반으로 한 거대한 소비시장으로 부상한 중국은

전 세계의 공장이라는 별명과 함께 21세기를 끌고 갈 글로벌 경제의 한 축이 되었습니다.

그러나 2018년 G2 두 나라 사이에 미묘한 갈등이 표면화되기 시작했습니다. 지난 수십 년간 미국에 대해 일방적인 무역흑자를 기록하고 있던 중국을 향해 트럼프 미국 대통령은 '불공정한 무역 구조 개선'이란 프레임을 강하게 밀어붙였습니다. 2018년 1월 중국산 태양광 패널과 알루미늄을 비롯한 철강 제품의 관세로 시작된 미국과 중국의 무역 분쟁은 중국이 미국에 수출하고 있는 금액 약 5,300억 달러 전체에 추가 관세를 부과할 분위기에까지 이르렀습니다.

지난 1년간 G2는 단순한 교역 갈등을 넘어 심각한 경제적 전쟁 상황까지 연출할 분위기였습니다. 주변의 국가들은 두 나라의 갈등이 언제든 다시 일어날 가능성이 높다고 예상하고 있습니다. 살얼음판을 걷는 듯한 이들의 갈등은 표면적으로 중국의 일방적인 대미 무역 흑자에 기인한 것으로 보이지만 실제 원인은 글로벌 정치, 군사 및 경제적 패권 전쟁에 있다는 것이 중론입니다.

　글로벌 정치 경제 시스템에서 패권이란 이렇게 설명할 수 있습니다.

　　　　* 패권 : 자국의 이익과 영향력을 관철시키는 힘

　한정된 자원을 더 얻으려는 상황에서 갈등은 피할 수 없습니다. 그러나 타국과의 관계에서 자신의 이익을 밀어붙일 수 있는 힘은 아무나 가질 수 없습니다. 패권은 군사적 힘과 그것을 뒷받침할 수 있는 경제력에서 발생하고, 경제력은 제조업에서 나옵니다. G2 국가이지만 중국은 이머징 국가입니다. 앞서 설명했듯이 이머징 국가는 잠재적 외환위기 가능성을 안고 살아갑니다. 우리가 1997년 IMF에 구제금융을 신청했을 당시의 참담함과 경제적 손실은 역사가 존재하는 한 잊을 수 없는 기억입니다.

　중국이 제조업 강국으로 발돋움하려면 이런 외환위기 가능성이 근원적으로 사라지는 기축통화국이 되어야 합니다. 이를 방해하려는 미국 그리고 미국의 방해를 넘어서려는 중국의 갈등은 현재진행형입니다. 이제부터 두 나라의 갈등의 본질, 그 본질 안에서 통화량과 환율이 어떤 역할을 하고 있는지 하나씩 살펴보겠습니다.

왜 중국 경제를
알아야 하는가

인간의 본성 중 대표적인 것을 말하라면 저는 주저 없이 '인정 욕구'를 꼽습니다. 지금 여러분이 열심히 살아가는 이유도 가족과 친구에게 인정받고 싶은 마음이 기저에 깔려 있으며, 경제적으로 더 나은 성과를 얻기 위해 치열한 노력을 하는 이유도 타인보다 더 많이 소유해 인정받고 싶은 마음에서 온다고 생각합니다.

이런 인정 욕구는 사람마다 다양하게 발현됩니다. 현재 처해 있는 상황, 자신의 위치나 직업 등에 따라 인정을 받을 수 있는 항목이 달라지는데, 여기서 이야기하고자 하는 건 정치인의 인정 욕구입니다.

'곳간에서 인심 난다'라는 속담이 있습니다. 경제적으로 풍요로워야 너그러워질 수 있다는 뜻입니다. 오늘날 자본주의 사회에서는 인간을 평가하는 가장 확실한 수단이 돈입니다. 얼마나 경제적으로 부를 이뤘는지에 따라 사람들은 성공했다고도 하고 실패했다고 합니다. 과거 수렵채집 시대에는 사냥 능력이 성공의 조건이었다면 현대 자본주의 시대에는 경제력이라 할 수 있습니다.

요즘처럼 실시간으로 사람과 지역, 국가의 모습이 생중계되는 시대에는 경제적 풍요가 더욱 중요한 평가 수단입니다. 특히 정치인의 업적은 자신의 임기 내에 국가와 국민이 얼마나 많은 경제적 성취를 달성했는지에 따라 달라지죠. 소득으로 부자가 되든, 부동산 가격 상승이나 주식 투자로 부자가 되든 무조건 많은 돈을 벌게 해주면 정치인은 인정을 받습니다.

이제 살펴볼 중국의 현대 경제는 이런 자본주의가 주목하는 '자본의 사적 이익'에 초점이 맞춰 있습니다.

무역 전쟁의 서막이 열리다

사회주의 국가인 중국이 글로벌 교역 무대에 등장한 계기는 세계무역기구wto에 가입하면서부터입니다. 2001년 12월 11일, 중국은 WTO의 정식 회원국이 되었습니다. 이로써 중국은 1978년 개혁개방 정책을 추진한 이래 글로벌 경제에 편입되며 새로운 경제적 도약을 이루게 됩니다.

세계의 공장이 되어 저임금 기반의 저가 제품을 수출하며 외환보유고를 차곡차곡 채워, 다른 이머징 국가에서 경험했던 것처럼 통화량 증가와 자산 가격 상승을 이끌어냈습니다. 부동산 가격과 주식 시장이 상승했고, 모두가 부자가 되는 중국인들의 오랜 꿈을 이뤄냈죠. 미국의 도움으로 WTO에 가입하고 개발도상국 지위를 통해 다양한 보조금 혜택을 받아 수출 주도 정책을 펼친 중국은 이렇게 늘려나간 통화량으로 중국의 인민들에게 희망을 선물했습니다.

수출 증가를 통해 늘어나는 외환보유고를 기반으로 환율 상승의 걱정 없이 급속하게 증가한 통화량은 중국의 또 다른 성장의 축인 고정자산 투자로 이어졌습니다.

이머징 국가의 성장은 환율 걱정이 없는 한 외환보유고가 증가하며 통화량 증가와 자산 가격 상승이 따릅니다. 저임금 기반의 수출 주도형 정책은 농촌 인구를 도시로 이끌고, 그 인구는 다시 도시화를 위한 부동산 개발을 이끌죠. 돈이 늘어나면 그 돈으로 부동산을 사게 되어 가격 상승이 일어나고, 올라가는 자산 가격은 다시 개발을 촉진하며 경제성장(GDP 상승)을 촉진합니다.

중국은 여기에 사회주의적 특성이 추가되었습니다. 중앙정부는 지방정부의 성과 측정을 관할 지역의 경제성장률과 연관시키며 지역 공단 및 개발 유치 확대를 부추겼습니다. 사회주의 경제체제에서 외국인 기업이 아닌 내국인 기업이 잘 나간다면 필연적으로 국영기업 형태가 될 수밖에 없고, 자금 지원도 이를 통해 이뤄집니다.

문제는 지방정부의 적극적인 자금 몰아주기와 지역 개발 정책이 잘못된 투자 정책으로 이어져 성장의 한계를 맞이한다는 점입니다. 일단 성장률을 끌어올려야 하기 때문에 마구잡이로 집을 짓기 시작하고 이는 필연적으로 투기를 이끌게 되죠.

저임금 기반의 수출 주도 경제와 지역 부동산 개발을 통한 성장의 한계는 피할 수 없습니다. 생각보다 빠르게 성장을 달성했다고 좋아하는 것도 잠시, 한계에 이른 성장 동력을 어떻게 새로 만들어내야 할지 중국 정부의 고민이 시작되었습니다. 그런데 최근 미국은 중국의 경제성장을 방해하기 위해 무역 전쟁을 무기로 등장하고 있습니다.

중국은 이런 위기를 어떻게 헤쳐나가야 할까요?

중국은 넥스트
스텝을 꿈꾼다

포르투갈이 세계를 점령했던 14세기 이후 글로벌 패권은 스페인, 네덜란드, 프랑스, 영국을 거쳐 현재 미국이 갖고 있습니다. 글로벌 교역 관계에서 자국의 이익을 관철시킬 수 있는 힘을 패권이라 한다면 그 이익을 가능하게 하는 힘은 군사력과 경제력에 달려 있습니다. 특히 군사력은 상대방을 압도할 수 있는 물리적인 힘으로서 패권국가의 기본 조건입니다.

미국 이전의 패권국가였던 포르투갈과 영국의 힘은 군사력에서 시작되었습니다. 이들이 패권을 포기하게 된 표면적인 이유는 전쟁에서 패배했기 때문이지만 근본적인 이유는 경제력에 있었죠. 패권을 잡게 해준 군사력을 유지하려면 돈이 필요합니다. 약탈과 전쟁을 통해 돈을 확보했지만 그렇게 모은 자본을 가지고 경제적 부가가치를 확대 재생산하지 못하면 다른 나라에 패권을 넘겨줘야 합니다.

포르투갈과 스페인의 경우 경제적 부가가치 재생산은 농업에서 더 나아가지 못한 채 마무리되었고, 네덜란드는 상업에서 더 나아가지 못했습니다. 영국은 산업혁명을 통해 압도적인 생산 능력을 확보했지만 기술적 혁신을 동반하는 제조업 경쟁력을 확보하지 못하며 패권을 잃었습니다.

금본위제 아래 자국 통화가치를 지키기 위해서는 패권 자체보다 제조업 경쟁력을 통한 무역수지 흑자가 반드시 필요합니다. 1971년 달러화가 금과 완전히 관계를 끊은 이후에도 제조업에 기반한 경제적 능력은 미국이 패권을 유지하는 데 중요한 요인이었습니다.

국제 정치에서 패권을 확보하거나 유지하는 데 모든 국가적 노력을 다하는 이유는 향후 성장에 필요한 기반을 자국에 유리하게 조성할 수 있기 때문입니다. 미국의 경우, 연준의 무제한 통화스와프를 기반으로 하는 선진국들의 연합을 통해 금융위기 시 머니 프린팅이란 무기를 가동할 수 있는 장점이 있습니다. 그 장점은 결국 군사적, 경제적 패권에서 시작된 것입니다.

미국의 압도적인 경제력에 도전할 수 있는 유일한 나라는 현재 중국 외에 없습니다. 1980년대에 일본이 도전했지만 갑자기 찾아온 버블 붕괴와 지속되는 인구 감소로 포기할 수밖에 없었죠. 이후 20년 만에 도전하는 국가는 자타공인 중국입니다.

2019년 5월 블룸버그는 현재 경제성장률(미국 약 2퍼센트, 중국 약 6.5 퍼센트)을 가정할 경우 2030년에 중국이 미국을 추월할 것이라고 예상했습니다. 당시 기사 내용에 언급된 중국 정부 정책이 '중국제조 2025' Made in China 2025였습니다. 미래의 글로벌 경제성장을 이끌어나갈 핵심 기술에서 2025년까지 세계 최고가 되겠다는 정책입니다. 이는 중국의 현재 고민을 해결해주고 군사 경쟁에서 미국을 능가할 동인이 될 수 있을까요?

세계의 공장을 넘어 중국이 바라는 것

G2라는 경제 용어에서 나타나듯이 현재 중국은 미국에 필적할 수준의 경제력에 도달했는데도 글로벌 금융시장에서 아직 이머징 국가로 분류되고 있습니다. 경제성장에서 이머징 국가는 필연적으로 외환위기를 걱정할 수밖에 없는 구조를 갖습니다. 성장으로 외환보유고가 늘어나지만 인간의 탐욕과 정치인의 인정 욕구 때문에 통화량 증가에 가속도가 붙죠. 통화량은 부채가 늘어나는 것이므로, 부채에 대한 신뢰도가 약화되는 순간 중국도 과거 한국이 경험한 외환위기에 직면할 수 있습니다.

오늘날 중국은 3조 달러가 넘는 세계 1위의 외환보유국이지만 저임금 기반 수출에 의존하는 한 이런 지위를 지속하기는 어렵습니다. 과거 한국이나 일본의 경공업, 중급 노동력과 상대적 저임금을 기반으로 한 자본 집약적 산업은 언제든 베트남, 인도네시아 등으로 이전될 수 있습니다. 통화량이 증가하는 점진적인 인플레이션으로 경제가 성장하면 필연적으로 임금 상승이 뒤따르기 때문입니다.

● 중국 제조 2025 전략 산업

새로운 정보 기술 　수치제어 공작 기술 　항공우주 지원장치 　하이테크 선박 기술

철도설비 기술 　　에너지절감 기술

신소재 공학 　　의료기계 기술 　첨단농업 설비 　첨단동력 설비

　　그래서 기술 집약적 산업의 육성을 통해 글로벌 교역시장에서 미국의 방해나 다른 경쟁 국가들의 진입을 막아내며 성장을 지속할 수 있을지에 대한 중국의 고민이 중국제조 2025 전략에 고스란히 담겨 있습니다.

　　한국이 일본과의 무역에서 대규모 무역적자를 기록하면서도 이를 감수할 수밖에 없는 이유는 부품 기술력 때문입니다. 한국은 휴대전화를 비롯해 주요 제품들을 수출하려면 반드시 일본 부품을 수입할 수밖에 없는 처지입니다.

이처럼 중국도 미래 글로벌 경제에서 꼭 필요한 제조업 경쟁력을 확보한다면 저임금 기반의 부가가치에서 얻어내는 경상수지보다 큰 이익을 기대할 수 있고, 미국의 방해도 극복할 수 있습니다. 중국이 집중하고 있는 10가지 핵심 품목을 보면 한국도, 미국도 절대로 포기할 수 없는 4차 산업혁명의 핵심 기술들입니다.

중국은 이 전략을 선언으로만 그친 게 아니라 세계 시장점유율을 상당 부분 중국 기업이 확보하게 하는 등 실질적인 경쟁력을 갖추었습니다. 중국 정부는 WTO 가입 당시 인정받은 정부 보조금 정책과 실패해도 책임을 묻지 않고 끊임없이 노력하는 태도로 빠르게 기술적 진보를 이뤄내고 있습니다. 이제는 미국이 긴장할 정도입니다. 불과 몇 년 전만 하더라도 한국은 중국과의 기술 격차가 몇 년인지를 따지곤 했지만, 이제는 반도체 등 극히 일부 기술을 빼고는 중국에 뒤처져 있는 게 현실입니다.

중국제조 2025 전략이 성공 가능성을 높여가는 현재 시점에서 중국의 경제적 성장은 필연적으로 군사 대국으로 이어질 수 있습니다. 현재 수준의 경제성장만으로도 2037년이면 군사비 지출에서 미국을 넘어설 것이라고 많은 해외 경제연구소가 예상합니다. 여기에 중국제조 2025의 전략까지 성공하면 100년 넘게 지속된 미국의 패권도 위협을 받을 것입니다.

미국 정부는 이를 걱정하며 최근 무역 분쟁과 함께 WTO의 개발도상국 지위에 대한 강한 압박을 실행하고 있습니다. 세계경제에서 경쟁 우위를 상실해 패권을 잃어버리지 않겠다는 미국의 의도가 이 같은 무역 분쟁으로 표면화되고 있는 것이죠.

위안화가 기축통화가 된다면

중국이 경제적으로 강대국이 돼가는 것은 사실이지만 금융시장만을 놓고 보면 아직은 이머징 국가일 뿐입니다. 이머징 국가는 통화량 증가를 피할 수 없고, 그 통화량 증가를 보호해주는 외환보유고 증가가 담보되지 않는 시점에 도달하면 외환위기를 겪게 됩니다. 그리고 한번 외환위기를 겪으면 경제 주권이 크게 흔들립니다. 이를 막기 위해 중국 정부는 최근 몇 년간 위안화를 기축통화로 만들기 위해 다양한 노력을 해왔습니다.

그중 첫 번째는 IMF의 SDR에 위안화를 포함시키는 것이었습니다. SDR이 무엇이길래 중국이 위안화를 편입시키고자 했던 걸까요? SDR은 가상의 국제준비통화를 일컫는 말입니다. IMF는 기축통화인 달러를 국제 사회에 충분히 공급하려면 미국이 경상수지 적자를 감수해야 하고, 만약 달러 공급을 중단하면 세계경제가 위축될 수밖에 없는 모순에 빠지게 됩니다. 이를 해결하기 위해 달러와 같은 특정 국가의 통화가 아닌 새 통화를 만들 필요가 있었습니다.

IMF 가맹국은 금이나 달러로 환산해서 일정액의 SDR을 출연하고, 국제수지 악화 등으로 경제가 어려워지면 SDR을 배분받아 사용합니다. 보통 SDR의 창출 규모는 세계경제에 인플레이션이나 디플레이션을 초래하지 않는 범위 내에서 결정됩니다.

SDR의 가치는 5개국(미국, 영국, 유럽연합, 일본, 중국) 통화를 가중평

균해서 산정합니다. 이것이 큰 비중을 차지하거나 중요한 위치를 점하는 건 아니지만 국제 금융시장에서 위안화의 상징적인 위치를 보여줄 수 있습니다.

두 번째는 글로벌 교역에서 위안화 사용을 확대하는 것이었습니다. 중국에 위안화 기반의 원유 선물시장을 개장하는 등 세계 무역시장에서 위안화가 많이 쓰이면 향후 위기가 발생했을 때 달러 수요를 줄일 수 있기 때문입니다.

기축통화가 된다는 건 중국 정부가 재정적자를 확대할 수 있음을 의미합니다. 그렇게 되면 세계의 경제성장이 지속되는 한 위안화를 많이 발행해야 하는데 또다시 통화위기, 즉 외환위기가 발생할 수 있습니다. 선진국에서는 외환위기가 없으니 무제한 양적완화를 시행하고 재정적자를 미국처럼 늘려도 상관이 없지만 이머징 국가인 중국에는 한낱 꿈일 뿐입니다.

경제위기가 닥칠 때마다 전 세계 중앙은행들이 달러화를 구하기 위해 미국만 쳐다보는 상황에서 대표적 기축통화인 달러화를 아무 때나 확보할 수 있는 능력이 없는 한 위안화 기축통화는 요원할 수밖에 없습니다.

2012년 유럽에서 재정위기가 발생했을 때의 일입니다. 낮은 금리로 국채를 발행해왔던 포르투갈, 아일랜드, 이탈리아 등의 부채 때문에 이들 국가의 국채를 보유 중인 유럽 은행들이 재정적 위기에 처했습니다. 이때 유럽중앙은행이 가장 먼저 진행했던 일은 미국 연방준비은행과 무제한 통화스와프를 체결하는 것이었습니다.

글로벌 금융경색이 발생할 때마다, 그 발생 지역이 어디든 상관없이 가장 중요한 것은 달러입니다. 전 세계 돈의 65퍼센트가 달러화이기에 벌어지는 필연적인 일이고, 위기 상황 시 각국의 중앙은행은 연방준비은행에 달러화를 빌릴 수 있는 조건을 협의합니다. 마치 봉건시대에 국왕의 성은을 입으면 왕비로 신분이 격상되듯이 미국 달러를 화수분처럼 얻을 수 있는 능력이 생기면 위기를 걱정할 필요가 없기 때문입니다.

중국이 위안화를 SDR에 편입시키고, 위안화 거래 비중을 높인다고 해도 위기 시 필요한 것은 위안화가 아니라 달러화입니다. 이런 달러화를 무제한으로 얻을 수 있는 방법은 딱 한 가지밖에 없습니다. 미국 연준과 직접 무제한 통화스와프 협정을 체결하는 것입니다. 현재 연준과 이 협약을 체결한 나라는 일본중앙은행, 유럽중앙은행, 영란은행BOE, 스위스 중앙은행SNB과 캐나다 중앙은행 5개국이 전부입니다.

우연의 일치일까요? 이들 나라의 통화는 국제금융시장에서 준準 기축통화로 인정받고 있고, 이를 기반으로 양적완화를 실시하는 등의 특권을 누리고 있습니다. 그러나 패권국 미국이 자신을 위협할 적국으로 중국을 언급하는 상황에서 중국에게 무제한 통화스와프 협정은 이룰 수 없는 꿈일 뿐입니다.

미국 연준과 통화스와프를 체결할 수 없는 처지에서 중국이 외환위기를 해결할 수 있는 방법은 환율의 안정입니다. 환율을 안정시킬 수 있는 방법은 다음 두 가지 방법이 있습니다.

① 지속적인 경상수지 흑자를 통한 외환보유고 증가
② 현재의 고정환율제 유지

우선 지속적인 경상수지 흑자를 통한 외환보유고 증가를 살펴봅시다. 앞서 언급했던 대로 경상수지 흑자를 지속하려면 중국의 경제 구조를 저임금 기반의 노동 집약적 산업에서 기술 및 창의력 기반의 산업으로 변화시켜야 합니다. 이를 견인하는 국가경제 정책이 '중국제조 2025' 입니다.

그다음은 환율을 결정하는 시스템으로 현재의 고정환율제를 유지하는 것입니다. 한국을 비롯한 주요 이머징 국가는 중국과는 다르게 자율변동환율제를 채택하고 있습니다. 자국 통화가치를 국가나 중앙은행이 개입하지 않고 외환시장의 수요와 공급에 의해 결정되도록 하는 것입니다. 이렇게 되면 글로벌 자본은 실시간으로 환율 변동을 적용할 수 있어 빠른 입출금이 가능하지만 해당 국가는 유출액의 정도에 따라 환율시장의 변동을 감수할 수밖에 없습니다.

중국은 이를 막기 위해 G2라는 경제적 위상에도 불구하고 중앙은행인 중국인민은행PBOC의 고시에 따라 매일 환율을 결정합니다. 중국이 글로벌 경제 및 금융시장에서 위상을 세우려면 반드시 넘어서야 할 시장의 요구임에도 쉽게 실행할 수 없는 것이 환율 변동의 완전자유화입니다. 그만큼 중국이 이머징 국가의 외환위기를 걱정한다는 걸 이런 정책에서도 읽을 수 있습니다.

신용화폐 시스템에서는 한번 늘어난 통화량은 줄일 수 없습니다. 부채를 줄이고 싶어도 결국 줄이지 못해 경제위기를 맞고, 늘어나는 부채를 감당하기 위해 환율을 안정시켜야 하는 이머징 국가의 불공정 딜레마. 중국은 이를 해결하기 위해 제조업 경쟁력 강화를 목표로 움직이고 있습니다.

제조업 경쟁력을 잃으면 패권을 잃는다는 역사적 진실을 알고 있는 미국으로서는 이를 원천적으로 막기는 힘들지라도 속도를 늦추기 위해 중국에 관세 부과로 대응하고 있는 것입니다.

한국의 외환위기와
중국의 차이점

경제가 성장하려면 반드시 돈이 필요합니다. 돈은 누군가가 은행에서 대출을 받아야 비로소 생겨납니다. 그러므로 경제성장에는 필연적으로 부채 부담이 따릅니다. 부채가 없으면 성장도 없습니다. 즉, 경제성장에서 피할 수 없는 것이 부채의 증가죠. 그런데 어떤 때는 부채의 증가가 문제라고 하고, 어떤 때는 성장을 위해 부채를 더 늘려야 한다고 합니다. 이 둘의 차이는 무엇일까요?

부채가 발생하면 반드시 따라붙는 것이 상환 능력입니다. 돈을 빌렸으면 이자와 함께 원금을 정해진 기간에 갚아야 합니다. 점진적인 인플레이션이란 계속해서 부채가 증가하는 것이므로 원리금 상환 능력 또한 그에 맞게 따라와야 합니다. 국가경제에서 부채 부담 능력은 GDP 대비

부채 비율, 경상수지 흑자 및 외환보유고 등의 객관적 지표에서 나타납니다.

물론 수학처럼 GDP 대비 몇 퍼센트까지가 한계인지 정해진 공식은 없습니다. 그럼에도 어떤 나라는 부채가 많다고 하고 어떤 나라는 문제 삼지 않기도 합니다. 선진국일수록 부채가 많지만 금융시장 참가자들은 관심을 두지 않습니다. 그러나 개발도상국은 부채의 정도에 따라 문제를 삼기도 합니다.

중국은 이머징 국가라서 최근 '그림자 금융'Shadow Banking에 대한 언급이 늘고 있습니다. 과도한 기업부채에 시장이 더 많은 관심을 보이고 있는 것입니다. 국가경제가 성장하기 위해 필요한 부채를 조달할 수 있는 경제주체는 크게 '기업, 가계, 정부' 이렇게 세 축으로 구성됩니다. 만일 정부가 성장에 필요한 부채 조달의 핵심 세력으로 등장한다면 해당 국가의 경제가 구조적으로 저성장 국면에 진입했다는 것입니다. 정상적인 경제라면 부채를 부담하는 주체는 기업 또는 가계여야 합니다.

국가의 경제발전 구조상 초기 부채는 대부분 기업이 부담합니다. 방글라데시 같은 저개발 국가에서 경제성장을 위해 함부로 부채를 늘리면 하이퍼인플레이션의 역습에 빠지므로 정부와 중앙은행은 초기 경제발전을 위한 자본을 기업 위주로 배분합니다.

한국의 경제발전 단계에서 경험했듯이 초기 원조 자금이나 차관이 달러화로 입금되면 그 자본을 근거로 통화량을 늘립니다. 당연히 해외 수출을 위해서는 기업의 경쟁력 확보가 급선무이므로 일정 수준의 외환보유고를 무역수지로 확보하기 전까지 대부분의 자본은 기업으로 편중되

● 이머징 국가의 경제발전

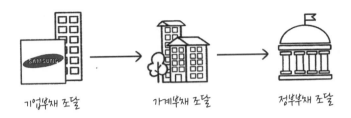

기업부채 조달   가계부채 조달   정부부채 조달

죠. 대규모 자본을 특정 기업이나 기업군에 몰아줌으로써 조선업, 중화학공업 등 대규모 자본 집약 산업이 경쟁력을 확보하게 하는 것입니다.

문제는 이렇게 기업에 자금이 편중되기 시작하면 시장의 자율 기능이 제한되며 잘못된 투자가 발생한다는 겁니다. 정부와 은행권의 로비 능력에 따라 자금을 수혈받을 수 있으니 자체 경쟁력과 상관없는 투자를 벌이는 기업이 늘어납니다. 수익성의 유무로 자금이 집행되어야 진짜 경쟁력이 생기는데 그렇지 못하면 기업의 부채가 과도하게 늘어나겠죠. 그러면 이제 글로벌 금융시장은 그 나라의 상환 능력에 의문을 갖기 시작합니다.

기업 파산을 막기 위한 중국의 노력

1997년 한국에서 발생한 외환위기의 주범은 기업의 과도한 부채 부담이었습니다. 수익성이나 경쟁력에 따른 부채 조달이 아닌 대기업, 재벌 기업 위주로 자본이 편중되었고 이를 믿고 사업을 벌인 기업들은 부채

상환을 감당하지 못하며 쓰러져갔죠. 이렇게 한순간에 바닥을 친 기업 경쟁력은 당연히 글로벌 교역에서 적자로 나타났으며, 약해진 경제 펀더멘털을 눈치챈 해외 자본들은 외환위기를 예상하며 썰물처럼 빠져나갔습니다.

마지막으로 한국이 손을 벌릴 수 있는 곳은 IMF였습니다. 이 기회를 틈타 많은 국부가 해외로 유출되었고 그 후 성장에 필요한 부채는 가계로 넘어왔습니다. 외환위기의 경험을 통해 기업은 부채를 늘리기보다 내실 위주 경영을 도입하며 늘어난 부채를 줄이기 위해 노력했습니다. 정부는 기업의 대출 상환으로 줄어드는 통화량을 가계부채 확대로 대응했죠. IMF 외환위기 이후 20년간 이렇게 늘어난 가계부채는 이제 한계를 보이면서 문제로 떠오르고 있습니다.

중국의 발전 단계도 우리와 다르지 않습니다. 중국도 WTO 가입 이후 급격한 산업화를 실시하면서 대부분의 자본을 기업과 도시화에 집중하며 경제성장을 이끌어왔습니다. 중국 기업들도 쉽게 조달할 수 있는 자금으로 경쟁력 있는 투자보다는 일단 벌리고 보자는 식의 잘못된 투자를 벌였습니다. 특히 중국 사회주의 체제의 특성상 일반 개인이 은행에서 대출을 받기 힘든 금융 환경 때문에 기업이 개인들에게 대출 장사를 하는 대부업 구조까지 만들어졌습니다.

자본의 확장 단계에서 기업을 거쳐 가계로 넘어오는 것이 순서지만, 예상보다 빠르게 경제성장이 진행되다 보니 개인은 기업에 돈을 빌려 부동산 투자에 나서게 되는 기형적인 부채 조달 구조가 형성되었습니다. 이 구조는 이제 한계에 도달했고 중국에서는 최근 부채를 상환하지 못해 파산하는 기업들이 늘어나고 있습니다.

중국이 한국의 1997년과 다른 점이 있다면 당시 한국은 외채를 조달해 기업들에 많은 대출을 해줬다는 것입니다. 그러나 현재 중국 기업은 90퍼센트 이상의 부채를 국내 은행이나 지방 정부의 보증을 통해 조달했습니다. 외채보다는 국내 조달 자본이 대출 만기에 도달해도 연장이 쉽다는 이점은 중국 입장에서 보면 여간 다행이 아닙니다.

시진핑 정부의 출범 이래 중국 정부는 기업의 국제 경쟁력 달성을 위해 저임금 기반의 한계기업은 자연스럽게 퇴출할 수 있게 했습니다. 대부분의 기업부채가 국내에서 조달되었다는 것을 감안해 연장보다는 파산을 통해 좀비 기업을 정리하면서, 자연스럽게 기업 경쟁력을 강화시키려는 전략이었습니다. 그런데 이런 과정에서 미국과 무역 분쟁이 발생하며 예상보다 빠르게 한계기업들이 다량 퇴출되고 있는 실정입니다.

아무리 중국 정부라 하더라도 한계기업의 구조조정에는 일자리가 줄어드는 부담이 있습니다. 이를 해결하려면 시간이 필요한데, 설상가상으로 미국과 관세 분쟁이 생기며 예상치 못한 기업들의 일자리까지 사라지게 되었습니다.

이런 상황을 감안해 중국 정부는 2018년 하반기부터 기업들의 유동성 지원에 나섰습니다. 기업 구조조정의 속도를 조절하며 미국과의 무역 분쟁을 해소하는 데 중점을 두고 미국에 양보하는 한이 있더라도 급한 불부터 끄려는 의도였죠. 2019년 1월에 들어서는 중국 인민은행의 연속적인 지급준비율 인하 조치와 함께 '맞춤형 중기대출 프로그램' T-MLF 제도 등을 도입하며 기업 파산을 막기 위해 유동성을 확충하려고 노력하고 있습니다.

비관론과 낙관론 사이

최근에는 중국 정부의 노력으로 금융시장이 안정된 모습을 보여주고 있습니다. 그러나 정책이 실패해 기업부채 문제가 발생한다면 미국의 압박과 함께 중국 경제가 심각한 위기를 맞이하지 않을까요? 중국에 기업부채 문제가 생기면 과거 한국의 외환위기와 같은 심각한 통화량 공백이 발생하며 부채 디플레이션이 발생할까요?

충분히 가능한 시나리오지만 저는 이 같은 상황이 발생할 확률을 낮게 보고 있습니다. 중국에는 아직 부채 부담 여력이 충분한 가계가 있기 때문입니다. 중국은 사회주의 경제체제입니다. 경제 규모는 상당한 수준이지만 다른 선진국이나 한국과는 달리 국민들이 은행 대출에 접근하는 것이 쉽지 않습니다.

하지만 부채위기가 발생하면 아무리 사회주의 국가라 하더라도 가계의 부채 접근성은 개선될 여지가 충분합니다. 기존 기업이 빌린 돈을 다시 높은 이자를 주고 빌리는 시스템보다 부채 부담 능력이 되는 가계가 직접 은행에서 대출을 받게 하면 통화량 증가와 경제 구조의 건전성에 도움이 될 것입니다.

따라서 중국 경제가 최근 미국의 압박과 부동산 시장의 한계로 곧 망할지 모른다는 극단적인 비관론보다는, 자본주의 발전 단계를 다른 나라들이 경험했던 순서대로 거칠 것이며 이로 인해 상당 기간 성장을 지속할 가능성이 높다는 데 한 표를 주고 싶습니다.

지난 수천 년 역사에서 한국의 발목을 잡아왔고, 최근에는 사드 문제로 서로 상처를 주고받은 점에서 중국의 비극적인 결말을 원하는 사람이 있을 수도 있습니다. 그러나 경제는 그렇게 극단적으로, 손바닥 뒤집듯 변하지 않습니다.

글로벌 공급망global supply chain은 한두 국가의 의도에서 생겨난 것이 아니라 글로벌 경제 생태계에서 오랜 적응의 과정을 거쳐 이뤄졌습니다. 또한 인간의 발전 단계가 따로 떨어져서 진행되는 게 아니듯, 경제 사이클도 시차를 두고 차차 경험하게 됩니다. 그렇기에 중국의 가능성과 한계도 더 넓고 장기적인 관점에서 봐야 한다는 게 제 생각입니다.

중국제조 2025 전략과
한국 경제의 위협

2019년 1월 초 중국의 제조업관리지수PMI가 발표되자 글로벌 주식시장이 크게 하락한 적이 있었습니다. 그다음 날 애플에서 작년 4/4분기 실적이 중국의 영향으로 하락할 것 같다고 주주에게 서한을 보내자, 금융시장은 무역 분쟁으로 중국뿐만 아니라 미국의 주요 기업까지 악영향을 받는다며 혼란스러워했습니다. 특히 한국 금융시장은 주식시장의 하락 반응과 함께 달러/원 환율까지 상승하며 중국 의존도가 높은 한국 경제의 펀더멘털을 그대로 보여줬습니다.

지난 3년간 한국 경제를 이끌어왔던 산업은 반도체입니다. 2016년 초부터 시작된 반도체 슈퍼 사이클로 D램 가격이 다섯 배 가까이 오르며 반도체는 한국 무역수지 흑자에서 큰 역할을 해왔습니다. 그런데 이런 반도체 가격이 2018년 10월 이후 하락하고 있습니다. 심지어 지난 2000년대에 겪었던 반도체 폭락설까지 나오면서 우려의 소리도 높아지고 있습니다.

2018년 하반기 이후 D램 가격이 하락 조정을 보이고 있는 이유는 지난 3년 동안 조정 없이 많이 올랐기 때문이고, 중국발 미국행 수출이 크게 하락했기 때문입니다. 2018년 7월 미국의 중국산 수입품 500억 달러 관세 부과로 시작된 무역 분쟁이 10월에 2,000억 달러가 추가되면서 중국의 걱정이 시작되었습니다.

한국산 반도체 수출의 40퍼센트는 중국을 목적지로 합니다. 중국은 한국과 대만, 일본 등에서 주요 부품을 수입해 조립한 후 완성품을 미국으로 수출하는 경제 구조입니다. 중국은 부품 산업에서 아직까지 글로벌 경쟁력을 확보하지 못했고, 저임금 노동력에 기반한 분업 구조에서 벗어나지 못했습니다. 중국의 수출이 줄면 한국산 반도체 수입이 줄고 이것이 달러/원 환율에까지 영향을 미치는 산업 구조의 한계는 향후 한국 경제가 풀어야 할 숙제입니다.

중국 입장에서도 이를 개선할 필요성이 있습니다. 단순 조립생산을 하거나 해외 부품을 수입하다 보면 무역흑자를 볼 수는 있지만 영업이익률이 떨어집니다. 충분한 부가가치를 확보하기 위해서라도, 중국 내 자산 버블을 막기 위해서라도 이런 약점을 극복해야 합니다. 그 일환으로 계획된 것이 '중국제조 2025'입니다.

2025년까지 중국이 선정한 주요 ICT 품목에서 세계 1등이 되겠다는 그들의 목표는 한국 경제에도 커다란 위협이 될 수 있습니다. 중국 경제는 사회주의 독재 시스템을 통한 특정 기업 몰아주기가 가능합니다. 민간 기업은 기술혁신에 대규모 투자를 할 때 실패 가능성을 최소화하기 위해 시간이 필요하지만 중국은 그런 시간을 압도적인 정부 지원과 보조금으로 만회할 수 있습니다.

기술 발전은 양질 전환의 법칙이 존재합니다. 많이 하게 되면 질적으로 성장하는 구조지만 시행착오를 피할 수는 없습니다. 민간 기업이 한두 번의 시행착오로 파산 또는 주가 폭락의 위험에 직면하면 중국은 그것과 상관없이 정부가 지원합니다.

또한 질적으로 부족한 제품일지라도 정부가 나서서 구매하기에 중국 기업은 안전벨트를 착용하는 효과까지 얻어 다른 국가 기업과의 경쟁에서 유리한 위치에 설 수 있습니다.

한국 경제 어디로 가야 할까

미국이 걱정할 정도의 제조업 경쟁력 확보 속도가 높아지는 현 상황에서 한국 경제는 이미 많은 산업 분야에서 중국에게 경쟁력을 빼앗겼다는 평가를 받고 있습니다. 여기에 중국제조 2025 전략이 성공한다면 한국 경제는 '너트 크래커'Nut Cracker (호두까기 기계를 뜻하는 말로 한 나라가 선진국에 비해서는 기술 경쟁에서, 개발도상국에 비해서는 가격 경쟁에서 밀리는 현상을 지칭) 상황에 빠질 수밖에 없습니다.

그나마 미국의 트럼프 대통령이 중국에 대한 견제를 시작했다는 것이 한국으로서는 다행입니다. 향후 글로벌 기술 버블을 만들 것으로 예상되는 5G 분야에서 가장 앞서가는 것으로 평가받는 중국 화웨이와, 중

● 너트 크래커 현상

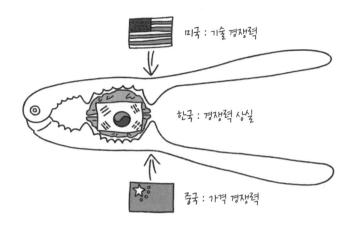

미국 : 기술 경쟁력

한국 : 경쟁력 상실

중국 : 가격 경쟁력

국 반도체 굴기를 이끌고 있는 푸젠 반도체 등을 견제해주는 미국이 고
마울 따름입니다.

한국의 현재 글로벌 교역 시스템을 고려하면 대놓고 미국을 응원할
수는 없습니다. 하지만 미국과 유럽 선진국들이 중국을 견제해주는 이
런 상황에서 은밀히 미국 기업 등과 연합해 중국 기업을 견제하는 데 나
서야 합니다.

특히 미국 주도로 진행 중인 WTO 개혁은 더욱 적극적으로 미국과
함께 보조를 맞춰야 합니다. WTO 개혁의 핵심에는 '중국의 기업 보조
금 지원 정책'이 있습니다. 중국은 현재 WTO에서 개발도상국 지위를
인정받아 정부 보조금에 대한 규제를 받지 않는 실정입니다. 스스로
2025년이면 세계 1등이 된다고 외치고 있고, 실제로 고속철도와 전기

차 및 태양광 분야에서 상당한 경쟁력을 확보했는데 개발도상국 지위를 이용해 혜택을 받는 건 말이 되지 않습니다. 중국 기업이 지금의 위치까지 올 수 있었던 건 불합리한 보조금 지원 정책 덕분이므로 앞으로 미국의 WTO 개혁 정책에 적극적으로 협조해 중국을 간접적으로 견제하는 정책을 시행해야 합니다.

흐르는 강물을 막을 수는 없습니다. 다만 그 속도를 늦추면서 한국 경제가 나아가야 할 물길을 만들기 위해 노력해야 합니다.

"미중 무역 전쟁,
세계의 돈은 어디로 흘러가고 있는가?"

– G2는 'Group of Two'의 약어로 세계경제 대국 중국과 미국을 지칭
한다.

– 국가의 경쟁력은 군사력과 경제력에서 나온다. 현대 국가에서는 특히
경제력이 중요한데, 이 중에서도 제조 경쟁력이 경제성장의 척도다.

– 중국은 중국제조 2025 전략으로 제조 경쟁력을 키우기 위한 국가적 프
로젝트를 성공시켜나가고 있다.

– 중국은 하이퍼인플레이션을 막기 위해 위안화를 SDR에 편입시키려고
노력한다.

– 미중 무역 전쟁은 미국이 중국을 견제하기 위한 수단이다.

– 중국은 아직 가계부채의 한계가 남아 있어 상당 기간 성장을 지속할 가
능성이 있다.

– 중국의 성장으로 한국은 너트 크래커 현상에 빠질 수 있지만, 중국에
우호적이지 않은 미국과 호흡을 맞춰 대처해나간다면 그 속도를 늦출
수 있다.

THE SENSE OF MONEY

제6장

글로벌 경제로
기르는
돈의 감각

: 미국 편

미국이 금리를 결정하는
세 가지 기준

사람의 몸에서 가장 중요한 역할을 하는 것이 바로 '피'血입니다. 피가 부족하면 몸에 힘이 없으며, 반대로 온몸 구석구석에 피가 잘 흐르면 건강하다고 합니다. 혈액은 단순히 물이 아니라 혈관을 통해 온몸을 돌며 영양분과 산소를 실어 나르고 사람이 움직이는 데 필요한 에너지를 이동시킵니다. 이런 피가 온몸 구석구석으로 돌아야, 몸에 항상 적당량이 있어야 건강을 유지할 수 있습니다.

인체에서 피의 역할을 경제에서는 돈이 담당합니다. 그래서 '피 같은 돈'이란 관용구는 참으로 적절한 표현이란 생각이 듭니다. 피가 부족하면 몸에 힘이 없듯이 경제에서 돈이 부족하면 디플레이션으로 경제가 힘들어지고, 반대로 너무 많아지면 인플레이션으로 자산에 버블이 생깁니다. 돈이 전국

구석구석까지 도달하지 못하면 특정 지역은 경제성장에서 외면당하며 지역 차별이라는 이야기가 나옵니다.

몸에서 피를 온몸으로 보낼 수 있는 기관이 심장이라면, 경제에서는 중앙은행이 그 역할을 합니다. 미국의 중앙은행은 연방준비제도(연준)이며 그들은 돈의 양을 조절하는 역할을 합니다. 연방준비제도는 대통령이 임명하고 상원이 승인한 이사 일곱 명으로 이루어진 연방준비제도이사회에 의해 운영되며 정부로부터 철저한 독립성을 보장받고 있습니다. 또한 미국 12개의 지역에 분포된 연방준비은행은 연준의 목적대로 중앙은행 역할을 하며 각 지역에서 담당 구역의 은행을 총괄합니다.

연준의 첫 번째 목표는 통화정책입니다. 금리의 조절을 통해 미국 경제를 지속적으로 성장시키기 위한 여러 가지 정책을 폅니다. 1년에 총 여덟 번의 연방공개시장위원회를 개최해 기준금리를 결정하고 미국의 경제 펀더멘털을 관리하죠.

연준이 금리 결정을 할 때마다 중요시하며 언급하는 지표는 세 가지입니다.

① 경제 펀더멘털
② 고용지표
③ 인플레이션율

현대 자본주의 경제 시스템은 신용화폐를 기반으로 하고 있고, 돈의 양(통화량)에 따라 경제가 팽창하고 수축하므로 경제 펀더멘털과 인플레이션율을 감안하는 것은 이해할 수 있습니다. 그런데 중앙은행이 일자리를 만들거나 회사를 설립하지도 않으면서 왜 고용지표를 중시하는 걸까요?

이번 장에서는 연준에서 금리를 결정하는 기준과 결정에 따른 결과를 상세히 알아보려고 합니다. 또한 2008년 금융위기 직후 미국의 기준금리 추이를 살펴보며 미국이 금융위기를 극복한 방법과 현재 미국이 당면한 숙제를 살펴볼 것입니다.

이를 따라가다 보면 금리 결정에 위의 세 가지 지표가 왜 중요한지 저절로 깨우치게 될 것입니다.

미국은 어떻게
경제위기를 극복하는가

신용화폐에서 돈의 양은 금리 조절을 통해 이뤄집니다. 금리가 높으면 갚아야 할 이자가 많으므로 부채가 늘어나기 어렵고, 반대로 금리를 낮추면 부채가 늘어나기 좋은 구조가 되죠. 중앙은행이 금리를 낮추는 이유는 현재의 성장을 유지하기 힘들거나 기대만큼 돈의 양(부채)이 늘어나지 않아서 금리 인하를 통해 도움을 주려는 것입니다. 반대로, 금리를 올리는 이유는 경제 구성원(기업과 가계)들이 현재 경제 수준을 유지하는 것 이상으로 많은 돈을 빌리고 있어 속도를 조절하기 위해 조치를 취하는 것입니다.

최악의 경우 금리를 0퍼센트까지 낮추기도 하는데 이는 경제 구성원들의 심리가 상당히 불안해서 아무도 돈을 빌리려 하지 않을 때 일어납니다. 만약 0퍼센트로 대출이 활성화되지 못해 경제에 필요한 돈의 양이 부족할 때는 양적완화를 통해 은행 시스템에 돈을 직접 투하해서 경제위기를 막으려고 하죠.

통상 금리를 0퍼센트로 낮춰도 경제 구성원들이 돈을 빌리려 하지 않을 때는 자산에 형성된 버블이 터진 이후입니다. 버블이란 생산에서 확보되는 부가가치 이상으로 자산의 가치가 올라가는 것을 말합니다.

버블을 걱정하지 않는 경제에서는 빌린 돈의 절반은 생산에 투자하고 나머지 절반은 자산에 투자합니다. 그런데 버블이 형성되면 그 비율이 생산보다 자산 쪽으로 많이 기울어집니다.

중앙은행은 어떻게 자산의 버블을 막아낼지 항상 고민합니다. 그런데 중앙은행이 결코 할 수 없는 일이 있습니다. 중앙은행은 돈의 양을 늘리거나 줄일 수는 있어도 돈이 흘러가는 방향까지 결정할 수는 없습니다. 그런 한계 때문에 중앙은행은 부채가 증가할 때마다 적절한 금리 조절을 통해 버블을 예방하려 합니다.

우리는 은행에서 돈을 빌리면 집을 사거나 사업 자금에 보태거나 차를 사는 데 사용합니다. 사업 자금도 사무실 또는 공장을 구매(임대)해야 하므로 대출이 늘어나면 필연적으로 부동산 가격이 움직입니다. 따라서 중앙은행은 늘린 돈이 사업 자금으로 사용되기를, 그로 인해 고용지표가 개선되기를 바랍니다.

그래서 중앙은행이 금리 인상이나 인하 시점에 '고용지표'를 자주 인용하는 것입니다. 신용화폐의 단점을 숨기고 싶기도 하고, 자신의 실책으로 버블이 만들어지거나 붕괴되는 게 아니라고 사람들에게 주장하고 싶은 것입니다. 어떤 수를 써도 돈에 꼬리표를 달아 사업과 관련이 없는 부동산 투기를 막을 수 있는 방법은 없으므로, 중앙은행이 할 수 있는 건 오로지 '양의 조절'뿐입니다.

미국이 기준금리 인상을 서두른 이유

미국은 2008년 금융위기 직후 금리를 0퍼센트로 인하했습니다. 그 후 7년이 흐른 2015년 12월에는 위기 이래 처음으로 기준금리를 인상했고, 2016년 하반기부터 2018년 12월까지 8번 연속으로 기준금리를 올렸습니다. 앞에서 언급했던 대로 중앙은행이 금리를 인상하는 시점은 경제 주체들이 대출을 본격적으로 받기 시작하며 통화량 증가가 과열이 예상될 정도로 버블을 만들지 모른다는 우려가 있을 때입니다.

2008년 금융위기 이후 지속적으로 감소하던 미국의 전체 부채는 2014년 1분기 이후 바닥을 찍고 점진적으로 증가해왔습니다. 특히 금리를 본격적으로 올리기 시작한 2016년 하반기에는 금융위기 직전의 부채 총량에 도달했으며 이후에는 본격적인 상승을 보여주고 있습니다.

중앙은행은 통화량 증가세를 보며 금리를 조절합니다. 당연히 속도를 줄이기 위해 2018년 1년 동안에는 무려 네 번의 금리 인상으로 시장을 놀라게 했습니다. 특히 지난 10년간 통화량 증가의 핵심 역할을 해온 미국 기업부채의 충격은 많은 사람의 우려와 함께 2018년 다우지수를 비롯한 주요 지수의 하락을 이끌어내기도 했습니다.

현대 사회에서 금융위기는 다음 세 가지 위기를 동시에 의미합니다.

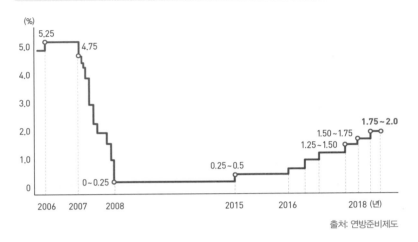

미국 기준금리 추이

(%)

5.25

4.75

0~0.25

0.25~0.5

1.25~1.50

1.50~1.75

1.75~2.0

5.0

4.0

3.0

2.0

1.0

0

2006 2007 2008   2015   2016   2018 (년)

출처: 연방준비제도

금융위기 = 경제위기 = 부채위기

2008년 금융위기는 가계의 부채 확대에 따른 부동산 버블의 붕괴에서 시작되었습니다. 특정 계층과 부문에서 버블이 발생하면 은행은 그 계층과 부문의 대출에 조심하게 됩니다. 과거 한국이 IMF에 구제금융을 신청할 때 위기는 기업부채에서 시작되었고, 지금 당면한 부채 문제는 기업이 아닌 가계부채입니다. 과거 문제가 되었던 곳에 은행은 신중을 기했고 상대적으로 부채 여력이 많은 가계 대출에 영업을 집중했습니다.

미국은 가계부채로 문제가 터지자 한국과는 반대로 상대적으로 건실한 기업부채를 늘리며 이익을 극대화했습니다. 위기 이후 이렇게 부채를 확대한 부문은 기업이었고, 기업부채는 이제 점점 오르는 금리에 위기를 맞이할 상황이 되었습니다.

특히 저금리와 함께 은행의 자산을 매입하는 형태로 지속됐던 약 4조 달러의 유동성은 비교적 위험도가 높은 기업의 부채 조달에 영향을 미쳤죠. 개인부채는 주택의 담보 가격이 하락하면 곧바로 부실이 되지만, 기업부채의 경우 만기까지 이자를 내기만 하면 아무런 문제가 없다는 것도 장점이었습니다. 금리가 낮아 높은 수익을 기대하기 어려워지자 금융시장은 위험이 있더라도 수익을 낼 수 있는, 상대적으로 신용도가 떨어지는 기업들에 부채를 공격적으로 늘렸던 것입니다.

하이일드 채권High Yield(정상적인 신용도 이하의 기업이 발행하는 위험한 회사채)과 레버리지드 론Leveraged Loan(신용도가 떨어지는 회사가 발행하는 변동금리부 단기대출)의 규모는 금융위기 이후 두 배 이상으로 늘어났습니다. 그리고 2016년 하반기 이후 여덟 번 연속된 금리 인상은 신용도가 낮은 기업들에 영향을 미쳤습니다. 변동금리로 이뤄진 대출은 당장 이자율 부담을 주게 되었고, 하이일드 채권은 만기가 본격화되는 2020년 이후 높은 금리로 만기 연장을 해야 하는 부담이 상존합니다.

금융위기는 채무불이행 위험에서 시작됩니다. 지난 10년간 조정 없이 상승한 미국 주식시장은 기업들의 활발한 기업인수M&A를 동반했습니다. 위험 기업은 수익성을 확보하기 위해 동종 또는 관련 기업을 인수했는데 이때 필요한 자금을 대부분 레버리지드 론으로 조달했습니다. 예를 들면 어떤 회사는 배당금을 지급하기 위해 이런 변동금리 기반의 고금리 대출을 이용했는데 2018년 12월까지 지속된 연준의 금리 인상으로 이제 상환 부담이 발생한 것입니다.

연준 입장에서는 이런 한계기업의 구조조정을 위해 일부 부담이 되더라도 금리를 인상해 강제적으로 재무구조를 개선하려고 했을 것입니다. 부채 부담이 되더라도 기업이 자체 노력을 통해 부채를 상환하게 하면 단기적으로 힘들지라도 장기적으로는 미국 국가경제에는 힘이 되리라 판단한 겁니다.

2018년 6월, 과거 1929년 10월에 다우지수가 30개 종목으로 새로 시작한 이후 가장 오랜 역사를 지닌 미국의 대표 기업 GE가 퇴출되었습니다. GE는 기업 구조조정 일환으로 프랑스 알스톰을 인수하면서 대규모 레버리지드 론을 일으켰죠. 특히 10월 배당금 공시에서는 전분기 주당 12센트에서 0.01달러로 공시하며 소문으로 떠돌던 재무구조 악화설이 금융시장에 공개되었습니다. 당연히 주가는 크게 하락했고 이후 금융시장 참가자들은 GE와 유사한 구조로 기업인수 합병에 참여한 기업들의 주식과 채권을 매도하기 시작했습니다.

급격한 금리 인상이 미국 기업들에 위협이 될 수 있다는 루머가 현실로 확인된 것입니다. 사실 트럼프 대통령을 비롯한 정치인들과 월스트리트 금융시장 관계자들은 최악의 경우 미국 기업의 부채 버블이 터질 수 있다며 중앙은행을 압박했었습니다. 금리를 올리더라도 무조건 올리면 최악의 상황이 발생할 수 있으므로 이런 기업들의 상황을 고려해 금리 인상을 해야 한다고 주장했던 것입니다.

다행스럽게도 2019년 7월 31일 연준은 10년 만에 기준금리 인하를 확정했습니다. 경제에서 금리 인하는 신용팽창 속도가 저하된다는 의미로 경제의 청신호는 아닙니다. 그런데 연준에서는 이번 금리 인하를 미국 경제 문제가 아닌 대외변수를 고려한 '보험성 인하'Insurance Cut라고 설명했습니다. 미중 무역 분쟁, 유럽의 경기침체 등을 핑계로 삼은 것이죠.

그러나 실제로는 미국 내 기업부채의 이자 비용 증가에 대한 우려감이 있었을 가능성이 있습니다. 향후 미국 기업이 이자 비용을 어떻게 해결할 것인지 면밀한 관찰이 필요한 시점입니다.

미국 경제의
현재와 미래

2018년 12월 연방공개시장위원회에서 기준금리를 인상했습니다. 당시 연준은 2019년 세 번의 예정된 금리 인상이 아닌 두 번의 금리 인상을 예고하며 속도 조절을 하는 것 같은 모습을 보여줬습니다. 증권시장이 좋아할 만했지만 주식시장은 예상과는 다르게 폭락했습니다. 연방공개시장위원회 이후 열렸던 기자회견에서 제롬 파월Jerome Powell 의장이 '오토파일럿'Autopilot이란 단어를 사용하며 금리 인상은 예정했던 대로 계속 진행한다고 발언했기 때문입니다.

오토파일럿은 자동항법 장치입니다. 항공기가 예정된 항로대로 운항한다는 의미로, 그날 파월 의장의 발언은 미국 기업부채 문제 여부를 떠나 연준은 지속적으로 금리를 올리겠다고 한 것입니다. 2018년 10월 이후 미국의 부채 문제가 지속적으로 제기되었고, 트럼프 대통령까지 나서서 금리 인상이 미국 경제에 악영향을 미칠 것이라 경고했음에도 불구하고, 연준은 꿋꿋하게 제 갈 길을 가겠다고 선언한 셈입니다.

2000년 이후 미국에서는 두 번의 위기가 있었습니다. 2000년 닷컴 버블과 2008년 금융위기가 그것입니다. 2000년과 2008년 버블이 생성된 가장 큰 이유는 지나치게 낮은 기준금리 때문이었습니다.

은행에서 빌린 돈이 생산이 아닌 자산 투자에 몰리면 필연적으로 버블이 발생합니다. 중요한 점은 버블이 발생한 이후 중앙은행의 대응 방법과 속도입니다. 중앙은행이 버블을 관리하기 위해 할 수 있는 유일한 조치는 금리 인상입니다. 그러나 인상되는 금리가 시장의 펀더멘털을 넘어서면 급격한 경제 붕괴가 발생합니다. 부채 디플레이션에 따른 급격한 신용 축소로 경제에 큰 타격을 입히는 것입니다.

나스닥과 주택 버블의 붕괴는 연준의 급격한 금리 인상에 영향을 받았습니다. 경제 상황을 고려하지 않고 자신의 길을 걸어갈 때 직면할 수 있는 부작용입니다. 두 번이나 이런 일을 겪었던 미국의 금융시장은 파월 의장의 오토파일럿이란 단어에 놀란 토끼가 될 수밖에 없었습니다.

중앙은행의 역할 중 가장 중요한 것은 통화량 조절입니다. 부채가 늘어나는 정도를 통제해서 경제 팽창이나 쇠퇴의 속도를 조절합니다. 경제가 너무 빠르게 팽창하거나 돈이 생산이 아닌 자산으로 이동해 버블을 만들 것 같은 상황에서는 금리를 올리고, 반대로 통화량이 감소하거나 증가하는 속도가 너무 느릴 때는 금리를 내립니다. 이렇게 금리를 조절해 경제를 일정한 수준으로 성장시키려 하죠.

중앙은행의 금리 정책은 금리를 견뎌낼 수 있는 경제 펀더멘털을 고려해서 융통성 있게 결정됩니다. 즉, 금리를 올려야 한다고 중앙은행이 맨 처음 판단할 시점보다 금리 인상 진행 과정에서 경제주체들이 감당할 수 있는 여력은 언제든 달라질 수 있습니다.

2018년에 이어 2019년, 2020년까지 금리를 올릴 것이라고 약속했더라도 경제 펀더멘털이 인상 속도나 수준을 힘들어하면 언제든지 일정을 변경할 수 있어야 경제가 건강하게 유지될 수 있습니다. 이처럼 경제수준을 면밀히 고려하려는 연준의 입장이 미국 경제의 견실한 성장에 도움이 될 것입니다.

2018년 10월 이후 미국을 비롯한 글로벌 주요국들의 주식시장이 급락하면서 2008년 위기가 다시 오는 건 아닌지 걱정하는 분들이 많았습니다. 어떤 사람들은 대공황까지 언급했는데, 가장 큰 이유로 미국의 지속적인 금리 인상이 기업부채 문제를 표면화할 수 있는 점을 들었습니다. 트럼프 대통령까지 나서서 미국 경제와 주식시장을 붕괴시킨 주범을 파월 의장이라고 할 정도였으니 일반인들은 더 걱정을 할 수밖에 없었을 겁니다.

그러나 2019년 1월 30일 연방공개시장위원회에서 파월 의장과 이사진들은 이런 시장의 우려를 인정하고 금리 인상 속도를 경제 상황에 맞게 인내심을 가지고 조절하겠다고 약속했습니다. 그 결과 연준은 약속대로 6개월 후 금리 인하를 단행합니다. 연준의 통화 유연화 정책은 2000년 닷컴버블, 2008년 금융위기를 일으킨 연준의 급진적인 통화정책에 대한 우려를 해소하려는 노력일 것입니다.

또한 이는 2017년, 2018년에 비해 2019년의 미국은 경제성장을 지속하기는 하지만 강도와 속도가 느려지고 있다는 사실을 인정한 것입니다. 혹시라도 경제성장이 예상보다 많이 지체되거나 침체될 때를 대비해 통화정책을 유연하게 하겠다는 연준의 말에, 일부 비관적인 사람들은 좋았을 때도 하락했던 주가가 이제는 더 떨어져 진짜 폭락이 올 수도 있다고 주장합니다.

미래를 정확하게 알 수 있는 사람은 없으므로 그들의 말을 전부 믿을 순 없습니다. 다만 주식시장은 항상 선제적으로 움직이고, 주식시장의 반응으로 금융정책이 바뀌기도 한다는 점을 고려해야 합니다. 보통 미국 증시는 미국 기업의 주가 흐름과 일치합니다. 수익이 줄면 주가가 하락하며, 수익보다 과도하게 상승하면 그것이 버블이 되어 둘 사이의 차이를 메우게 됩니다.

2018년 10월부터 12월까지 주가가 약 20퍼센트 정도 하락 조정을 겪었던 이유는 기업 수익보다 과도하게 올랐기에 향후 금리 인상으로 기업 수익이 떨어질 것을 걱정하고 미리 하락한 겁니다. 이제 연준이 금리 인상에만 집착하지 않고 유연하게 대응한다고 약속했으므로 미국 기업의 수익이 예상보다 많이 하락하지만 않는다면 주가는 오히려 상승할 가능성도 있습니다.

물론 미국의 주요 IT 기업이 중국과의 무역 분쟁에 영향을 받으며 2018년 4분기 실적이 악화되었다는 점을 감안하면 향후 두 나라의 무역협상 진전 속도에 영향을 받을 것입니다.

그런 모든 점을 감안한다 하더라도 금리 인상 중단이 미국 경제를 최악으로 빠뜨릴 수 있다는 말, 그로 인해 이제 본격적으로 주가가 폭락할 것이란 말이 비이성적이란 느낌을 지울 수 없습니다. 연준은 과거 두 번의 잘못을 반면교사로 삼아 금리정책으로 버블을 붕괴시키는 것보다 상황을 고려하며 연착륙시키는 것이 국가경제, 나아가 글로벌 경제에 훨씬 필요한 정책임을 알고 있다고 믿고 싶습니다.

장단기 금리 역전이 의미하는 것은

2018년 하반기 미국 증시 주요 지수의 폭락으로 금융시장을 공포로 밀어 넣었던 것은 지속적인 연준의 금리 인상이었습니다. 상식적으로 중앙은행이 기준금리를 인하하면 장기 채권의 금리는 더 많이 상승해야 합니다. 채권은 만기가 정해져 있고, 기간이 길수록 상환 위험이 높기 때문에 단기보다 장기 채권 금리가 높아지는 것입니다.

그런데 2018년 4월 이후 금리의 반전이 일어났습니다. 만기가 긴 장기 채권금리는 하락하고, 반대로 만기가 짧은 단기 채권의 금리가 오르는 '장단기 금리 역전 현상'이 발생한 것입니다. 지난 30년간 미국의 경제 역사를 돌아보면 이런 장단기 금리 역전 현상은 총 세 번 있었습니다. 문제는 이렇게 장단기 금리 역전 현상이 발생한 후 수년이 지나지 않아 주식시장이 폭락하며 경기침체를 겪었다는 사실입니다.

가장 최근의 장단기 금리 역전 현상은 2006년에 나타났습니다. 그리고 2년 후 주택 버블이 붕괴되면서 금융위기가 발생했습니다. 금융위기 이후 2018년에 또다시 이런 현상이 발생해 금융시장 참여자들은 긴장하기 시작했죠. 때마침 10월 이후 12월까지 본격적으로 미국 증시가 하락하자 이런 걱정은 점점 현실이 되는 것 같았습니다. 장단기 금리 역전의 핵심은 10년 만기 채권과 2년 만기 채권의 금리인데 아직 이들의 금리 역전이 일어나지 않고 있다는 게 그나마 다행스러운 점입니다. 만약 역전이 발생한다고 해도 과거 데이터를 참고할 때 경기침체로 빠지기까지는 적어도 1~2년 정도 소요된다고 합니다.

미래가 침체로 정해져 있다면 그 기간이 비록 1년, 아니 수년이 걸린다고 해도 경제주체는 심리적 위축을 겪을 수밖에 없습니다. 심리적인 위협에 직면하면 사람들은 소비를 줄이고 저축을 늘리며 위험에 대비합니다. 경제가 활력을 잃고 이로써 진짜 경기침체가 시작될 수도 있어 더욱 우려가 되는 것입니다.

단기 금리가 장기 금리보다 높은 이유는 신용경색 가능성이나 위험성이 앞으로 더 커질 수 있기 때문입니다. 금융기관이 기업에 돈을 빌려줄 때 가장 걱정하는 것이 원리금 상환입니다. 신용경색이 예상되는 혼란의 시기에 금융기관은 되도록 만기를 짧게 운용합니다.

만기를 길게 주는 기업은 향후 경제위기에 상관없이 원리금 지불에 전혀 문제가 없는 기업입니다. 그들은 오히려 단기로 자금을 융통하길 원하지만 채권자 입장에서는 자금을 운용하는 데 걱정이 없기에 낮은 금리를 제시하며 장기로 운용합니다.

반대로 신용도가 상대적으로 부족한 기업에게는 단기로 운용하며 금리도 높게 적용합니다. 빌리는 기업 입장에서는 만기도 짧은데 금리까지 높아 억울하기도 하지만, 그 조건이 아닌 이상 자금을 대출하기 어려운 상황이라 울며 겨자를 먹을 수밖에 없습니다.

이렇듯 위기 극대화 가능성이 높은 시기에 장단기 금리 역전 현상이 납니다. 경제 역사상 이런 장단기 역전이 일어난 이후 수 차례 위기가 왔었기에 최근 경제주체들이 겁을 먹은 것입니다.

경제 공부가 어려운 이유는 경제를 운용하는 주체가 사람이기 때문입니다. 예측 불가능한 것이 사람이고, 그런 존재가 경제를 운용하다 보니 예측하기가 어렵습니다. 비록 과거에 장단기 금리 역전 현상이 일어나고 위기가 왔더라도 사람의 마음에 따라 달라질 수 있고, 중앙은행의 적극적인 금리 운용이 있으면 피할 수 있을지도 모릅니다.

10년 만기 채권과 2년 만기 채권의 금리 역전 현상이 발생하더라도 우리에겐 아직 2년 정도의 시간이 남아있습니다. 이는 중앙은행과 정부 관계자들이 융통성을 발휘할 기회가 남아 있음을 의미합니다.

미국의 재정적자가 계속된다면

미국 재무부가 5일(현지 시간) 발표한 올해 1월 재정 보고서를 보면 2019년 회계연도(2018년 10월~2019년 9월)가 시작된 이후 4개월 동안 누적된 미국 연방정부의 재정적자는 3,100억 달러(약 349조 원)로 집계됐다. 이는 전년 같은 기간에 쌓인 재정적자 1,760억 달러(약 198조 2,000억 원)보다 77퍼센트나 증가한 액수다.

_〈연합뉴스〉, 2019.3.6

2018년 상반기부터 경제 기사의 중심에 있었던 '미중 무역 분쟁'이 최근 해결 모드로 진입한 이후 미국에서 나오는 경제 이슈는 트럼프 대통령과 관련이 많습니다. 대표적으로 두 가지를 꼽자면 '멕시코 장벽 건설'과 '재정적자' 확대에 관한 것입니다.

멕시코 장벽의 건설은 그것을 유리로 만들든, 철조망으로 만들든 사람들은 별 관심이 없습니다. 이를 뉴스의 중심으로 만들어 자신의 지지 세력 결집을 꾀하는 것이 트럼프 대통령의 속뜻이라고 알려져 있기에 그렇습니다.

그러나 재정적자는 전혀 다른 문제입니다. 재정적자는 정부가 세금을 통해 확보하는 돈보다 훨씬 많은 돈을 사용하는 것을 말합니다. 부족한 돈을 정부가 채권을 발행해 조달하고, 그 채권은 다시 국민의 세금으로 갚겠다는 말이죠.

빚이 사라지는 조건은 상환하거나 파산하는 것 외에 다른 방법이 없습니다. 미국의 재정적자가 예상 속도보다 빠르게 진행되고 금액이 확대된다는 것은 이를 갚아야 하는 미국 국민의 세금이 올라야 한다는 말입니다. 미국이라는 신용으로 상환을 연장한다 하더라도 이자를 지불해야 하므로 그 자체가 다시 재정적자를 확대하게 됩니다.

2018년 트럼프 대통령의 대규모 법인세 감세까지 있었고, 현재 속도로 적자가 확대된다면 3~4년 안에 매년 미국 정부가 채권 이자만으로 1조 달러를 감당해야 한다고 하니, 정권 탈환을 노리는 민주당에게는 아주 좋은 공격 재료가 되고 있습니다.

이런 재정적자는 미국만의 문제가 아닙니다. 미국이 세계경제에서 차지하는 비중을 고려할 때 미국의 재정적자가 잘못된다면 또다시 글로벌 경제위기가 올 수 있다는 비관적인 시각도 존재합니다.

그런데 미국이 어떤 문제를 겪더라도 우리에게 중요한 것은 한국 경제입니다. 한국 경제는 미국의 재정적자 문제에서 어떤 영향을 받을까요? 이를 파악하려면 앞서 살펴본 GDP에 대한 내용을 다시 떠올릴 필요가 있습니다.

한국은 미국의 부채를 먹고산다

GDP란 한 나라에서 특정 기간 다른 해에 비해 얼마나 많은 거래가 발생했는지를 계산하는 것이므로 모든 거래 금액을 합산합니다. 거래가 늘어나려면 그 경제에 돈의 양이 많을수록 유리합니다.

돈은 빚의 증서이므로 경제주체가 빚을 늘려야 하며, 비교 기간보다 특정 기간에 일정 비율로 총액이 늘어나야 경제가 성장했다고 이야기합니다.

경제주체가 한꺼번에 다 빚을 늘리면 폭풍 성장한 것이지만 이런 일이 발생할 가능성은 거의 없습니다. 경제주체(가계, 기업, 정부) 중 일부 또는 전체가 돈의 양을 비교 연도보다 확대할 때 경제가 성장하고, 반대면 하락합니다.

앞서 제시했던 GDP 산출 공식을 다시 떠올려봅시다.

GDP 산출 공식

$$= \boxed{가계지출(C) + 기업투자(I) + 정부지출(G)} + \boxed{(수출 - 수입)}$$

기업은 가계 소비가 늘어나지 않는 한 먼저 투자하지 않습니다. 마찬가지로 가계는 소득이 늘지 않으면 소비를 늘리기 어렵습니다. 이런 때 누군가는 빚을 내서 경제의 유효수요를 늘려야 합니다. 불황일 때 정부가 나서서 추경예산을 편성한다, 적자재정을 집행한다고 하는 것도 정부가 나서서 유효수요를 만들어낸다는 데 의의가 있습니다.

이를 글로벌 경제로 확대해서 생각해보면 미국의 재정적자, 무역적자가 얼마나 글로벌 경제 환경에 중요한지 알게 됩니다. 즉, 미국이 재정 집행을 적자 여부에 상관없이 더 많이 확대해야 글로벌 경제가 성장합니다. 여기에 중국까지 가세한다면 더할 나위 없이 성장에 좋은 환경이 되겠지요.

글로벌 경제 전체의 성장이 실현되려면 글로벌 경제 전반에 돈이 늘어나야 합니다. 돈을 늘리기 위해서는 돈이 많은 나라에서 움직이는 게 더 효과적입니다. 글로벌 GDP 1위와 2위 국가는 미국과 중국입니다. GDP가 크다는 이야기는 돈이 많은 부자 국가라는 말입니다. 이들 나라의 각 경제주체가 돈을 늘리면 세계경제의 성장에 유리합니다. 가계와 기업은 소득과 소비라는 한계가 있습니다. 그러나 정부가 나서서 부채를 늘리는 것은 정치인과 국민들의 요구가 있으면 가능합니다.

모두의 책임은 누구의 책임도 아닌 것처럼, 빚을 갚는 것은 미래의 일이고 당장 힘든 상황을 벗어나는 것은 현실입니다. 인간은 미래보다 현재를 중요시합니다. 미국도 다른 나라와 다르지 않습니다.

　글로벌 경제가 불황일 때 미국 정부가 나서서 적자재정을 펼치면 전 세계 다른 나라보다 수십, 수백 배 많은 돈을 지구상에 주입할 수 있습니다. 그리고 2등으로 돈이 많은 나라도 합세해 돈을 풀기로 마음먹으면 글로벌 경기침체는 점점 더 벗어날 확률이 높아집니다.

　미국과 무역 분쟁을 겪으며 수출 감소로 경기침체 압력을 겪던 중국 경제가 2019년 1월 들어 지방채 발행 확대, 적자재정 확대 및 부가가치세 인하 등을 공식화하자 글로벌 주요 증시가 상승세로 전환되었습니다.

　미국의 재정적자 확대, 금리 인상 중단, 중국의 지급준비율 인하 및 적극적인 재정 집행이 글로벌 경제 회복에 중요한 역할을 하리라는 기대가 먼저 퍼져나간 것으로 해석됩니다. 이렇듯 미국의 입장에서 재정적자는 언젠가 갚아야 할 국민의 부담이 되겠지만 한국과 같은 다른 글로벌 국가에는 경제성장을 달성하기 위해 중요한 요소입니다.

　반대로 미국이 재정적자를 줄이면 한국도, 다른 글로벌 국가들도 불황을 겪게 됩니다. 부채로 성장하는 것의 윤리적 문제를 떠나 내가 먹고 살기 힘들면 나쁜 것입니다. 곳간에서 인심 나는 건 과거도, 현재도 그리고 미래도 마찬가지입니다.

　오른쪽 그래프는 지난 50년간 GDP 대비 미국의 재정적자 비율입니다. 동그라미로 표시된, 미국의 재정적자가 줄어들었던 시기는 한국 경제가 위기나 불황을 겪었던 시기와 정확하게 일치합니다. 미국이 재정흑자가 발생했던 지난 1996~1999년에는 외환위기를, 재정적자가 축소되었던 2006~2009년에는 미국발 금융위기를, 2014~2015년에는

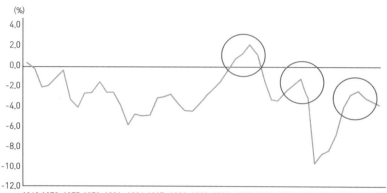

GDP 대비 미국의 재정적자 비율

(%)
4.0
2.0
0.0
-2.0
-4.0
-6.0
-8.0
-10.0
-12.0

1969 1972 1975 1978 1981 1984 1987 1990 1993 1996 1999 2002 2005 2008 2011 2014 2017(년)

출처: 골드만삭스

한국이 경상수지 적자를 기록했습니다.

금본위제를 포기한 이후부터 미국의 재정적자가 본격적으로 확대되어 부채 문제가 발생하긴 했지만 한국을 비롯한 다른 국가들은 미국이 부채를 적극적으로 늘리기 시작한 이후 경제가 성장하기 시작했습니다. 이는 부정할 수 없는 사실이죠. 미국 국민들에게는 미안하지만 달러화 기축통화 장점을 만끽하고 있으니 한국과 다른 국가를 위해서라도 미국은 부지런히 재정적자를 늘리는 것이 좋겠습니다.

문제는 영원히 빚을 늘릴 수 없다는 점입니다. 바로 달러 가치 하락 때문이죠. 미국이 재정적자를 우려해 달러 공급을 중단하면 세계경제가 위축됩니다. 그렇다고 달러 공급을 지속하면 결국에는 달러 가치가 하락합니다. 달러 가치가 폭락하면 기축통화로서 국제적 신용도가 위태로

워지는 진퇴양난의 상황에 빠지게 됩니다. 이를 처음 주장한 예일대학교의 로베르 트리핀Robert Triffin 교수의 이름을 따 이런 현상을 '트리핀 딜레마'Triffin's Dilemma라고 부릅니다.

이런 한계 때문에 최근 미국에서는 새로운 통화 이론이 등장했습니다. 바로 현대 통화 이론Modern Monetary Theory, MMT입니다.

현대 통화 이론과
마법의 성

2019년 2월 4일 미국 프린스턴대학교에서 중요한 논문이 발표되었습니다. 〈낮은 이자율, 시장 파워와 경제성장〉Low Interest Rates, Market Power, and Productivity Growth이라는 제목으로 발표된 이 논문은 현대 경제의 가장 큰 문제점인 빈부격차의 원인이 무엇인지에 대해 기존과 다른 시각을 전하고 있습니다.

　시카고대학교의 경제학자들도 같이 참여한 것으로 알려진 이 논문은 나날이 커지는 대기업, 커지는 빈부격차 그리고 커지는 사회적 불만 등의 배경에 중앙은행의 통화정책이 있다는 의견을 제시했습니다. 경제성장을 돕기 위해 시행되는 낮은 이자율은 대기업의 시장 독점을 도와 경쟁력을 약화시키고, 이런 독점은 경제적 불평등을 만들고 있다고 학자들은 이를 수학적으로 증명해 보였습니다. 낮은 이자율과 여기서 발생한 인플레이션이 독점을 만들고 있으며 이는 다시 빈부격차 확대로 이어진다는 것이 논문의 요점입니다.

이런 학술적인 논문에도 불구하고 최근 미국에서는 새로운 화폐 이론인 현대 통화 이론이 논쟁의 중심으로 떠올랐습니다. 2016년 대선에서 민주당 버니 샌더스Bernie Sanders 후보의 경제 분야 참모를 맡았던 스테파니 켈튼Stephanie Kelton 교수 등 좌파 경제학자들이 주장한 이론으로, 그들이 주장하는 핵심 논지는 다음과 같습니다.

정책 입안자들은 새 정책이 적자 부담을 키울지 살펴볼 것이 아니라
그 정책이 인플레이션을 유발할지 여부만 보면 된다.

현대 통화 이론이란 '물가상승을 수반하지 않고 미국 연방준비제도 이사회가 저금리를 유지할 수 있는 수준에서 화폐를 더 찍어내 경기를 부양해도 된다'는 이론입니다. 미국은 달러 기축통화국이므로, 달러화로 부채를 발행해도 문제가 없다는 말입니다. 부채가 커지면 '이자비용과 상환' 부담이 커지지만 그조차 다시 부채를 확대해서 해결하면 된다고 합니다.

만약 한국과 같은 이머징 국가에서 이런 일이 벌어지면 당연히 해답은 'IMF에 구제금융을 신청하는 외환위기'입니다. 하지만 미국은 달러화 수분이니 걱정하지 말고 부지런히 부채를 증가시켜 미국 경제를 살려내자는 겁니다.

참으로 기발한 아이디어이고 부러운 생각입니다. 이런 주장이 트럼프 대통령이나 공화당이 아닌 민주당 쪽에서 나오고 있다는 점도 특이합니다. 문제가 되면 잉크와 종이로 돈만 찍어내면 된다는 이 황당한 이론이 회자되는 이유는 무엇일까요?

미국에는 부채한도Debt Limit 법이 있습니다. 금본위제를 폐기한 이후 미국은 부채를 마음대로 늘릴 수 있었습니다. 그러나 과도한 부채 증가는 버블을 만듭니다. 버블이 생성되면 터질 수밖에 없고, 그렇게 터지는 붕괴에서 부채 디플레이션이란 경제위기가 따라옵니다. 대공황도, 2008년 금융위기도 마찬가지였습니다. 경제위기가 발생하면 국민이 큰 경제적 타격을 입고, 회복하는 데 상당한 시간이 필요합니다. 버블이 만들어질 때만 해도 모두가 행복한 것 같지만 그 행복은 길게 유지되기 어렵습니다.

이런 역효과를 막기 위해 부채를 법으로 제한했는데 신용화폐의 속성상 한도가 차면 다시 한도를 늘리는 것으로 대처해왔다는 게 문제입니다. '빚'이 늘어나기 시작하면 '빛'의 속도로 늘어나게 되어 있습니다.

미국은 지난 수십 년간 부채 한도를 지속적으로 늘려왔고 현재의 한도 22.5조 달러도 2019년 7월에 다시 늘려 2년간 한도 유예를 받기로 결정했습니다. 부채 한도가 가득 찬다고 해도 미국 정치인들과 국민들은 세금을 더 내게 할 수도, 낼 생각도 없습니다. 과거에 했던 것처럼 더 늘리는 것 외에 방법이 없으니 차라리 부채 한도를 폐지하자는 것이 그들의 주장입니다.

다른 국가들이 지속적으로 성장하기 위해서는 미국의 부채 증가가 필요하듯이, 미국 자체 성장을 위해서도 부채 증가가 필요합니다. 신용화폐 시스템의 한계와 인간의 탐욕, 정치인의 일자리 유지 모두에 필요한 일입니다. 문제는 도대체 언제까지 이렇게 부채를 늘려갈 수 있느냐는 겁니다. 세금을 깎아주고 재정적자를 확대할 때마다 정치인들은 '더 살기' 위해서라고 주장합니다.

그러나 앞에서 소개했던 것처럼 미국의 학자들은 이제 진실을 말하고 있습니다. 무작정 부채를 늘리고, 그 조건을 좋게 하기 위한 저금리 기조의 통화정책은 독점 기업에게만 유리한 조건입니다. 이로써 빈부격차가 확대되고 미국의 경제 체질은 지속적으로 악화되고 있습니다. 그렇다고 딱히 해결책이 있는 건 아닙니다. 그 나라가 미국이라 가능한 정책이라고 말하기도 하지만, 미국이 한국이었어도 달라질 점은 하나도 없었을 테니까요.

"미국이 빚을 많이 질수록
한국 경제는 좋아진다!"

– 금리 결정의 지표는 세 가지다. ① 경제 펀더멘털 ② 고용지표 ③ 인플레이션율

– 현대 사회에서 금융위기는 경제위기, 부채위기와 같은 의미다.

– 2008년 금융위기 당시 미국은 가계부채를 건실한 기업부채로 이임하며 극복했다.

– 최근 미국 국채의 장단기 금리 역전 현상으로 경제주체들이 심리적 위축을 겪고 있다.

– 미국의 재정적자가 늘어날수록 한국 경제가 좋아진다.

– 언제까지 미국이 재정적자를 확대할 수 있을지는 아무도 알 수 없다.

– 최근 연구에서 빈부격차의 가장 큰 원인은 중앙은행의 통화정책에 있다고 밝혀졌다.

THE SENSE OF MONEY

제7장

돈은 미래를
알고 있다

01

신용화폐 시스템은
영원할까

1차 산업혁명 직후였던 1860년 당시 영국은 면직물 산업에서 압도적인 위치를 차지했습니다. 산업혁명이 시작되기 직전인 1760년 영국의 원면 수입량은 250만 파운드였지만 산업혁명 후반인 1840년에는 3억 6,600만 파운드로 크게 늘어났습니다. 1차 산업혁명 후반기인 1831년과 1850년 유럽 주요국의 원면 소비량을 보면 영국이 차지하고 있는 비중은 각각 78퍼센트, 73퍼센트나 되었죠.

지구 육지 면적의 0.16퍼센트밖에 되지 않는 지역(식민지 제외)에, 세계 인구의 2퍼센트에 불과했던 영국이 세계 경제성장 잠재력의 40~45퍼센트, 세계 무역의 20퍼센트를 차지했습니다. 세계 상선의 30퍼센트 이상이 영국 국적선이었을 정도로 산업의 척도가 되는 에너지 사용량에서도 영국은 다른 국가들을 압도했습니다.

증기와 철도로 1차 산업혁명을 이끌고 강력한 해군력을 통한 군사 패권과 함께 세계 식민지 전쟁에서 승리한 영국 경제의 힘은 영국의 파운드화를 기축통화로 만들었습니다. 그러나 영국은 1차 산업혁명 이후 전기와 석유, 유선전화로 이어지는 2차 산업혁명에서 미국, 독일, 일본에 뒤처졌습니다. 또한 두 번의 세계대전을 겪으며 파운드화 가치를 안정시킬 기반인 금의 유입을 담보해내지 못하고 그 지위를 미국의 달러화에 내주었습니다.

2차 세계대전이 끝나기 직전 미국 브레튼우즈에 모였던 승전국들은 미국 달러화를 1온스에 35달러로 고정하는 금태환 보장 조치를 통해 달러화를 기축통화로 인정했습니다.

금본위제에서 종이돈의 존재 이유는 금으로 교환이 보장된다는 점에 있습니다. 금을 공장에서 만들어낼 수 없으니 금을 확보하기 위해서는 제조업 기반의 경상수지 흑자가 있어야 하고, 돈의 발행량도 금의 유입과 보조를 맞춰 늘어나야 하죠. 기축통화국이 경상수지 적자를 기록하면서도 돈의 증가 속도를 통제하지 못하면 다른 나라들은 기축통화를 금으로 교환해달라고 요구합니다. 금본위제에서 통화량은 실제 금 보유량보다 최대 10배까지 늘어나므로 이런 금태환 요구는 뱅크런을 초래하죠. 뱅크런은 은행의 파산을 가져오고, 은행의 파산은 경제위기를 불러옵니다.

경제위기를 막아내기 위해 기축통화국은 금리를 인상해 금태환 요구를 무마시켜야 합니다. 경상수지 적자란 제조업 경쟁력이 약해져 경제가 어려워진 것을 말하는데, 이때 기축통화를 지켜내기 위해 금리를 인상하는 건 경제위기를 넘어 공황으로 이어질 수 있습니다. 따라서 공황보다는 기축통화를 포기하는 편이 유리할 수도 있습니다.

이런 과정을 통해 영국의 파운드화는 미국 달러화에 그 지위를 넘길 수밖에 없었고, 같은 이유로 미국 달러화도 1970년에 영국이 겪었던 위기에 직면했습니다. 2차 세계대전 전후부터 압도적인 우위를 자랑했던 미국의 제조업 경쟁력은 1960~1970년대에 독일과 일본의 추격에 서서히 한계를 노출합니다. 여기에 베트남 전쟁이 일어나면서 재정지출이 늘어나자 미국은 프랑스를 비롯한 주요 유럽 국가들의 달러화 금태환 요구에 직면하게 되었습니다.

파운드화를 밀어내고 글로벌 기축통화가 된 지 30년도 안 된 시점에 미국 달러화는 영국과 비슷한 위기를 만났습니다. 그러나 1971년 8월 15일 닉슨 대통령의 금본위제 포기 선언으로 신용에 기반한 새로운 화폐 실험을 진행하게 됩니다. 금태환을 기반으로 달러화에 고정되었던 각국의 통화가치는 시장의 수요와 공급에 기반한 완전자율변동환율제에 따라 움직이게 되었습니다.

기존의 기축통화가 퇴출될 때는 글로벌 교역에서 흑자 능력이 우수한 국가의 통화로 교체되는 것이 순리지만, 미국은 압도적인 군사력을 기반으로 기축통화국 지위를 포기할 생각이 없었습니다. 금으로 교환되지 않더라도 교역에서 무조건 사용하도록 강제하기 위해 당시 원유 수출국 리더격인 사우디아라비아와의 합의를 통해 석유 거래는 오로지 달러화로만 결제되도록 했습니다. 이로써 미국은 기축통화국 지위를 계속 확보할 수 있었습니다.

어제보다 편한 삶, 더 나은 삶을 추구하는 인간은 되도록 쉬운 돈을 목표로 움직입니다. 금의 족쇄에서 벗어난 미국은 경제가 힘들어질 때마다 부채를 늘려왔습니다.

경제가 성장한다는 말은 돈이 늘어난다는 말입니다. 금본위제도에서는 금으로의 교환을 요구받기 때문에 무한정 돈을 늘리는 게 어렵습니다. 즉, 금본위제에서 경제는 일정 수준 이상으로 성장하기 어려운데, 신용화폐 시스템에서는 그런 한계가 없습니다. 돈이 부족할 때는 중앙은행과 시중은행의 저금리 통화정책으로 무제한 돈의 양을 늘릴 수 있습니다.

미국의 부채 증가율은 1971년 이후 급증합니다. 제조업 경쟁력을 잃는다는 건 수출보다 수입이 많아진다는 뜻입니다. 이는 바로 무역적자를 의미합니다.

금본위제도에서 무역적자가 누적되는 나라는 통화량이 부족해지고, 그로 인해 물가와 임금이 낮아지면서 경쟁력을 회복하는 자정작용으로 경제 회복 주기에 들어섭니다. 통화량 부족을 겪는 시기에는 어쩔 수 없이 경제 쇠퇴기에 겪는 고통을 감수할 수밖에 없습니다.

그러나 100퍼센트 신용화폐 체제로 넘어간 미국은 그런 고통을 겪을 필요가 없습니다. 부족한 돈은 민간에서 대출을 확대하거나, 정부가 예산을 확대 편성하면서 돈을 시장에 주입하면 해결됩니다.

미국의 무역적자가 만성적이고 지속적으로 누적될 수밖에 없는 근본적인 이유도 머니 프린팅만 하면 위기를 벗어나는 기축통화국이기 때문입니다. 유명한 쌍둥이 적자(재정적자와 무역적자)도 결국 불리할 때 찍어내기만 하면 기축통화의 장점을 마음대로 사용하게 된 시기, 즉 1971년 이후 금본위제도를 포기하면서부터 시작된 것입니다.

문제는 미국 이외의 국가들이 직면하는 상황들입니다. 한국과 같은 대다수의 개발도상국은 미국이 확보하는 이점만큼 불리한 약점에 시달리게 됩니다.

경제가 성장하려면 돈의 양이 늘어나야 합니다. 신용이 되지 않는 개인이 함부로 빚을 늘리면 파산하듯이 국가 거시경제도 마찬가지입니다.

국가의 통화량을 보증해주는 객관적인 지표인 외환보유고의 증가 수치 없이 개발도상국은 통화량을 늘릴 수 없습니다. 외환보유고는 국제 교역에서 사용되는 달러화이고, 그 달러를 얻으려면 미국이 부채를 더 늘려야 하는 아이러니에 빠지죠. 부채를 늘리려면 미국이 재정적자를 늘려야 하고 금리를 인하해야 합니다. 금리를 인하해 부채를 늘리는 인플레이션은 미국만의 문제가 아니라 글로벌 구석구석까지 물가를 올리고, 심지어는 자산 버블을 만들기도 합니다.

부채는 영원히 증가할 수 없습니다. 이론적으로 신용화폐 시스템 아래 경제가 성장하기 위해서는 매년 5퍼센트 이상 통화량 증가율이 달성되어야 합니다. 부채에는 이자가 발생하며, 그 이자율 이상으로 돈이 늘어나야 경제가 계속 성장할 수 있기 때문입니다.

　매년 5퍼센트씩 복리로 늘어나야 성장이 유지되는 이 나선형 부채 시스템은 영원히 지속될 수 없습니다. 경제위기는 팽창된 신용이 수축될 때 돈이 부족해서 발생합니다. 이때 문제를 해결하는 방법은 경제에 더 많은 돈을 주입하는 것이고, 더 많은 돈은 부채가 됩니다.

　이런 모순은 영원히 지속되지 못합니다. 중세 유럽에서 과학기술 발전을 이끌어낸 것은 금을 제조하는 연금술이었다고 합니다. 부담 없이 돈의 양을 늘리기 위해 금을 만들어내려 했던 연금술은 오늘날 신용화폐제도를 만나 꿈의 마술이 되었습니다. 인간의 탐욕은 어제보다 오늘, 오늘보다 내일 더 많은 양의 돈을 필요로 하기에 어떻게 멈춰야 할지 고민도 함께 시작된 거죠.

　경제 구조적인 모순을 여러분도, 저도 그리고 다른 사람들도 이미 알고 있습니다. 공짜 점심은 없다며, 결국 우리의 후손들이 부채로 고생할 거라 말하면서도 지금부터 줄이자고 주장하는 사람은 없습니다. 지금 시작하면 그 고통을 우리가 당장 감당해야 하는데, 그럼에도 미래를 생각하자고 설득하는 사람은 없습니다. 다음 선거에서 실업자가 될 확률이 높은데 누가 고양이 목에 방울을 달 수 있겠습니까?

　살면서 귀찮은 문제가 생기면 즉각 해결하는 사람도 있지만 대부분은 나중으로 미룹니다. 그런 일들이 너무 많이 쌓이면 두려워지죠. 현재 신용화폐 시스템의 부채 문제가 그렇습니다.

　당장 해결하기에는 너무 큰 부담이어서 언젠가 누군가가 처리할 거라며 미루고 있지만, 실은 내가 살아가는 동안에만 괜찮으면 된다는 안이한 태도입니다. 그러나 가만히 두고 볼 수는 없습니다. 어떻게 수습해야 할지 감조차 잡히지 않는 이 문제를 어떻게 해결해야 할까요?

다시 금본위제로
돌아간다면

빚을 일으키면 언젠가는 반드시 갚아야 합니다. 갚지 않고 빚을 정리하는 방법은 파산밖에 없습니다. 파산하게 되면 빌려준 사람도, 빌린 사람도 경제적 타격을 피할 수 없습니다. 빚이 늘어나면 경제가 성장하고, 줄어들면 경제위기를 맞게 됩니다.

신용화폐를 사용하는 현대 자본주의 체제에서 위기는 일정 시간 주기적으로 반복됩니다. 빚이 과도하게 늘어나면서 버블이 생기고, 그 버블이 사라지는 순간에 위기가 시작되는 신용화폐 시스템. 빚 때문에 발생한 문제를 해결하는 것도 결국은 다시 빚을 늘리는 방법 외에 답이 없습니다.

가계가 너무 많이 빌렸고 그 빚이 생산으로 흘러가는 대신 부동산으로 넘어가서 버블이 생긴 2008년 금융위기. 생산성 향상이나 기술혁신이 아닌 쉽게 조달한 부채로 과잉 투자 및 잘못된 투자를 반복하다 무너진 한국의 외환위기. 이 두 위기는 부채를 조달한 주체는 달랐지만 원인은 똑같이 부채였습니다.

아무리 열심히 공부해도, 아무리 노력해도, 개발도상국에 있는 모든 자원을 다 팔아치워도 따라갈 수 없는 것이 있다면 그것은 '불평등'입니다. 미국의 달러화를 자국 화폐와 무제한으로 교환할 수 있는 통화스와프 약정을 체결한 5개국을 제외한 나머지 국가들은 처음부터 불공정한 게임에서 교역을 하고 있는 것입니다.

이미 답안지를 갖고 있는 친구와 시험에서 이길 방법은 없습니다. 미국을 비롯한 5개국에는 답안지가 있고, 나머지 국가들은 위기를 예방하기 위해 긴장 속에서 외환보유고를 확보해야 합니다. 문제는 이런 구조적인 불평등과 모순이 글로벌 교역에서만 생기는 것이 아니라 미국 경제 내에서도 발생한다는 점입니다.

위기가 반복될 때 이익을 얻는 집단과 피해를 입는 주체는 시간 차가 발생한다고 해도 바뀌지 않습니다. 부채가 많아지면서 경제가 성장할 때는 필연적으로 자산 가격 상승이 뒤따르며, 반대로 자산 가격이 하락하기 시작하면 위기가 본격화됩니다. 이익이 발생할 때 더 큰 이익을 얻는 집단이 손실이 발생할 때는 손실을 줄일 가능성이 높습니다. 특정 계층은 자산 가격이 하락할 때 가지고 있는 돈을 투입해 저렴한 가격에 자산을 매집해서 일정 시간이 지난 후 매도해 큰 차익을 얻기도 합니다.

이로 인해 자본주의 역사에서는 위기가 시작되고 회복될 때마다 빈부격차가 더 커져갔습니다. 부채로 발생한 이익에서는 절대 부채 금액이 큰 사람일수록 이익의 규모가 크고, 자산 가격 하락으로 인한 손실에서는 전체 자산에서 부채 비중이 큰 사람들이 손해를 봅니다. 부채 절대 금액이 큰 사람과 전체 자산에서 부채 비중이 작은 사람은 매번 일치합니다. 그들은 부자들이었습니다. 혹시 여러분 중에 이렇게 생각하는 분들도 있을지 모릅니다.

'나는 부채가 없어. 금융위기가 오면 저축한 돈으로 한몫 잡을 수 있어!'

빚 없이 정기예금 등으로 현금을 갖고 있다고 해서 위기가 오면 부자들이 그래왔던 것처럼 한몫 잡을 수 있을까요? 그럴 가능성은 거의 없습니다. 경제위기가 시작되면 투자 기회가 생겼다고 말하기도 전에 우리의 일자리부터 사라지기 때문입니다.

월급을 매달 500만 원씩 받는 사람에게 현금 3억 원은 큰돈이지만, 그 월급이 사라지는 순간 3억 원은 작은 돈이 됩니다. 그 돈이 최후의 보루가 되어 소득을 창출하지 못하면 경제적 하락을 피할 수 없게 됩니다. 소득이 없어지는 은퇴 계층의 소비가 줄고 저축률이 높아지는 것도 그런 이유 때문입니다. 그래서 월급 걱정 없는 부자들만 위기에 돈을 버는 것입니다. 그런 나라는 미국이고, 그런 계층은 부자들입니다.

이런 모순은 신용화폐를 사용하는 동안에는 계속 이어질 수밖에 없습니다. 중국을 비롯한 다른 제조업 강국이 출현해 새로운 기축통화로 달러를 몰아낸다고 해서 이 문제가 근본적으로 해결되지는 않습니다. 일정 시간이 흐른 후 달러를 몰아낸 그 화폐가 달러가 했던 나쁜 짓을 반복할 것이기 때문입니다. 그것이 유로화든, 위안화든 말입니다.

신용화폐인 이상 그 어떤 나라의 통화라도 근본적인 속성은 동일합니다. 나쁜 짓이지만 여기서 생기는 이익을 안 이상 모르는 척할 수 없는 게 인간입니다. 신용화폐를 만든 이도, 사용하고 있는 이도 인간입니다. 결국 다른 통화는 대안이 될 수 없습니다.

근원적이고 구조적인 모순을 해결하기 위해 금본위제로의 복귀를 주장하는 사람들이 있습니다. 그들은 금으로는 머니 프린팅을 할 수 없으니 대안이 될 것이라고 주장합니다. 병에 걸리면 절대 치료할 방법이 없다고 여길 때 건강에 더 관심을 가지게 되듯이, 경제에 문제가 생겨도 신용화폐와 같은 방법을 쓸 수 없다면 예방에 더 관심을 가질 수밖에 없습니다.

그런데 그런 희망은 단순히 희망으로만 끝날 가능성이 높습니다. 이미 부채의 달콤한 맛을 알고 있기 때문입니다. 외상은 쉽고 사람은 미래보다는 현재를 더 중요하게 생각합니다. 또, 가난한 현재보다 불안하더라도 풍요로운 미래를 포기할 사람은 없습니다. 강제로 무인도에 갇혀 설탕을 먹을 수 없으면 모를까, 구할 수 있는데 먹지 않고 참을 사람은 없습니다. 이미 맛본 신용화폐의 달콤함이 너무 커서 그렇습니다.

또한 금본위제로 돌아가기에는 금의 양이 너무 적습니다. 경제 규모가 너무 커졌다는 것을 감안하지 않을 수 없습니다. 금 가격을 대폭 상향 조정해서 경제 규모에 억지로 꿰맞추는 것도 어렵습니다. 실물 금을 쪼갤 수 있는 한도가 정해져 있고, 가격이 너무 높게 정해지면 거래가 줄어들어 침체를 초래할 수도 있기 때문입니다.

마지막으로, 구조적인 불균형을 시도하기 위해 더 심한 불공정을 초래할 수 있습니다. 금본위제로 돌아가면 현재 뒤처진 개발도상국들에게서 잘살 수 있는 희망을 영원히 빼앗을 가능성이 높습니다.

신용화폐제도라면 미국을 비롯한 기축통화국의 원조들을 쉽게 얻을 수 있지만, 금본위제도에서는 무역수지 흑자국이 아니면 지원이 어려울 수 있습니다.

기적적으로 금광을 발견하거나 금을 제조하는 화학적 비법이 없다면 돈이 증가할 수 없습니다. 과학기술 수준이 낮은 후진국이 금을 확보할 수 있는 방법은 저임금을 기반으로 하는 것뿐입니다. 결국 현재의 글로벌 경제 수준이 영원히 고착될 가능성이 높습니다. 그렇다고 봉건시대처럼 전쟁을 통해 금을 확보하는 것도 불가능합니다.

신용화폐도, 금도 아니라면 마지막 대안은 암호화폐에서 찾을 수 있을까요? 최근 하이퍼인플레이션으로 경제위기를 겪고 있는 베네수엘라에서는 지폐보다는 암호화폐를 선호한다고 합니다. 달러와 같은 신용화폐처럼 무제한 인쇄하기도 어렵고, 금광이 발견되기 전에는 경제에 주입하기 어려운 금과 달리 암호화폐는 디지털로 만들 수 있습니다. 비록 채굴하는 데 일정 시간과 노력이 필요하기는 하지만 쉽게 조작할 수도 없고, 머니 프린팅도 어렵습니다. 금과는 달리 최소한의 단위로 쪼개어 사용할 수도 있으니 새로운 화폐의 대안으로 생각하는 사람들이 늘어나고 있습니다.

과연 그들이 생각하는 것처럼 암호화폐가 새로운 대안이 될 수 있을까요?

결론부터 말씀드리면 불가능하다고 봅니다. 그 이유는 돈은 '권력'이기 때문입니다. 권력은 나쁘게 사용될 때가 문제지, 법으로 통제되고 민주주의 원칙에 따라 제대로 운용되면 훌륭한 수단입니다. 인쇄기를 돌리는 행위보다 채굴이 더 공정하고 합리적이라 생각되진 않습니다.

만약 암호화폐가 돈이 된다면 삼성전자 같은 재벌은 반도체를 개발하는 것보다 갖고 있는 리소스를 동원해 암호화폐를 만들면 됩니다. 부가가치와 관련 없는 화폐를 위해 모든 에너지를 동원하게 된다면 빈부격차는 자본의 차이만큼 분명해질 것입니다. 차라리 민주주의를 더 견고하게, 치밀하게 운영할 수 있는 시스템을 고민하는 것이 건전한 사회를 만들 수 있는 방법이라고 믿습니다.

또한 암호화폐는 화폐가 지녀야 할 교환 수단으로서 적합하지 않습니다. 돈이라는 것은 자체의 투자 수단보다 거래를 매개하는 수단으로서의 역할이 중요합니다. 암호화폐는 재화와 서비스에 대한 거래 수단으로서의 역할을 하기도 하지만 그 자체가 가격 변동을 기대하며 투자 수단이 되기도 합니다. 거래 수단이 자체의 가격 변동폭을 갖게 되면 재화나 서비스를 거래하는 사람이 의도와 상관없이 손실을 볼 수도 있습니다. 모두가 이익을 볼 수 있다면 문제가 되지 않겠지만, 손실을 볼 가능성이 상존하면 거래 자체가 줄어들 수도 있죠. 거래가 줄어들면 경기 침체가 뒤따릅니다. 사용되는 화폐 때문에 경제가 힘들어질 수 있다는 사실 하나만으로도 암호화폐가 신용화폐나 금의 역할을 한다는 것은 불가능하다고 봅니다.

돈은 결국 사람으로
향해야 한다

신용화폐 시스템의 근본적인 모순을 다른 수단으로 대체할 수 없다면 체념하고 살아야 하는 걸까요? 우리는 미국과 같은 강대국이 아니기에 참아내야 하는 걸까요? 문제를 화폐에만 한정하지 않고 범위를 넓혀보면 해결점을 찾을 수 있습니다. 이제부터 그 관점을 확대해보겠습니다. 화폐 시스템 자체를 바꾸기보다는 화폐의 기능에 대해 고민함으로써 해결의 실마리를 찾아봅시다.

먼저 금융 시스템입니다. 대출은 대표적인 은행업의 본질로 경제성장에 꼭 필요한 기능입니다. 이런 중요한 업무가 부작용으로 나타나는 이유는 대출이 생산이 아닌 자산 투자에 많이 사용되기 때문입니다. 부가가치가 생산되는 게 아닌, 자본 수익만 있는 곳에 돈이 몰렸던 것이 큰 원인이었죠.

과거 금본위제도에서는 원 금액의 최대 10배까지 대출이 가능했고, 신용화폐 시스템에서는 최대 100배까지 레버리지를 일으킬 수 있는 것이 현실입니다. 그런데 만약 은행이 고용 창출의 생산성이 더 높은 곳에 자본을 투자한다면 어떤 결과가 나타날까요? 자산 버블과는 비교할 수 없는 긍정적 효과가 나타날 것입니다.

이를 위해 은행은 예금을 두 가지로 분류할 수 있습니다. 은행의 예금을 자산(주식, 채권, 부동산 및 유동화된 증권)에 투자할 수 있는 예금과 생산에 투입될 수 있는 예금으로 분류해 지급준비율과 예금자 보호 제도를 다르게 해주는 것입니다. 여기에 대출채권을 증권화해서 유동화할 수 있는 대상도 생산적인 대출채권에 한정하여 허가를 해줍니다. 이렇게 자산 버블이 예상되는 곳보다는 부가가치가 생산되는 곳에 돈이 더 많이 투입되도록 시스템을 재정비하는 것입니다.

한국의 금융기관은 크게 시중은행과 저축은행(새마을금고, 신용금고 등도 포함)으로 분류됩니다. 이들 금융기관에서 문제가 발생하면 한국은행으로부터 지원을 받을 수 있는 곳은 시중은행뿐으로 저축은행은 그 대상에 포함되지 않습니다. 시중은행은 예금을 최소한의 지급준비율로 한국은행에 보관하고 최대 100배까지 대출을 해주지만, 저축은행은 자신이 보유한 돈의 100퍼센트 한도 내에서만 대출을 운용합니다.

문제가 생기면 기댈 수 있는 최종 대부자(중앙은행)가 있는 은행과 저축은행은 당연히 전체 대출 금액에서 차이가 납니다. 대출자 한 명이 문제가 생기면 개인의 문제지만, 그 대출자가 경제 전체와 관련되어 있으면 시스템의 문제가 됩니다. 저축은행이 지급 불능 사태가 되면 바로 폐쇄하고 문을 닫지만, 은행은 정부가 나서서 구제금융을 하는 이유도 그 때문입니다.

또 다른 대안으로는 위 금융기관의 시스템에서 실마리를 얻을 수 있습니다. 중앙은행이 부가가치가 생산되는 대출에만 돈을 조달하는 것입니다. 비생산 분야의 대출을 처음부터 저축은행처럼 규제하면 버블을 원천적으로 막을 수 있을 것입니다.

이처럼 문제의 근원은 화폐에 있지 않고, 실질적으로 화폐를 만들어내는 은행에 있습니다. 그러기에 돈의 방향을 바꿀 수 있도록 하면 신용화폐 기반의 경제도 건강해질 것입니다.

한편 글로벌 시스템에서 각 국가의 부채 한도를 규제하는 것이 대안이 될 수 있습니다. 통화량은 민간의 대출에서도 발생하지만, 재정지출과 통화정책의 방향에 따라서도 증가합니다. 재정지출과 통화정책은 신용도가 가장 높은 주체가 대상이기에 위기가 생길 때마다 안전자산으로 취급받습니다. 그래서 같은 부채임에도 심각한 문제로 인식되지 않고 있는 게 현실입니다.

부채를 일으킨 주체가 누구인지 상관없이 경제 펀더멘털에 과다하게 주입되지 않도록 규제가 필요합니다. 민간대출뿐만 아니라 정부 및 중앙은행 통화정책까지 글로벌 시스템 안에서 규제를 받을 수 있는 강력한 제재를 하는 것이죠.

유로화 단일 통화를 사용하는 유로존에서는 정부의 재정지출 적자 비율을 유럽중앙은행이 통제합니다. 국가 마음대로 재정지출을 늘리고 싶어도 유럽중앙은행이 인정하는 범위를 넘어서면 규제 조치가 활성화되어 화폐가치를 보전됩니다.

유럽중앙은행에서 가장 큰 지분을 가진 독일은 1차 세계대전 이후 머니 프린팅이 얼마나 큰 고통을 주는지 직접 경험했던 나라입니다. 부채의 폭증을 막기 위해서는 국가별 자율의지가 아니라 강제규정이 도입되어야 한다는 독일의 주장이 유럽중앙은행의 국가별 재정적자 규제조치에 투영된 것입니다.

이처럼 UN과 같은 글로벌 국가 시스템에서 통화와 재정정책을 일정 수준으로 강제할 수 있는 실험을 하여 미국 또는 국가별 임의대로 부채를 늘리지 못하게 막는 시스템을 도입해야 합니다.

마지막으로, 경제의 주체인 사람에 대한 생각도 바뀌어야 합니다. 세계경제는 인류가 지난 수천 년 동안 한 번도 경험하지 못한 중대한 실험을 하고 있습니다. 인류는 자본주의가 등장한 이후, 처음으로 인구 감소와 함께 경제가 성장해야 하는 과제에 직면해 있습니다. 또한 경제가 성장하더라도 누구나 부자가 되는 건 아니라는 것도 처음 겪은 사실입니다. 여태까지 자본주의는 지구 전체의 부를 증대시키는 제도가 될 것이라 믿었지만 현실은 그렇지 않았습니다.

GDP는 질적인 면과는 상관없이 오로지 양적인 성장에만 관심을 둡니다. 성장을 해도 부가가치가 경제 구성원 전체에 골고루 분배되지 않고 양적인 팽창만을 진행하는 부작용이 현재 부채 중심 구조의 문제를 확대하고 있습니다.

2018년 12월 글로벌 전체 기업 중 시가총액 1위 기업은 마이크로소프트입니다. 불과 몇 주 전에 아이폰으로 유명한 애플이 1조 달러를 달성했다가 마이크로소프트(시가총액 8,512억 달러)로 바뀐 것입니다. 인플레이션을 따지지 않더라도 50년 전 마이크로소프트의 시가총액 비중이었다면 그들이 고용한 사람들의 숫자는 현재와는 비교 불가합니다.

2018년 마이크로소프트의 직원 총 수는 13만 4,900명입니다. 시가총액 2위 기업인 애플이 13만 2,000명, 구글의 직원 숫자도 9만4,300명이나 됩니다. 마이크로소프트 시가총액의 약 40퍼센트밖에 안 되는 GDP를 가진 베트남 국민이 약 1억 명임을 감안하면 경제가 성장한다고 해서 부가 경제 전체 구성원들에게 골고루 나눠지는 것은 아님을 알 수 있습니다.

4차 산업혁명의 등장 이후 시작된 고용 없는 성장, 이를 통한 자본의 지속적인 수익 확대라는 모순은 늘어나는 부채 경제 구조를 만드는 핵심 원인입니다.

지난 100여 년 동안 지구는 급격한 산업화와 도시화, 과학기술을 바탕으로 전례가 없는 편리함을 누리고 있습니다. 이를 유지하려면 반드시 돈이 필요합니다. 경제 시스템에 퍼져 있는 돈의 비중이 가계에서 한정된 자본으로 계속해서 확대될 때마다 개인이 의지할 수 있는 것은 은행의 대출입니다.

빈부격차가 커지고 소득이 정체되지만, 인간은 여기서 누리는 다양한 편리함을 포기할 수 없습니다. 같이 살자고, 나도 편리함을 즐기고 싶다며 정부에 임금을 올려달라고 할 때마다 그들의 대답은 한결같았습니다.

"금리가 낮으니 은행에서 빌려 쓰세요."

오늘날 과학기술의 발전, 기업의 제조업 혁명은 사람의 힘을 최소화하는 방향으로 진행되고 있습니다. 산업혁명 초기에 있었던, 기계가 인간을 대체하면서 줄어드는 일자리를 위해 러다이트 운동을 하자고 주장하는 것이 아닙니다. 인간의 노동을 최소화하기 위해 개발한 기술이 인간을 힘들게 하는 모순을 해결하기 위해 고민해야 한다고 말하고 싶은 것입니다.

과거에는 10명이 하던 일을 자동화된 기기를 사용해 아홉 명을 쉬게 했고, 여기서 얻는 이익을 자본가 혼자 가져갔습니다. 그러나 10명 전체에게 일부라도 분배할 때 부채에 의존하는 경제 문제를 해결할 수 있습니다.

40여 년 전 저는 일요일 아침이면 만화영화를 보려고 텔레비전 앞에 앉아 있었습니다. 당시 아이들에게 최고로 인기 있었던 만화영화〈은하철도 999〉였습니다. 메텔의 도움으로 영원한 생명을 찾아 여행하는 철이의 모험은 저와 같은 어린아이에게는 꿈이었습니다. 결국 철이는 영원한 생명을 찾기는 했지만 그것을 포기하고 떠납니다. 그가 찾은 영원한 생명은 아무것도 안 하고 죽은 것처럼 누워 있는 생명이었기 때문입니다.

어쩌면 기업과 국가가 4차 산업혁명을 통해 이루고자 하는 모든 일들은 인간다운 삶보다는 양적인 성장에 중심을 두고 있는지 모릅니다. 질적인 고려 없이 지금처럼 숫자에만 매달린다면 우리가 의존할 수 있는 것은 결국 부채 외에 아무것도 없습니다.

이는 철이가 찾아낸, 숨은 쉬지만 살아 있지 않은 영원한 생명과도 같습니다. 자본주의 성장 정책은 이제 인간다운 삶을 위한 방향을 고민해야 할 시점이 되었습니다.

사람을 중심에 둘 수 있을 때 자본의 증식으로 생겨나는 모든 문제, 신용화폐와 부채의 문제도 해결의 실마리를 찾을 것입니다.

돈의 감각을
찾아 떠나는 여행

최근 경기가 안 좋아졌다는 위기감 때문인지, 주변에서 재테크 및 경제 상담을 이전보다 더욱더 많이 요청합니다.

어느 날 아래와 같은 한 통의 전화가 왔습니다. 그는 불안이 가득한 목소리로 제게 이렇게 물었습니다. 그가 한 질문은 제게는 형식만 다를 뿐 그다지 낯설지 않은 내용이었습니다.

"상승미소 님, 제 돈 전부를 달러 예금으로 전환하려고 하는데 어떻게 생각하세요?"
"네? 현재 달러/원 환율이 이렇게 올랐는데 그 큰 금액을 전부 환전하시겠다고요?"

"요즘 주식시장도 환율시장도 불안해서요. 뉴스를 봐도, 일부 유
튜브 방송을 봐도 미국이나 한국이나 경제위기가 다시 온다고 주
장하시는 분들도 많아서요."

2018년 10월부터 12월 말까지 미국의 다우지수는 약 5,000포인트
넘게 하락했었습니다. 2018년 10월 1일에 27,000포인트였던 다우지수
가 12월 24일 장중에 21,500포인트까지 하락했으니 금융시장의 공포
감은 엄청났습니다.

그렇다면 앞의 통화는 2018년 연말에 지인과 했었던 걸까요? 아닙
니다. 약 8개월 후 미국 재무부가 중국을 환율조작국으로 선정했다고
발표했던 날(2019년 8월 6일)에 일어난 일입니다.

2019년 7월 초 다우지수가 27,300포인트 고점을 기록한 이후 일주
일간 약 2,300포인트 하락하며 25,000포인트를 기록했고, 위안화 환율
이 상승하며 한국의 달러 원 환율도 1,200원을 넘겼습니다. 그러자 시
장에 대한 공포감이 들어 저에게 확인을 받고자 했던 질문이었습니다.

사람은 기억력이 생각처럼 좋지 않습니다. 불과 몇 달 전에도 크게
하락하는 다우지수에 걱정하는 분을 안심시키면서 했던 아래와 같은 말
을 그대로 해드렸습니다.

"주식시장에나 외환시장이 하락해서 경제위기가 오는 것이 아닙
니다. 부채의 위기가 와야 경제위기나 금융위기가 닥치는 것이
지요."

전화를 마치고 주위를 둘러보니 모든 사람이, 많은 언론이 경제위기를 이야기합니다. 그 뉴스를 보고 있자니 다시 두려워집니다. 공포심이나 두려움이 엄습해오면 냉정한 판단을 해야 하는 이성은 쉽게 잊히기 때문입니다. 인간의 본성을 이기는 방법은 없지만, 실수를 줄이기 위해서는 흐름을 꿰뚫어보는 통찰력을 가질 수 있습니다.

인간의 모든 행동과 생각이 먹고사는 문제(경제)이고 그 가운데에 돈이 있습니다. 돈 자체의 속성과 그 돈의 뿌리와 기원, 그리고 역사에서 인간은 돈 문제에 어떻게 반응하고 대처해 왔는지를 잘 알아야 합니다. 그래야 돈에 관한 어떤 실수도 예방할 수 있습니다.

돈의 감각도 마찬가지입니다. 감각은 직감입니다. 직감은 지식을 습득해서 연결하는 연습이 필요합니다. 돈이 지금까지 보여주었던 지식(현상)을 배우고, 과거 역사에서 일어난 그 현상의 배후에 있는 원인을 파악하고 연결할 수 있어야 감각이 길러집니다.

"기준금리를 인하했으니 이제 경제가 좋아지겠구나."라고 생각하는 대신, 중앙은행이 원하는 수준으로 통화량이 증가하지 않아서 금리가 내려가는 것을 알고 있어야 합니다.

"환율이 올라서 수출이 늘어나 한국경제가 좋아질 수 있겠다." 대신 "경제 악화의 우려감이 증가하고 있어 환율이 오르는구나."라고 생각해야 미래를 예측하고 대비할 수 있는 것입니다.

미래를 알 수는 없지만, 대비는 할 수 있습니다. 이는 올바른 지식과 그 지식을 연결하려는 지속적인 시행착오에서 발전합니다. 그 과정에서 작은 도움이라도 드릴 수 있다면 제게는 큰 행복과 기쁨일 것입니다. 머니 센스가 여러분과 함께 할 수 있기를 기원합니다.

THE SENSE OF MONEY